权威·前沿·原创

皮书系列为
“十二五”“十三五”国家重点图书出版规划项目

客车蓝皮书

BLUE BOOK OF
BUS INDUSTRY

中国客车产业发展报告（2018）

REPORT ON CHINA'S BUS INDUSTRY DEVELOPMENT
(2018)

主　编／姚　蔚

社会科学文献出版社
SOCIAL SCIENCES ACADEMIC PRESS (CHINA)

图书在版编目(CIP)数据

中国客车产业发展报告. 2018 / 姚蔚主编. -- 北京：社会科学文献出版社，2018. 10
（客车蓝皮书）
ISBN 978 - 7 - 5201 - 3639 - 6

Ⅰ. ①中… Ⅱ. ①姚… Ⅲ. ①客车 - 汽车工业 - 产业发展 - 研究报告 - 中国 - 2018 Ⅳ. ①F426. 471

中国版本图书馆 CIP 数据核字(2018)第 227374 号

客车蓝皮书
中国客车产业发展报告（2018）

主　　编 / 姚　蔚

出 版 人 / 谢寿光
项目统筹 / 周　丽　王玉山
责任编辑 / 王玉山

出　　版 / 社会科学文献出版社 · 经济与管理分社（010）59367226
地址：北京市北三环中路甲 29 号院华龙大厦　邮编：100029
网址：www. ssap. com. cn
发　　行 / 市场营销中心（010）59367081　59367018
印　　装 / 三河市龙林印务有限公司

规　　格 / 开　本：787mm × 1092mm　1/16
印　张：19. 75　字　数：297 千字
版　　次 / 2018 年 10 月第 1 版　2018 年 10 月第 1 次印刷
书　　号 / ISBN 978 - 7 - 5201 - 3639 - 6
定　　价 / 89. 00 元

皮书序列号 / PSN B - 2013 - 361 - 1/1

客车蓝皮书编委会

顾　　问　李京文　董　扬　李庆文

编　　委　姚　蔚　谢光耀

主　　编　姚　蔚

撰 稿 人　裴志浩　谢国平　廖　琨　吴胜男　李鲁苗
　　　　　刘振国　龚露阳　陈静仪　于怀勇　姚　蔚
　　　　　谢光耀　王　旭　舒慕虞　舒　曼

主要编纂者简介

姚　蔚　经济学硕士，理学学士，中国注册会计师协会和中国数量经济学会会员。师从经济学家、中国工程院院士、中国社科院学部委员李京文。曾任中国汽车报社《商用汽车新闻》和中国汽车报网总编辑。现任方得网总编辑。

谢光耀　经济学硕士，法学学士。师从中国人民大学郑水泉教授。曾任中国汽车报社《商用汽车新闻》执行主编、《中国汽车报》商用车专刊主编。现任第一商用车网总编辑，同时还是多家投资银行及证券机构特约商用车专家顾问。

刘振国　高级工程师，现任交通运输部科学研究院综合运输研究中心战略与政策室主任。主要从事综合交通运输战略政策、综合交通规划、城乡交通等方面的研究工作，先后主持和主要参加的课题有50余项，协助在新能源交通、城乡交通和旅游交通等领域制定行业政策。

裴志浩　中国公路学会客车分会高级技术顾问，曾任长沙客车厂副厂长、总工程师，中国公路车辆机械有限公司副总经理，中国公路学会客车分会秘书长，全国汽车标准化委员会客车分技术委员会秘书长。

谢国平　北京师范大学心理测量与评价专业硕士，具有10余年汽车市场调查、分析、预测经验，现任国家信息中心信息化与产业发展部副处长，商用车研究组负责人。

吴胜男　湖南大学车辆工程硕士，中国汽车工程学会产业研究部高级经理。

李鲁苗　硕士，中国汽车技术研究中心有限公司政策研究中心新能源汽车与财税政策研究室工程师。

摘　要

《中国客车产业发展报告（2018）》是方得网组织国内客车行业专家与学者编写的有关中国客车产业发展的第五本年度研究分析报告。

2017～2018年，是我国客车行业发展中的又一个转折点。一方面，从2017年起，新能源客车补贴政策开始真正大幅退坡，新能源客车市场销量也在2017年和2018年出现两连降，客车行业和企业面临销量下降、利润下滑、新旧格局交替等重重考验；另一方面，2017～2018年期间，受汽车“新四化”趋势的推动，智能驾驶客车甚至无人驾驶客车成果不断涌现，多家主流客车企业都推出了最新一代无人驾驶客车，智能网联技术正成为客车行业下一个风口。

为了更清晰和深入地阐述中国客车行业正在发生的大变革，本书采取总分报告形式，不仅对2017～2018年中国客车产业、客车企业、各个客车细分市场的现状及前景进行了详细阐述，更站在经济学和统计学的高度，从客车行业和客车企业如何迎接智能网联新时代、新能源客车补贴新政策如何影响客车产业、新环境下新能源客车如何实现产业化运营、数字化出行方式对客车产业带来的变革、客车生产工艺的沿革和演变、轻客市场发展特征与趋势、道路客运行业如何深化转型升级等角度，为读者提供了一个观察最近两年我国客车行业的全新视野。

本书总报告第一部分，重点分析了我国客车制造和运营各环节中，智能化、网联化带来的“无人化”现状，并展望了“无人化”的未来发展趋势。报告总结了“无人化”对我国客车产业制造模式、营销模式与服务模式带来的冲击与变革，针对客车行业、客运行业如何实现“无人化”以及“无人化”将给企业带来的新机遇，进行了全面阐述与梳理，这对于新企业和老牌企业都具有重要的指导意义和参考价值。

总报告第二部分，以翔实的数据总结了 2017 年我国客车行业的发展历程和特征，并对 2018 年客车市场的发展趋势做了分析和预测。

分报告从新的时代环境下中国新能源智能客车产业发展趋势、新经济驱动下客车产业数字化发展现状、2017 年中国轻客市场特征及 2018 年发展趋势、补贴政策下新能源客车产业发展方向、我国客车制造工艺演变历程，以及新形势下道路客运转型升级趋势等方面，进行了全面的分析和总结，展示了近年来我国客车行业各方面的成绩与问题，这为国家相关主管部门和客车企业、客车用户提供了重要的参考。

分报告还专设了国内重点企业研究栏目，以报告的形式分别对宇通客车、金龙汽车、中通客车、比亚迪客车、中车电动、福田欧辉等国内主要客车企业的发展历程、发展特征、核心竞争力等进行了深入细致的研究，为读者提供了系统的案例分析。报告所收录的生动真实的企业案例，为客车市场的后来者提供了珍贵的研究样本。

本书是一部系统阐述和研究中国客车产业发展的权威之作。书中既有翔实的资料数据，又有理性的客观分析，是读者快速了解中国传统客车行业与新能源客车行业的重要参考书。

关键词： 客车产业　传统客车　新能源客车　客车企业　细分市场

Abstract

China Bus Bluebook (2018), published by find800. cn, is the fifth annual research report on China bus industry written by experts and scholars of the industry.

From 2017 to 2018, China bus industry has reached another turning point with new energy bus sales declined for two consecutive years due to large reduction of subsidies. The bus industry, as well as bus enterprises, has confronted multiple challenges, such as decreased sales and profits, and alternative competing patterns.

Driven by the "new four modernizations" trend of automobiles, intelligent buses, or driverless buses have emerged in the past two years. Major bus manufacturers have launched latest generations of driverless buses, as intelligent connection technology is becoming the next focus of the industry.

The summary-subsection format report not only illustrated the status quo and prospects of the China bus industry, bus makers, and different segments in 2017 and 2018, but also provided readers with an all new prospective of observing China's bus market on the perspectives of economics and statistics. Subsections of the report include: How do the bus industry and enterprises welcome the new era of intelligent connection; how do the subsidiary policies of new energy buses affect the industry; how to realize the industrialization of new energy buses under new environment; changes brought by digital travel to the bus industry; the evolution of bus production technology; feature and trend of light passenger bus market development; and transformation of passenger transportation industry.

The first part of general report focuses on the current "driverless" upsurge in the process of bus manufacturing and operation in China brought by intelligent connection, and forecasts the future development trend of driverless buses. The report summarized the challenges and reform brought by driverless technique to the bus production, sales and service sections. It also illustrated the procedure of realizing driverless mode in the bus industry and passenger transportation industry as well as the new opportunities brought by it, which has great value of guidance and reference for old and new bus makers.

The second part of the general report summarized the development process and characteristics of China bus industry in 2017 with accurate data, and analyzes and forecasts the development trend of the bus market of 2018.

The sub reports analyzed and summarized sub-issues such as China's new energy bus development under the New Era; digitalization of the bus industry driven by the new economy; 2017 roundup and 2018 trend of China's light passenger bus market; new development trend of new energy bus industry under the subsidiary policies; transformation of China bus manufacturing techniques; and the transformation and upgrading of road passenger transportation under new situation. The sub reports not only illustrated the achievements and problems of China's bus industry in recent years, but also provided important research methods for relevant government departments, bus makers, and bus users.

The sub reports also provided detailed analysis on the development, features, and core competitiveness of major bus makers of China, including Yutong Bus, Kinglong Bus, Zhongtong Bus, BYD, CRRC, and Foton AUV with systematic case analysis, and provided valuable research samples for new comers to the bus industry.

As an authorized work that systematically illustrated the development of China bus industry with detailed statistics and objective analysis, the book is an important reference book and a quick start guide for readers to know China's traditional bus industry as well as the new energy bus industry.

Keywords: Bus Industry; Traditional Energy Bus; New Energy Bus; Bus Enterprise; Segment Market

目录

Ⅳ 企业发展报告

Ⅴ 附录

皮书数据库阅读**使用指南**

CONTENTS

Ⅳ Enterprise Development Reports

Ⅴ Appendix

总 报 告

General Reports

B.1

“无人化”开启客车行业新时代

姚 蔚*

摘 要： 中国客车制造和运营正在向“无人化”发展，这既是科技发展成果创造的机遇，也是我国人口红利逐渐消失、人力成本不断上升的压力使然。弄清了客车制造和运营的“无人化”趋势，就能顺应时代发展的潮流，并且在激烈的市场竞争中取胜。

本文分析了客车制造和运营的各环节中，智能化、网联化带来的“无人化”现状，并展望了“无人化”的未来发展趋势。本文建议，客车生产企业和客车运营企业应顺势而为，主动适应并迎接“无人化”新时代的到来，深入研究、洞悉

* 姚蔚，经济学硕士，理学学士，中国注册会计师协会和中国数量经济学会会员。师从经济学家、中国工程院院士、中国社科院学部委员李京文。曾任中国汽车报社《商用汽车新闻》和中国汽车报网总编辑。现任方得网总编辑。

"无人化"带来的新机遇和新的利润点，持续推动非核心业务的"无人化"，同时帮助客户实现"无人化"。

关键词： 无人化　智能化　网联化　客车　客运

说到客车行业的"无人"，可能很多人最先想到的是"无人售票"和"无人驾驶"，实际上，除了这些熟知的"无人"，客车制造和运营的许多方面，也正在走向"无人化"[①]。

得益于我们生产以及生活的网络化，得益于包括智能手机在内的智能设备的普及以及支付的扫码化，"无人化"趋势已经在我国很多领域中显现。同时，伴随中国人口红利的减少、人工成本的逐年上升，"无人化"也成为企业在激烈的市场竞争中取胜的一个重要手段。

解决道路客运行业客流量减少、客车企业销量下滑的难题，"无人化"或许是一个抓手：企业自身的"无人化"有助于降低运营成本，提高产品质量；而帮助客户"无人化"，则会为客户创造出更大的价值，也能为客户创造出更多的利润点。

本文旨在回答下面两大问题：中国客车行业的无人化，现在达到了一个怎样的程度？未来又将形成什么样的格局？

一　无人化正加速向我们走来

2018 年开年，客车的"无人驾驶"成为一个热门新闻。从春节联欢晚会中金龙与百度联手打造的"阿波龙"露脸，以及比亚迪无人驾驶编队车辆中无人驾驶大客车的亮相，再到其后各种无人驾驶客车的试点运行，都让

① 本文所指的"无人化"，是指一个过程，即人力逐渐减少，单人劳动生产率逐渐提高的过程。

人们切实感受到，“无人驾驶”时代，离我们不远了。

事实上，“无人化”不仅体现在机动车的驾驶上，我们的生活，也正以前所未有的速度在诸多领域开始“无人化”进程。

（一）“无人服务”兴起

如今，越来越多的人工服务正在被“自助”或者机器所取代，无人化服务的范围逐渐增多。在火车站、汽车站，大量的自动售（取）票机取代了过去的人工售票窗口。“无人售票”，不仅仅出现在公交车上，更出现在众多的交通工具上。

2018 年 4 月 11 日，中国建设银行宣布：国内第一家无人银行在上海正式开业。进入银行，需要经过人脸识别的闸门和敏锐的摄像头；机器人大堂经理会微笑说话；高效且懂你所需的智能柜员机器人提供各种服务……

在杭州，马云第一家无人超市开张。此前，2016 年 12 月，亚马逊在美国西雅图开了第一家无人零售便利店 Amazon Go，顾客可以直接拿走商品，由传感器跟踪购买行为，并在他们离开商店后从亚马逊账户自动扣款。

实际上，大量的银行、超市、车站、餐馆、景点、剧院、电影院等，都用自动售票机、自动收款机（扫码）代替了收银员、售货员。就连很多小饭馆也取消了收银台，客人只需坐等上菜即可，收银都是通过扫码来完成。

另外，伴随扫码设备、人脸识别、车牌识别、自动扣款等设备的普及，高速公路收费、停车场收费、检票等过去需要人工来完成的工作，都被智能化的机器所取代。

除了销售领域，在配送领域，无人化趋势同样非常明显。亚马逊正在推进无人机快递舰队计划。2016 年 12 月，亚马逊快递无人机 Prime Air 在剑桥完成首单快递任务，从接到订单到包裹送达总计耗时仅 13 分钟。2017 年，京东正式公布京东未来无人机的布局：将在四川建立 185 个无人机机场，建成后将实现 24 小时内送达中国的任何城市。在京东遍布全国的仓库中，更是实现了无人分拣、无人配送。京东的“掌门人”刘强东也表示：人工智能将催生第四次零售革命，大量的人工智能将替代人工，降低行业的成本，而人工智能也将使物流成本大大降低，未来京东的员工将稳定在8万人，而现在京东的员工是12万人。

正是由于4G网络、智能手机在中国的普及，微信、支付宝等扫码支付的简便易行，在中国，“收费”“收银”等过去需要人工完成的工作，正在快速被机器取代。无人售票、自助收银、无人餐厅、无人超市、无人银行、无人图书馆、无人药店、无人值守停车场、不停车收费等，“无人化”在服务行业正以前所未有的速度推进。有人预计未来10~20年，有75%的传统职业将彻底消失。

（二）“无人生产”兴起

2017年，在秦皇岛，一家几千平方米生产水饺的“无人工厂”成为新闻热点。厂房里干净整洁，从和面、放馅儿到捏水饺，再到冷冻塑封……都能够在一条完全干净整洁的流水线上完成，由机器24小时不休息地工作。以前，整个工厂需要200名工人，现在生产相同的东西，用工却在20人以内，这意味着“无人工厂”压缩人工可达90%。

2016年，苹果供应商富士康在中国的工厂部署了超过4万台自主研发的Foxbot机器人，取代了6万名生产线员工。在科技的加持下，制造业会首先受到冲击并加速迭代。

机器人的出现，不但提升了生产数量和产品质量，而且快速减少了“人工”的数量。实际上，随着人工智能的快速发展以及劳动力成本的不断提高，众多发达国家的制造业都在向无人化迈进。美国的“国家制造创新网络”、德国的“工业4.0”、日本的“工业价值链”，还有中国的“中国制造2025”，都涉及让制造业流程更加智能化的内容。智能化带来的一个重要结果，就是工厂的“无人化”。在中国，很多工厂也许还做不到完全无人，但是大量机器取代人工，却以前所未有的速度进行着。

（三）无人化来势汹汹

没有人会否认，人工智能时代正在到来。而人工智能的结果，恰恰就是用智能设备取代人。《人工智能时代的未来职业报告》曾经提出“五秒钟准则”。它指的是一项工作中所需要思考和决策的问题如果可以让人在 5 秒钟内做出相应决定，这项工作就很有可能被人工智能技术部分或全部取代。

也许，一场新的革命正在发生，那就是大量的智能设备替代更多领域的人工。新的技术革命正在让人们的工作量逐渐减少，未来，单个人的劳动生产率会大幅提升，每个人的工作时间也会缩短，闲暇时间增多。

无人化的趋势正在席卷中国，客车制造行业与客运行业也不例外。众多先知先觉的企业已经走在了“无人化”的道路上，也有大量的企业通过帮助其客户实现“无人化”，赢得了更多的收入和利润。

二　客车制造的“无人化”

随着智能化设备及软件不断涌现和升级，客车研发、制造越来越智能化；智能化的制造方式不但可以节省时间、人力，更能保证产品品质和生产一致性。如今，以数字化、智能化、网联化为特征，以大数据、云计算为手段，在客车制造企业的研发、制造等环节，人力投入不断减少，产出却在增加，无人化的趋势正在逐渐显现出来。

（一）数字化的研发手段将减少客车研发的人力投入

得益于包括 3D 打印在内的各种新技术的出现，得益于大数据、云计算等新的计算方法，客车企业研发所需要的时间、人力都将大大缩短和减少。未来，很多涉及客车开发的人工工作都将被各种新工具、新设备取代。

1. 人工计算、制图等正在被智能化工具取代

CAD 取代人工制图，是汽车设计中的一次革命。如今，三维制图的实现，让制图再次面临革命。

在很多企业，客车的产品设计手段已经从二维的 CAD 计算机辅助设计工具，发展到三维的产品计算机辅助设计工具，现在正朝着三维的产品设计进化。

曾经，CATIA、Creo 等三维设计软件，是客车设计行业先进制图手段的代表。如今，已经有客车企业在产品设计上基于 MBD 技术，实现了三维协同及全数字化设计。MBD 技术解决了长期困扰企业的一个重大问题，即三维标注和模型一体的问题。三维模型和标注构成的产品数模，可以直接进行仿真分析、工艺设计等应用。包括 MBD 技术在内的技术进化，不断减少研发过程中的偏差和耗费的时间，进而大大降低了设计过程中的人工投入（人数 × 时间）。

2. 手工模型将被3D 打印取代

以前，产品设计出来，需要制作油泥模型后再不断改进；而改进满意后还会制作出试制车辆，再进行各种验证和实验。如今，很多验证工作都可以通过 3D 打印、仿真实验等“虚拟化”完成。这些仿真的实验，大大降低了验证环节中的人工投入。

3. 大数据、云计算模拟实验将大大减少研发阶段的人工成本

大数据和云计算的兴起，也让客车在研发过程中的协同性大大增加，无用或者冲突的设计减少。

近年来，一些客车企业正在建设设计协同（CDS）、数据管理与发放（PDM + SRM）和数字化工程阶段应用（SDM）的集成平台。这些企业通过构建统一的协同设计平台，支持在线设计、基于骨架模型的关联设计以及基于成熟度的并行设计，实现了跨地区、多专业领域的协同。协同设计平台系统的建设与应用，将使各专业设计参考更统一、设计状态更同步，从而大大缩短了产品研发周期，提高了 20% 左右的设计效率。

（二）智能化的生产方式将大大减少一线工人数量

客车行业虽然是定制化生产方式，生产过程难以实现自动化生产，不过，随着加工设备更加智能，客车生产的自动化程度将不断提高：机器人数量大幅提升，工人不断减少。比如，宇通客车在焊装生产线开发和推广了几十台机器人，机器人焊接系统与工装储存、切换系统高度集成，通过重型工装快速转换和精确定位来保障多车型混流自动化生产。机器人焊装不但可以

减少大量的一线工人，而且可以大大提高加工的精度：焊装的关键尺寸精度达到±2mm，生产效率提升40%，高效除尘设备减少了90%的粉尘，有效改善了作业环境。

宇通客车涂装生产线在采用了电喷涂机器人之后，喷涂素色漆由原来的人工喷涂50分钟/台缩短到现在的15分钟/台；喷涂金属漆由原来的人工喷涂80分钟/台缩短到现在的40分钟/台；油漆利用率提高一倍以上。目前，宇通客车各个生产车间共计引进数百台各类用途的机器人。

福田欧辉客车开发的车身焊接数控合装台，可实现自动下料、自动焊接、自动传输等，之前4个人半天才能焊一个车型，现在4个人30分钟可以焊一个车型。数字化在生产线上的应用，使福田欧辉客车的生产节拍从原来的60分钟一辆12米客车，提高到北京工厂的40分钟一辆和广东工厂的36分钟一辆。其不仅生产效率显著提高，而且12米客车的人工成本从2016年的6万多元一辆下降到现在的4.6万元一辆。

可以说，随着机器人越来越“聪明”，可以从事的工作范围不断增加，客车企业的人工成本正在不断减少，而每个人创造的产值则在不断增加。

三　客车运营的无人化

（一）无人化将出现在客运车辆上

众所周知，无人售票（投币）公交对于公交车来说是一场革命。30年前，中国所有的公交车上都需要至少一两名售票员；随着投币方法的引进，中国的公交车逐步实现了无人售票（或者减少了一名售票员）。

如今，随着网上订票、扫码支付、手机支付等多种网络化的订购系统以及支付系统的流行，随着各种智能化设备的引进（如检票闸机），客运场站对售票员、检票员的需求同样在大幅缩小。未来客运及旅游的发展形态，将会是通过终端（电脑PC端、手机端）在线购票（预订并支付）或者订票（预订而不支付），然后到指定地点上车。支付方式可以是预订时支付，也可以是上车后通过扫码等方式支付。无论采用何种支付方式，可以肯定的是，传统的在场站窗口购买车票或者上车后从售票员手中购买车票的人数将会大大减少，未来，场站的售票将会像火车站一样，仅剩一两个人工窗口，越来越多的乘客均通过网络或者自助购票机来完成购票。另外，不在场站购票的，也可以通过上车扫码实现购票。随着智能手机的普及，同时，随着客运站、客运公司经营压力的增加，新型的、网络化的售票方式不断涌现。未来，客运车辆的售票员会逐渐消失，客运车辆有望和公交车一样，实现“无人售票”。

（二）场站服务人员将会大量减少

网上的虚拟客运站正在出现，未来，不但“售票员”会大量减少，实体场站以及场站中的服务人员也会大量减少。

1. 场站服务人员大幅减少

大量的车票通过网络购买后，智能调度系统便可以快速根据实际人流变化进行车辆调度，不但大大减少场站购票的不确定性并节省大量的等待时间，也让车辆的分配更加合理。

通过运用大数据等现代化的信息收集统计方式，乘客乘车将会分散到若干乘车点。由于购票均是实名制，乘客分散乘车，车辆、道路内外的摄像头也会非常齐全，因此，人流量高度集中所需要的场地、安检安保设施人员、候车休息区域都可以减少。这意味着，客运场站可以大幅减少售票窗口，并用智能闸机取代检票员。顾客不再在场站售票大厅买票，并且，提前购票也导致在场站的停留时间减少，因此，场站所需要的售票窗口以及候车座位都可以大幅减少；为客运服务的大量人员，如售票、检票、调度、保安等人员数量也会大幅减少。同时，车辆调度、管理、监控更加智能化所带来的客运服务人员的减少，也会相应减少管理人员的数量。

2. 虚拟汽车站或将替代大量的实体汽车站

当前，很多互联网平台推出了客运公交领域的服务，如携程网积极与传统客运企业展开合作，提出要打造全国最大的“虚拟汽车站”。未来，客车的管理或许可以通过互联网，通过定位系统、摄像头等一系列硬件设备以及各种软件进行管理，乘客可以在其最方便的站点上车，而无须等待车辆进站，乘客也无须按照规定进站上车和进站下车。

实际上，现在的客运车辆都已经实行乘车实名制，车辆基本上都安装了GPS系统，很多客车上配装的智能管理系统不但可以实时了解车辆的运行路线，而且可以监控到乘客上下车情况甚至司机的实时表情、车辆的瞬间状态等。客车运营单位通过乘客实名制、车上的管理系统乃至先进的人脸智能识别系统，就可以对车辆和乘客进行实时管理，而无须使用大型场站来完成售票、检票、核对证件等工作。

或许未来的客运站将会带有旅游集散中心功能，或许也会成为乘客休息、娱乐和购物的场所，客运站原来的功能将会不断弱化，相关人员也会大幅减少。

3. 客车管理的无人化

如今，大量的客运管理软件正在大大减小管理人员的劳动强度。以前，客运企业需要安排大量的管理人员对车辆和驾驶员进行调度，安排车辆的运行时间，核算每辆车的油耗等成本。这些功能现在都可以依靠智能化的管理软件来实现。对于驾驶员行为的规范、培训以及考核，也可以借用大数据等手段来实现。

可以预见，客车管理将会越来越规范和细致，驾驶员的行为将更加规范，而客车运营的管理人员数量将会大幅下降。客车的制造将会越来越无人化，客车的运营也将会越来越无人化。乘客在智能终端上（如电脑、手机）订票，在指定地点上车，其整个过程只会和驾驶员相遇；而运营客运、旅游客车的公司，只需要使用自己或者第三方的平台，根据相应的智能化的计算方法，安排不同车辆进行不同的线路运行即可，不用再管理众多而又复杂的场站以及不同类型的服务人员。

四　客车驾驶的无人化

2018 年被称为“客车无人驾驶元年”，并不为过。2018 年春节联欢晚会上，金龙、比亚迪的无人驾驶客车首次出现在全国民众面前，这标志着“无人驾驶”客车正式登上历史舞台。伴随着100辆金龙“阿波龙”的下线以及众多中国品牌无人驾驶客车的试运行，中国客车驾驶的“无人化”正加速向我们驶来。

1. 多个中国品牌发布“无人驾驶”客车

2018年2月15日，5辆搭载百度Apollo自动驾驶技术的无人驾驶客车“阿波龙”登上春晚舞台，并在无人驾驶模式下完成了“8”字交叉跑的高难度动作。百度与金龙联合打造的无人微循环驾驶巴士——“阿波龙”，2017年9月20日在没有传感器的情况下完成自动循迹驾驶，当时被认为是迈出面向未来的智能化、网联化、共享化公共交通的坚实“一大步”。在2018年7月4日举行的“Create2018”百度AI开发者大会上，百度CEO李彦宏与金龙客车董事长谢思瑜现场视频连线，7000多名观众一起见证了第100辆“阿波龙”无人驾驶巴士的下线。

2017年12月2日上午，四辆名为“阿尔法巴”的全电动智能驾驶公交车，在深圳福田保税区首发试运行。“阿尔法巴”行驶的公交线路，包含海梁、深巴和福田3个停靠站。这四辆“阿尔法巴”每辆可容纳20多人，40分钟即可充满电，单次充电续驶里程可达150公里。

实际上，2017年并不是中国开无人驾驶公交之先河，早在2015年，全球第一辆无人驾驶大客车，就已经在中国的郑开大道完成了开放式道路的首秀。2015年8月29日，宇通完成了全球首辆无人驾驶公交车在开放道路的测试。宇通的这辆智能驾驶纯电动大型公交车，在全开放环境的郑开大道上行驶了32.6公里，途经26个信号灯路口，顺利完成了跟车行驶、自主换道、邻道超车、自动辨别红绿灯通行、定点停靠等，到达测试终点。3年后的2018年5月18日，在上海，以“智联升级　宇见未来”为主题的宇通2018年新能源全系产品发布会上，通过现场连线，宇通展示了搭载最新技术的纯电动自动驾驶客车的实验运营情况。经过全新升级的宇通自动驾驶纯电动客车，突破了环境感知、决策控制、执行机构、超算平台四大关键技术，依托卡尔曼的多目标跟踪与预测技术、驾驶员行为的A星的路径规划技术、V2V 的多车协同避撞技术等 21 项行业领先技术，实现巡线行驶、路口通行、精确进站、车路协同、自主避障、超车、会车、换道、跟车等功能，已具备高速结构化道路和面向园区开放通勤道路的 L4 级别自动驾驶能力。

2018 年 4 月 17 日，厦门金旅第二代无人驾驶客车在国家智能网联汽车（上海）试点示范区露面。金旅第一代无人驾驶客车，已经在国家智能网联汽车（上海）试点示范区入驻两年，完成了相应的专业测试，并担任上海试点示范区接待通勤车。此次亮相的金旅联合试点示范区打造的第二代无人驾驶客车——“星辰”，其技术迭代已经不同于传统的有人驾驶客车平台，而是完全基于无人驾驶平台设计。同样还是 2018 年，中车电动的智能驾驶客车也在湖南株洲完成了自动驾驶的实际道路测试和展示。

2018 年，无人驾驶客车正从“星星之火”向“燎原之势”进发。

2. 全球范围的无人驾驶汽车实践

近年来，无人驾驶在全球都是一个热门话题。美国、德国、日本等国家纷纷发布自动驾驶法规，开放路测，在客车领域以小型、电动、低速无人驾驶巴士为切入点，在大型商业中心、旅游景区等实际场景开展相关运营。

2017 年，美国加利福尼亚州无人驾驶公交系统开始在大型商业中心、旅游景区等低风险环境内进行通勤代步服务。无人驾驶公交“EasyMile shuttle”可同时搭乘 12 人，最高车速 45km/h。

2017 年 10 月，德国首辆无人驾驶电动公交车开始示范运营，主要在巴特比恩巴赫（Bad Birnbach）市镇中心和温泉疗养所进行往返接驳。该车属于小型公交车，全程行驶距离 660 米，最大时速 15 公里，可同时搭载 6 名乘客以及 1 名护送人员。

2016 年 8 月，由日本永旺集团引进的无人驾驶巴士在日本千叶县进行试运营。此次运营的无人驾驶巴士 EZ10 由法国 EasyMile 公司主导研发，搭载“Robert Shuttle”自动驾驶系统。EZ10 单次充电续驶里程可达 14 小时行程，巡航时速为 20 公里，最高时速可达 40 公里。

2017 年 4 月 4 日，英国伦敦，无人驾驶巴士 GATEway 正式投入使用。

2017 年 9 月，澳大利亚的无人驾驶巴士 Navya Arma 已经试运行一年，运载达4300人次。该批车辆采用法国制造的电动无人驾驶巴士，搭载3个传感器，能够检测交通标识并躲避障碍物，最高行驶速度可达45km/h。

3. 智能装置广泛应用

无人驾驶受到法规等方面的限制，可能无法快速实现。不过，汽车的智能化，却可以大大减小司机的劳动强度，并大幅提升车辆的安全性和舒适性。而客车司机的劳动强度比轿车司机更大。

我国当前运行的客车中，已经有大量车辆装配了智能驾驶辅助装置，可以实现自动跟车、车道偏离提醒、自动紧急刹车、疲劳驾驶提醒等功能。比如，近年来出台的《机动车安全技术条件》《营运客车安全技术条件》等，要求9米以上的营运客车加装LDW（车道偏离预警）以及符合标准的AEB（自动紧急刹车）功能，进一步促进了ADAS智能驾驶辅助系统在客车领域的应用，推动了客车DA/PA级（DA指“驾驶辅助”，PA指“部分自动驾驶”）智能化产业进程。

五　主动迎接“无人化”，有助于客车和客运企业提高运营质量

随着居民收入的增加、高铁网络的不断密集、私家车的不断增长，中国客运行业连年下滑，客运车辆需求减少也导致客车制造企业业绩增长变缓甚至下降。

近年来，很多道路客运企业都陷入了经营困难的境地。如果道路客运企业的运营方式不改变的话，未来可能会更加困难。随着中国人口红利正在消失，人力成本将持续提高，那么作为劳动密集型的客车生产企业和客运企业该如何应对呢？

如果考虑到未来将是无人化的发展趋势，很多问题的解决也许就有了方向。

（一）无人化需要“人”操作

采用智能化的设备不但可以降低企业运营成本，而且有助于提高运营质

量。不过，在智能化设备取代人工的同时，人在其中发挥的主观能动性仍然非常重要。比如，任何智能化的设备以及软件，都必须要根据企业的实际情况进行配置和调整。

智能化还是一个反复实践、不断调整的过程，那种指望买回来智能设备就立刻可以替代工人、降低成本，同时提高产品质量的想法是不现实的。客车企业必须要能选出最合适的智能化软件、智能化设备，给予最合适的初始条件，并且不断根据运行情况进行调整，才能达到良好的效果。无人化，是一个持续的过程，而并非一种状态。

（二）非核心业务“无人化”

除了用机器替代人，很多企业通过将核心业务外包的方式，来实现“无人化”。比如，大量的汽车使用单位通过购买维修服务的方式，减少了维修服务人员。韵达等快递公司在购买车辆的同时购买维修保养服务，其购买的车辆维修保养服务，均由汽车企业提供。而且，越来越多投入运营的纯电动客车的售后服务都由整车企业或者电池企业提供，公交公司中维修保养人员正在持续减少。

当前，各行各业的发展出现了两个明显趋势：一个是用智能化的设备取代人力，这从银行大量减少基层人员就可以看出。另一个就是大量非核心业务外包，比如行政、财务等部门都使用外派人员；保洁、设备维护（含网管）等通通外包；很多公司都取消公车，接送高管或者客户都使用首汽、神州专车或者滴滴专车；班车、食堂等不用说，早就实现外包了。而很多客车企业为了应对生产的淡旺季，更是使用了外派工人。

总之，随着业务外包、智能化硬件和软件的使用，企业用工数量快速减少，企业的劳动生产率加速提升。

（三）帮助其他企业“无人化”将赢得更多客户

1. 整车企业帮助用车企业“无人化”

正因为“无人化”（少人化）是公司未来的发展趋势，因此，能够帮助其他公司实现“无人化”（少人化）的公司，就会更具竞争力。比如，现在有很多汽车企业在卖车的同时，也卖服务。这种保姆式的服务，是指用户对每辆车每年交纳一定的费用后，车辆所有的维修都由厂家负责。如果车辆故障不能在指定时间内修复的话，厂家就会提供替用车辆，以保证客户正常业务不受损失。

这种“保姆式”服务，已经出现在快递快运行业。有些快递公司，比如韵达在某些地区的公司，买车的同时也购买服务，它们虽然拥有大量的物流用车，却没有维修保养的部门和人员。它们通过购买服务的方式，减少了非核心人员，虽然每年购买车辆服务的费用看起来可能要高于维修人员的人工成本，但它们认为，公司可以把更多的精力集中于核心业务，公司运行的效率将会更高。而生产企业因为拥有专业化的维修保养人员，可以实现集约化服务，因此，生产企业销售服务的利润甚至还要高于车辆制造。

再比如，2018 年，有些客车企业通过为公交公司提供一体化解决方案，包括充电设施建设、线路设计规划、售后服务等，赢得了许多三线、四线、五线城市甚至县城的新能源公交车订单。在新能源客车日益普及的未来，可以想象，客车企业将会为用户提供基础设施建设、车辆驾驶培训、维修保养甚至线路设计等更多的服务，让客车使用单位专注客车运营的核心业务，减少基础设施规划和建设人员、维修保养人员和调研人员等。

2. 用车企业“无人化”并帮助客户实现“无人化”

同样，如果客运公司在减少自身非车辆运营人员的同时，能够帮助其他企业减少人员，那么就会有更多的收入来源。比如，客运公司如果能够提供“客运 + 旅游”、“客运 + 物流”、“车票 + 景点门票”、“车 + 酒店”、不同接驳方式一体化等新型的一体化出行方式的话，那么对于乘客来说，就可以很方便地购买到自己想要的服务和产品；对于酒店或者景点来说，也可以减少销售人员。

再有，未来的旅游车辆也可以不再需要导游，车辆上自助播放宣传片或者旅游信息介绍，车票同时包含门票，车辆上配有自助导游机，乘客凭借一体化的电子门票进入景区大门，凭借自助导游机游览景区，凭借车辆提供

App 或者微信小程序购买纪念品或者特产。这就意味着，当旅行社租赁旅游车辆时，不用再配导游，所有游客在指定地点凭借二维码刷码上车，领取自助导游机，而导游机中的语音既可以有预先设置好的内容，也可以根据行程或者司机输入的具体天气等信息进行智能调整。

更进一步，未来司机的具体行程或许能根据智能化指令进行导航，比如去哪个景区、在什么地方用餐、在什么地方住宿等，系统会自动导航到相应地点，而游客的自助导游机也会自动按照设置的景点进行匹配。届时，不但可以避免黑导游或者导游擅自改变路线、擅自增加自费景点和购物点等问题，而且，游客通过购票网络或者车上的视频指引，购买纪念品和特产，也同样可以增加旅游公司的收入。这对于规范旅游服务、增加旅游公司收入都有很大的促进作用，而乘客既避免了挨宰，又能买到物美价廉的商品，何乐而不为呢？

另外，以前，很多场站都设有商店、小卖部等，场站通过这样的服务收取租赁费，乘客也可以很方便地买到所需的商品。不过，显然，因为场地租金和人员工资等成本，场站内的商品价格必然高于市区。如果未来乘客可以在买票的同时就在网上购买商品，而车站直接配送到座位上的话，那么就省去了很多人在市区购买商品后再提着大包小包去坐车的成本；这些网上购买的商品甚至可以直接配送到乘客下车的地方。这样一来，既可以节省商店的租金、售货员的工资，商品价格也可以大幅降低到与市区差不多的价位；对于乘客来说，既不多花钱，又省了来回背，何乐而不为呢？至于车辆运营企业，完全可以把商品销售配送交给外包公司，自己只赚取提成即可。

总之，一句话，无论是客车企业还是客运企业，想要节流，就要想方设法减少单位产值的人力投入，因为人力一定是越来越贵的，管理人力的成本是越来越高的，总之就是要提高劳动生产率；想要开源，就要想方设法帮助客户减少人力的投入，客车企业要帮助客运用户减少车辆维修以及基础设施建设这些非核心业务的人员，为用户提供包括基础设施建设和车辆维护方面的增值服务，在提供服务的同时也增加自身收入。对于客运企业来说，就要想办法减少自己客户的人力，比如场站管理人员、售票人员、检票以及导游人员等。

结束语

智能化，正带来生产方式和生活方式的巨大改变。智能化，也让中国客车产业走进一个新时代。从研发到制造，从客车本身的配置到客车运营管理，都因智能化、网联化而发生巨大变化。这个变化反映出来的结果，或许就是“无人化”。

此外，随着人工成本的不断上升，“无人化”也成为企业减少成本、提升竞争力的重要手段。无论是客车生产企业还是客车运营企业，都应当洞悉智能化、网联化给客车行业带来的“无人化”趋势，明白帮助客户“无人化”将会给自己带来新的机会和利润点，顺势而为，适应客车“无人化”的新时代。

B.2

转型与阵痛——2017年客车市场盘点与2018年客车市场趋势分析

谢光耀*

摘　要：　如果梳理中国客车发展史，2017 年一定是一个非常关键的转折年。这是因为，在这一年里，新能源客车财政补贴首次、真正出现大幅退坡，给这个喧嚣和狂热的行业降了一次温，促使客车行业回归理性；在这一年里，由于补贴大幅度下降，不少客车企业开始批量进入新能源物流车等其他细分领域，寻求新的突破；在这一年里，由于补贴大幅下降，新能源客车不再是炙手可热的“香饽饽”和资本逐利的首选对象，行业的拐点正在悄然出现。

本文以数据说话，通过对 2017 年客车整体市场以及新能源客车市场的系统梳理，全面总结了 2017 年客车行业发展的五个典型特征。同时，文章在大量政策及数据研究的基础上分析认为，由于 2018 年新能源客车补贴政策呈现跟以往政策“很不一样”的特点，因此，客车市场尽管在上半年取得了一定增长，但全年产销量仍将出现下滑，深度调整、阵痛和转型将会是贯穿 2018 年客车行业的主线。

关键词：　新能源客车　客车销量　补贴退坡　客车出口

---

* 谢光耀，经济学硕士，法学学士。师从中国人民大学郑水泉教授。曾任中国汽车报社《商用汽车新闻》执行主编、《中国汽车报》商用车专刊主编。现任第一商用车网总编辑，同时还是多家投资银行及证券机构特约商用车专家顾问。

一　2017年客车市场盘点

（一）客车市场整体变化趋势分析

受政策调整的影响，2017 年的客车市场演变之精彩程度，相比大起大落的2016 年一点也不逊色。图1 显示，2016 年和2017 年，我国5 米以上客车市场遭遇了两连降。根据中国客车统计信息网数据，2016 年，客车市场累计销售各类车型（大客、中客和轻客）25.16 万辆，比上年同期小幅下滑1.91%；2017 年，客车市场累计销售各类车型21.13 万辆，同比再度下滑16.01%。比起2016 年的小幅下滑，2017 年客车行业的整体形势，显然要严峻得多。

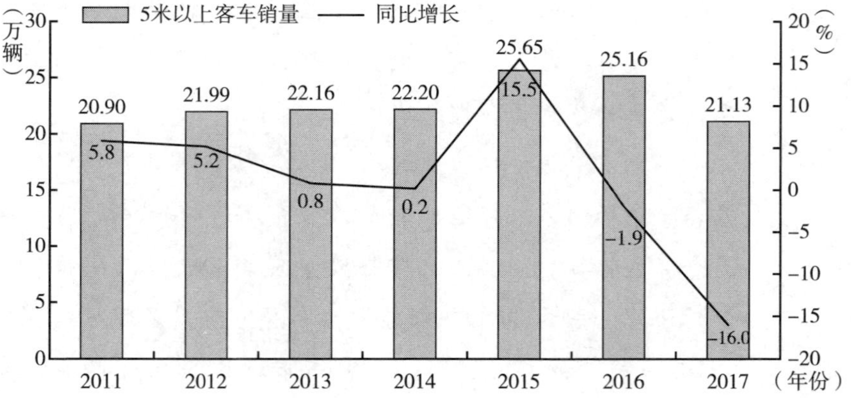

图1　2011 ~2017 年我国客车市场销量走势

资料来源：中国客车统计信息网。中国客车统计信息网数据体现的是客车企业批发销售的数量。

2017 年的客车市场发展，具有五个特征。第一，全线下滑，所有细分市场都出现同比下降，这在以前是比较少见的。2017 年，座位客车市场共计销售83751 辆，比上年同期下滑17.25%，这个细分市场由于受到高铁竞争的影响，已经连续两年大幅下降，并且是最近几年来首次跌落至10 万辆以下的销量规模；公交客车市场同样跌至 10 万辆以下，2017 年共计销售 99640 辆，比上年同期的 12.08 万辆下滑 17.5%；校车市场共计销售 21116 辆，比上年同期的 2.38 万辆下降 11.33%。2017 年，车长 10 米以上的大型客车市场共计销售 95456 辆，同比下降 2.57%；车长 7~10 米的中型客车市场共计销售 72432 辆，同比下降 25.04%；车长 7 米以下的轻型客车市场共计销售 43443 辆，同比下降 23.8%。

2017 年客车市场全线下滑的主要原因有两方面：一方面，高铁线路“扩张”，其以高时速、高安全性和高载客量等优势，不断压迫公路客运并导致公路班线客运市场持续萎缩；另一方面，则是由于 2016 年新能源客车市场对 2017 年需求的提前透支以及 2017 年新能源客车财政补贴的大幅退坡，关于这一点，笔者将在后面详细阐述。

第二，座位客车销量占比连年下降，2017 年首次降到 40% 以下。图 2 显示，2017 年，座位客车和公交客车销量在客车市场整体销量中的占比都有所下滑，座位客车占比更是下降至 39.6%。从 2012 年到 2017 年这六年间，座位客车的市场占比从 55.6% 一路下降，2016 年同比下降 8.4 个百分点至 40.2%，2017 年再度下降 0.6 个百分点至 39.6%。这也是座位客车占

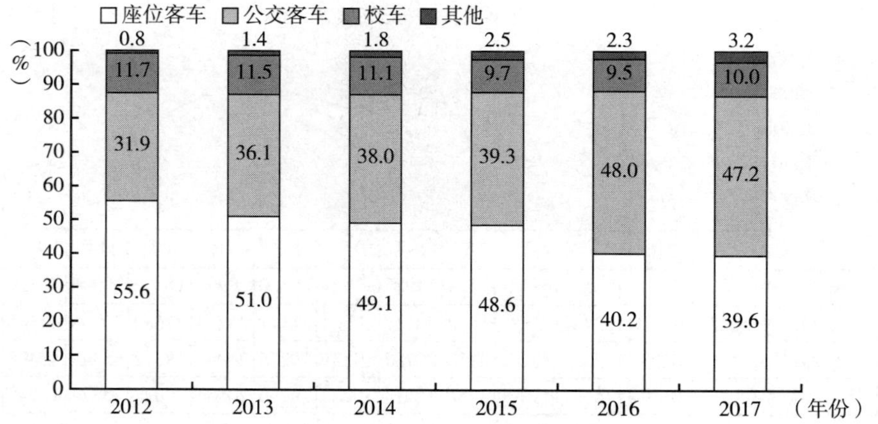

图 2　2012～2017 年我国客车市场各类车型占比

资料来源：中国客车统计信息网。

比连续第二年低于公交客车。

第三，2017 年客车市场受 2016 年新能源客车市场提前大量透支的影响，全年销量分布呈现巨大的季度不均衡和月度不均衡。如图 3 所示，从 2015 年到 2017 年，我国客车市场的月度销量曲线已经连续三年呈现前低后高的发展态势，而且每年的第四季度都有非常明显的“摆尾”现象，光一个季度的销量就占到了全年销量的 35% 以上。2015 年第四季度，由于 2013 ~ 2015 年新能源汽车补贴政策将要结束，各家客车企业为了赶上新能源客车高额财政补贴的“最后一班车”，当年第四季度产销两旺，部分地区甚至出现抢车的现象；2016 年第四季度，市场再度出现产销两旺的态势，其月度销量曲线与 2015 年一样，在年底时出现了一个明显的“摆尾”现象，最后一个月（12 月）的销量（4. 55 万辆）甚至比 2015 年同期（4. 38 万辆）还要高；到了 2017 年年初，由于客车市场需求在上年年末的时候被大量透支，前五个月的月销量同比都有大幅下滑，直到 6 月份才走出低谷。2017 年第四季度，同样的情形又一次出现，当时行业内盛传 2018 年新能源客车财政

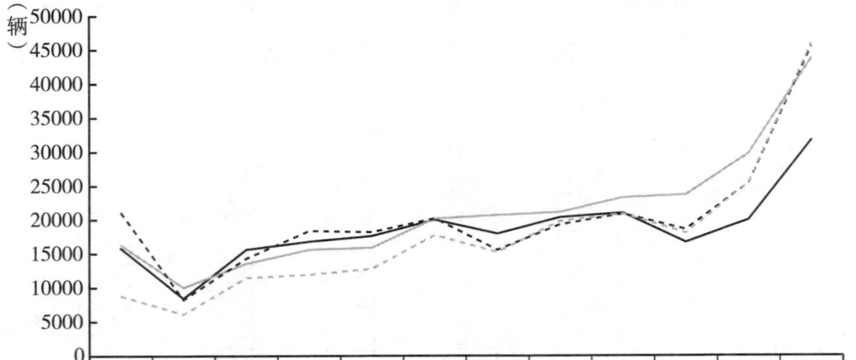

	1月	2月	3月	4月	5月	6月	7月	8月	9月	10月	11月	12月
2014年	15797	8423	15613	16773	17584	19985	17924	20350	20992	16662	19944	31730
2015年	16288	10033	13548	15588	15858	20147	20664	21111	23274	23689	29758	43763
2016年	21109	8223	14289	18320	18150	20180	15531	19276	20850	18542	25347	45498
2017年	8783	6104	11468	11909	12756	17713	15222	19796	20854	18027	25374	45935

图 3　2014 ~ 2017 年我国客车市场月度销量及其走势

资料来源：中国客车统计信息网。

补贴相比2017年将会有大幅退坡，因此，客车用户和客车厂家第三次掀起提前采购和生产的高峰。根据中国客车统计信息网数据，2017年第四季度我国客车销量为8.93万辆，占到全年客车市场总销量的42.27%，比2015年和2016年同期的市场占比都要高出不少；2016年第四季度我国客车市场销量为8.94万辆，占到全年销量的35.53%；2015年第四季度客车销量的占比为37.90%。2017年11～12月，我国客车市场合计销量为7.13万辆，占到当年客车市场总销量的比重高达33.74%，比2016年同期的28.16%和2015年同期的28.66%都要高。这种产销态势极其不均衡甚至不正常的情况反复出现，正是源于新能源客车补贴政策的调整。

2017年客车行业的第四个特征，就是新能源客车市场不再是外来资本的“香饽饽”和资本投资的风口，市场竞争格局逐步趋于稳定，外来的“搅局者”逐渐减少。根据2016年12月29日财政部等四部委联合发布的“关于调整新能源汽车推广应用财政补贴政策的通知”，从2017年1月1日起，购买新能源客车可享受的财政补贴大幅缩水，比如，2016年购买一辆10米以上非快充类纯电动大型客车最高可享受50万元的财政补贴；2017年，购买一辆纯电动大型客车最高可享受30万元的财政补贴，缩水幅度达到40%。2016年，购买一辆非快充类纯电动中型客车（8米<车长≤10米）最高可享受40万元的财政补贴；2017年，购买这类车的补贴下降到20万元/辆，退坡幅度达到50%。2016年，购买一辆非快充类纯电动轻型客车（6米<车长≤8米）最高可享受25万元的财政补贴；2017年，购买这类车的补贴下降到9万元/辆，退坡幅度达到64%。可见，虽然针对新能源客车的财政补贴仍然是普惠制，但大、中、轻型客车可享受的补贴金额大幅减少，对新能源产品的技术标准要求却大幅提高。

如果说，2017年以前的财政扶持政策以其相对宽松和高额补贴的特征，吸引了大量资本进入的话，那么，到了2017年，新能源客车对外来资本的吸引力开始快速下降；即便是已经进入这个行业的资本，有的在寻求出售手中的新能源客车资产和业务，有的是把更多资源投入到产销规模更大的纯电动物流车市场中，逐渐减少对新能源客车业务的投入。相比较而言，一些客车业老牌巨头和坚定发展新能源客车业务的新企业，由于在客车领域的投入持续且稳定，战略十分坚定，因此，包括新能源客车在内的客车市场竞争格局不再像前几年那样动荡和快速变化，而是逐渐趋于稳定。这对于产业的健康可持续发展无疑是一大利好。

表 1 显示，2017 年，我国 5 米以上客车市场销量排名前十位的企业市场集中度在稳步提高，第一名宇通客车 2017 年销售各类客车 67522 辆，虽然由于市场整体下滑而下降了 4.8%，但市场份额从 2016 年的 28.2% 提升到 32%，提高了 3.8 个百分点；宇通、中通和比亚迪行业前三强的合计市场份额从 2016 年的 40.8% 提高到 45.5%，提高了 4.7 个百分点；客车行业前六强（宇通、中通、比亚迪、厦门金龙、厦门金旅和福田欧辉）的合计市场份额在 2017 年提高了 5.5 个百分点。可见，随着国家对客车尤其是新能源客车技术标准要求的提高以及客户需求的日益理性，优势客车生产商凭借其优秀的产品品质、安全节能的技术优势以及强大的品牌影响力，正逐渐从市场上胜出，攫取更多的销售量与市场份额。这些龙头企业和优势企业的发展壮大，对于客车行业的技术进步以及道路交通运输的安全管理都具有积极的正面促进作用。

表 1　2017 年我国客车市场销量排行榜

单位：辆

客车企业	2017 年	2016 年	2015 年	2017 年同比增长（%）	2017 年份额（%）	2016 年份额（%）	份额变化（个百分点）
市场总计	211331	251612	256502	-16.0	100.0	100.0	0.0
郑州宇通客车股份有限公司	67522	70947	67018	-4.8	32.0	28.2	3.8
中通客车控股股份有限公司	15943	18466	17505	-13.7	7.5	7.3	0.2
比亚迪汽车工业有限公司	12777	13278	5400	-3.8	6.0	5.3	0.7
厦门金龙联合汽车工业有限公司	10837	12388	15578	-12.5	5.1	4.9	0.2

续表

客车企业	2017 年	2016 年	2015 年	2017 年同比增长(%)	2017 年份额(%)	2016 年份额(%)	份额变化(个百分点)
厦门金龙旅行车有限公司	10753	12990	14141	-17.2	5.1	5.2	-0.1
北汽福田汽车股份有限公司北京欧辉客车分公司	9557	9681	8148	-1.3	4.5	3.8	0.7
金龙联合汽车工业(苏州)有限公司	9082	19559	29056	-53.6	4.3	7.8	-3.5
安徽安凯汽车股份有限公司	8717	10166	10017	-14.3	4.1	4.0	0.1
东风超龙(十堰)客车有限公司	7258	7216	7809	0.6	3.4	2.9	0.5
湖南中车时代电动汽车股份有限公司	6328	4277	3250	48.0	3.0	1.7	1.3
银隆新能源股份有限公司	6356	4771	3189	33.2	3.0	1.9	1.1
东风襄阳旅行车有限公司	6153	7697	10993	-20.1	2.9	3.1	-0.2
上海申龙客车有限公司	6078	3420	3111	77.7	2.9	1.4	1.5
扬州亚星客车股份有限公司	5742	6042	4492	-5.0	2.7	2.4	0.3
河南少林客车股份有限公司	4833	7454	8576	-35.2	2.3	3.0	-0.7

注：郑州宇通客车股份有限公司以下简称宇通客车；中通客车控股股份有限公司以下简称中通客车；比亚迪汽车工业有限公司以下简称比亚迪；厦门金龙联合汽车工业有限公司以下简称厦门金龙；厦门金龙旅行车有限公司以下简称厦门金旅；北汽福田汽车股份有限公司北京欧辉客车分公司以下简称福田欧辉；金龙联合汽车工业（苏州）有限公司以下简称苏州金龙；安徽安凯汽车股份有限公司以下简称安凯客车；东风超龙（十堰）客车有限公司以下简称东风超龙；湖南中车时代电动汽车股份有限公司以下简称中车电动；银隆新能源股份有限公司以下简银隆新能源；东风襄阳旅行车有限公司以下简称东风襄旅；上海申龙客车有限公司以下简称上海申龙；扬州亚星客车股份有限公司以下简称亚星客车；河南少林客车股份有限公司以下简称少林客车。

资料来源：中国客车统计信息网。

2017 年客车行业的第五个特征，就是客车出口销量连续第三年下滑，但出口金额有所增长。表 2 显示，中国客车出口量在 2017 年达到 29328 辆，比上年同期的 30906 辆小幅下滑 5.11%，但出口金额达到 119.56 亿元人民币，比上年同期的 117.99 亿元微弱增长 1.33%。相比 2016 年我国客车出口量和金额双双下降的局面，2017 年的客车出口形势有所改善。2017 年，

表 2　2016～2017 年中国客车出口数量及出口金额一览

分类	2017 年		2016 年		出口量增长（%）	出口额增长（%）
	出口量（辆）	出口金额（人民币万元）	出口量（辆）	出口金额（人民币万元）		
大型客车（车长 > 10 米）	15258	917258.05	12950	851248.8	17.82	7.75
其中：座位客车	9737	629362.50	8654	572968.93	12.51	9.84
公交客车	5395	275011.83	4203	270371.15	28.36	1.72
校车	123	12562.68	8	793.33	1437.50	1483.54
其他	3	321.04	85	7115.39	-96.47	-95.49
中型客车（10 米≥车长 > 7 米）	5708	214917.54	5626	240051.57	1.46	-10.47
其中：座位客车	4392	157177.86	4013	160946.72	9.44	-2.34
公交客车	1056	52177.37	1434	73446.53	-26.36	-28.96
校车	75	3096.63	53	4085.63	41.51	-24.21
其他	185	2465.68	126	1572.69	46.83	56.78
轻型客车（7 米≥车长 > 3.5 米）	8362	63399.65	12330	88554.34	-32.18	-28.41
其中：座位客车	8150	60867.14	12290	87917.93	-33.69	-30.77
公交客车	7	164.33	14	248.07	-50.00	-33.76
校车	33	883.73	1	20.84	3200.00	4140.55
其他	172	1484.45	25	367.5	588.00	303.93
合计	29328	1195575.24	30906	1179854.71	-5.11	1.33
其中：座位客车合计	22279	847407.5	24957	821833.58	-10.73	3.11
公交客车合计	6458	327353.53	5651	344065.75	14.28	-4.86
校车合计	231	16543.04	62	4899.80	272.58	237.63
其他合计	360	4271.17	236	9055.58	52.54	-52.83

资料来源：中国客车统计信息网。

10 米以上大型客车出口量为 15258 辆，同比增长 17.82%，出口金额达到 91.7 亿元人民币，同比增长 7.75%，技术含量和单车价格最高的大型客车实现了出口量和出口金额的双增长，是 2017 年客车出口结构改善的明显标志。

根据统计，7 米以上大中型客车出口 20966 辆，比上年同期的 18576 辆增长 12.87%；出口金额为 113.22 亿元人民币，同比增长 3.75%，大中型客车领衔增长，是 2017 年全年客车出口量和金额双双增长的重要原因。与此同时，轻客产品的出口在 2017 年遭遇了“滑铁卢”，全年出口量仅为 8362 辆，同比下降 32.18%，出口金额下滑 28.41%至 6.34 亿元人民币。

2017 年，在客车出口销量下滑的环境下，宇通、中通等几个主要企业扛起了出口的“大梁”。表 3 显示，宇通客车 2017 年继续稳居出口排行榜第一名，当年出口客车 8712 辆，同比增长 22.34%，出口金额达到 45.6 亿元人民币，同比增长 1.88%。中通客车虽然出口金额排名行业第五，但同样逆势上升，2017 年出口各类客车 1292 辆，同比增长 24.95%；出口金额为 8.01 亿元人民币，同比增长 26.47%。在 2017 年客车出口金额排行前十位的企业中，宇通、中通、亚星、安凯、福田欧辉这五家企业实现了出口销量和出口金额的双增长。

表 3　2016～2017 年中国客车企业出口量及出口金额一览

企业名称	2017 年		2016 年		平均价格（人民币万元）		出口量增长(%)	出口额增长(%)
	出口量（辆）	出口金额（人民币万元）	出口量（辆）	出口金额（人民币万元）	2017 年	2016 年		
郑州宇通集团有限责任公司	8712	456029.14	7121	447619.02	52.34	62.86	22.34	1.88
金龙联合汽车工业（苏州）有限公司	2633	154258.27	3026	183876.03	58.59	60.77	-12.99	-16.11
厦门金龙联合汽车工业有限公司	8048	138218.91	10832	194549.54	17.17	17.96	-25.70	-28.95

续表

企业名称	2017 年		2016 年		平均价格（人民币万元）		出口量增长(%)	出口额增长(%)
	出口量（辆）	出口金额（人民币万元）	出口量（辆）	出口金额（人民币万元）	2017 年	2016 年		
厦门金龙旅行车有限公司	2943	106215.06	4249	92427.72	36.09	21.75	-30.74	14.92
中通客车控股股份有限公司	1292	80122.2	1034	63353.4	62.01	61.27	24.95	26.47
扬州亚星客车股份有限公司	1019	74934.54	480	30459.31	73.54	63.46	112.29	146.02
安凯汽车股份有限公司	1370	62109.86	289	12698.76	45.34	43.94	374.05	389.10
北汽福田欧辉客车公司	1374	49903.75	501	15741.42	36.32	31.42	174.25	217.02
上海申沃客车有限公司	600	27185.16	848	36212.08	45.31	42.70	-29.25	-24.93
上海申龙客车有限公司	515	25471.34	1292	64085.19	49.46	49.60	-60.14	-60.25
桂林客车工业集团有限公司	416	14177.8	290	13593.90	34.08	46.88	43.45	4.30
东风特汽（十堰）客车有限公司	157	2217.69	86	1264.56	14.13	14.70	82.56	75.37
东风襄樊旅行车有些公司	131	1606.61	269	5062.7	12.26	18.82	-51.30	-68.27
中国重汽集团济南豪沃客车公司	14	779.56	3	135.6	55.68	45.20	366.67	474.90
河南少林汽车股份有限公司	55	760.87	146	1815.43	13.83	12.43	-62.33	-58.09
重庆恒通客车有限公司	15	614.68	47	2208.62	40.98	46.99	-68.09	-72.17
曙光汽车集团公司	9	399.23	84	7011.49	44.36	83.47	-89.29	-94.31
安源客车制造有限公司	12	355.97	0	0	29.66	0	0	0

续表

企业名称	2017 年		2016 年		平均价格（人民币万元）		出口量增长(%)	出口额增长(%)
	出口量（辆）	出口金额（人民币万元）	出口量（辆）	出口金额（人民币万元）	2017 年	2016 年		
北汽（常州）汽车有限公司	11	180	0	0	16.36	0	0	0
烟台舒驰客车有限责任公司	2	34.6	8	212.02	17.30	26.50	-75.00	-83.68
保定长安客车制造有限公司	0	0	223	6282.1	0	28.17	-100.00	-100.00
江苏友谊汽车有限公司	0	0	47	537	0	11.43	-100.00	-100.00
南京依维柯汽车有限公司	0	0	21	285.32	0	13.59	-100.00	-100.00
东风商用车有限公司东风客车公司	0	0	7	241.5	0	34.50	-100.00	-100.00
西安西沃客车有限公司	0	0	3	182	0	60.67	-100.00	-100.00
合　计	29328	1195575.24	30906	1179854.71	40.77	38.18	-5.11	1.33

资料来源：中国客车统计信息网。

（二）新能源客车市场变化趋势分析

要分析最近几年的客车市场发展趋势，就避不开新能源客车这个细分领域。近年来客车市场的起起落落，与新能源客车细分市场的起伏直接相关。2017 年，新能源客车市场不再延续 2015 年和 2016 年的快速增长态势，而是出现了同比下滑。图 4 显示，根据工信部汽车合格证产量统计，2017 年，我国新能源客车市场共计生产各类插电式混合动力客车和纯电动客车 10.49 万辆，比上年同期下降 22.4%。其中，纯电动客车累计生产 8.86 万辆，同比下降 23.4%；插电式混合动力客车累计生产 1.64 万辆，同比下降 16.3%。

1. 市场提前透支与补贴大退坡

2017 年新能源客车市场出现下滑的原因，首先是 2017 年补贴退坡所导

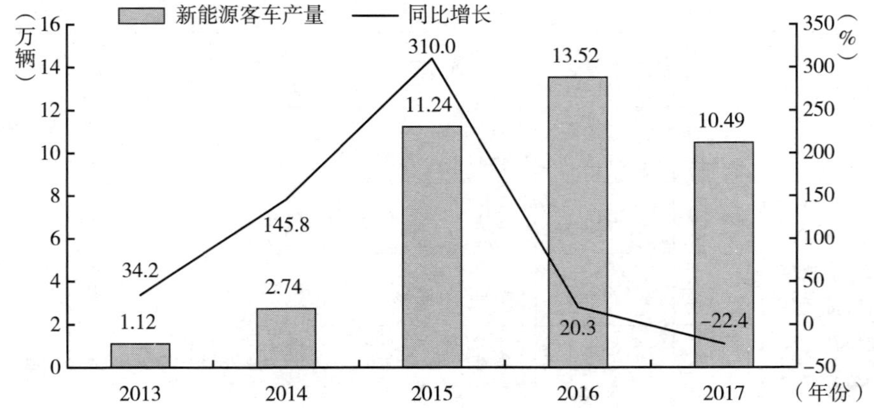

图 4　2013～2017 年我国新能源客车产量走势

资料来源：工信部汽车合格证产量统计。

致的市场提前消费。虽然 2017 年新能源汽车补贴政策直到 2016 年 12 月 29 日才正式发布，但实际上在 2016 年第四季度，行业内的主要企业就已经得到准确消息，2017 年 1 月 1 日起将实施新的补贴标准，补贴金额将大幅退坡；为此，客车企业和客车用户（以各地公交公司为主体）再次行动起来，就像 2015 年年底那样，客户大量下采购订单，各大客车厂家的生产线上夜以继日地生产新能源客车，目的是在当年年底前把车辆生产出来，交付客户并上牌。这也就意味着，2017 年上半年的新能源客车市场需求在 2016 年年底就被提前消费了。根据工信部汽车合格证产量统计，2017 年上半年，我国新能源客车的六个月合计产量只有 1.23 万辆，占全年市场的比重仅为 11.7%，市场“前低后高”的趋势十分明显。

根据财政部等四大部委 2016 年 12 月 29 日联合发布的《关于调整新能源汽车推广应用财政补贴政策的通知》，从 2017 年 1 月 1 日起，新版的新能源汽车扶持政策开始严格实施，这一轮的产业扶持政策具有四个特征。首先是针对新能源客车的财政补贴金额大幅“缩水”。以国家重点鼓励扶持的纯电动客车为例，表 4 显示，在最近三年里，大型客车从 50 万元/辆的财政补贴缩水到 2017 年的 30 万元/辆，下降幅度达到 40%；中型客车可享受的财政补贴从40万元/辆缩水到2017年的20万元/辆，下滑幅度达到50%；轻型客车可享受的财政补贴从30万元/辆下降到2016年的25万元/辆，再下降到2017年的9万元/辆，下滑幅度在2017年达到64%。

表4 2015～2017年纯电动客车财政补贴金额对比

纯电动客车最高补贴金额	2015年	2016年	2016年同比	2017年	2017年同比
12米以上超大型客车、双层客车	50万元	60万元	20%	30万元	-50%
大型客车(10米<车长≤12米)	50万元	50万元	0	30万元	-40%
中型客车(8米<车长≤10米)	40万元	40万元	0	20万元	-50%
轻型客车(6米<车长≤8米)	30万元	25万元	-16.67%	9万元	-64%
轻型客车(车长≤6米)	车长等于6米的轻客可享受30万元/辆的补贴，小于6米的轻客无补贴	10万元	—	无	-100%

注：2015年补贴标准中的客车长度分类与2016年和2017年不完全一致，其按照6米≤车长<8米、8米≤车长<10米、车长≥10米进行分类，分别可享受30万元、40万元、50万元的补贴金额。

其次是补贴计算方法发生重大变化，技术要求和门槛也有大幅提高。2017年新的补贴政策提出，新能源客车的补贴金额=车辆带电量×单位电量补贴标准×调整系数（调整系数：系统能量密度/充电倍率/节油水平）。也即以动力电池为补贴核心，以电池的生产成本和技术进步水平为核算依据，设定能耗水平、车辆续驶里程、电池/整车重量比重、电池性能水平等补贴准入门槛，并综合考虑电池容量大小、能量密度水平、充电倍率、节油率等因素确定新能源客车的补贴标准①。而2016年的补贴政策主要依据车身长度、单位载质量能量消耗量和纯电动续驶里程来划分补贴标准（见表5、表6）。

---

① 财政部、科技部、工业和信息化部、发展改革委：《关于调整新能源汽车推广应用财政补贴政策的通知》（财建〔2016〕958号），2016年12月29日。

表 5　2017 年新能源客车补贴标准

<table>
<tr><td rowspan="2">车辆类型</td><td rowspan="2">中央财政补贴标准（元/kWh）</td><td rowspan="2" colspan="3">中央财政补贴调整系数</td><td colspan="3">中央财政单车补贴上限（万元）</td><td rowspan="2">地方财政单车补贴</td></tr>
<tr><td>6<L≤8m</td><td>8<L≤10m</td><td>L>10m</td></tr>
<tr><td rowspan="3">非快充类纯电动客车</td><td rowspan="3">1800</td><td colspan="3">系统能量密度（Wh/kg）</td><td rowspan="3">9</td><td rowspan="3">20</td><td rowspan="3">30</td><td rowspan="9">不超过中央财政单车补贴额的50%</td></tr>
<tr><td>85~95（含）</td><td>95~115（含）</td><td>115 以上</td></tr>
<tr><td>0.8</td><td>1</td><td>1.2</td></tr>
<tr><td rowspan="3">快充类纯电动客车</td><td rowspan="3">3000</td><td colspan="3">快充倍率</td><td rowspan="3">6</td><td rowspan="3">12</td><td rowspan="3">20</td></tr>
<tr><td>3C~5C（含）</td><td>5C~15C（含）</td><td>15C 以上</td></tr>
<tr><td>0.8</td><td>1</td><td>1.4</td></tr>
<tr><td rowspan="3">插电式混合动力（含增程式）客车</td><td rowspan="3">3000</td><td colspan="3">节油率水平</td><td rowspan="3">4.5</td><td rowspan="3">9</td><td rowspan="3">15</td></tr>
<tr><td>40%~45%（含）</td><td>45%~60%（含）</td><td>60% 以上</td></tr>
<tr><td>0.8</td><td>1</td><td>1.2</td></tr>
</table>

注：1. 单位载质量能量消耗量（E_{kg}）不高于0.24Wh/km·kg。2. 纯电动客车（不含快充类和插电式混合动力客车）续驶里程不低于200公里（等速法）。3. 电池系统总质量占整车整备质量比例（m/m）不高于20%。4. 非快充类纯电动客车电池系统能量密度要高于85Wh/kg，快充类纯电动客车快充倍率要高于3C，插电式混合动力（含增程式）客车节油率水平要高于40%。

表 6　2016 年新能源客车补贴标准

车辆类型	单位载质量能量消耗量（E_{kg}，Wh/km·kg）	标准车（10 米<车长≤12 米）纯电动续驶里程 R（等速法、公里）6≤R<20	20≤R<50	50≤R<100	100≤R<150	150≤R<250	R≥250
纯电动客车	E_{kg}<0.25	22	26	30	35	42	50
	0.25≤E_{kg}<0.35	20	24	28	32	38	46
	0.35≤E_{kg}<0.5	18	22	24	28	34	42
	0.5≤E_{kg}<0.6	16	18	20	25	30	36
	0.6≤E_{kg}<0.7	12	14	16	20	24	30
插电式混合动力（含增程式）客车		—	—	20	23	25	

注：上述补助标准以10~12米客车为标准车给予补助，其他长度纯电动客车补助标准按照上表单位载质量能量消耗量和纯电动续驶里程划分，插电式混合动力客车（含增程式）补助标准按照表6纯电动续驶里程划分。其中，6米及以下客车按照标准车0.2倍给予补助；6米<车长≤8米客车按照标准车0.5倍给予补助；8米<车长≤10米客车按照标准车0.8倍给予补助；12米以上、双层客车按照标准车1.2倍给予补助。

2017 年补贴政策还进一步提高了对纯电动客车单位载质量能量消耗量（E_{kg}）的要求，E_{kg}不能高于 0.24Wh/km · kg，一旦超过这个数值就不能享受补贴（E_{kg}越低，意味着车辆越节能。在 2016 年财政补贴政策中，E_{kg}分为五档，只要 <0.7Wh/km · kg 即可享受补贴）；提高了纯电动客车的续驶里程要求，纯电动客车（不含快充类和插电式混合动力客车）续驶里程不得低于 200 公里（等速法）（在 2016 年补贴政策中，按照续驶里程分为六档补贴标准，非快充类纯电动客车的最低续驶里程要求为 150 公里）；要求非快充类纯电动客车电池系统能量密度高于 85Wh/kg，快充类纯电动客车快充倍率高于 3C，插电式混合动力（含增程式）客车节油率水平高于 40%。

最后，补贴政策首次提出要求，规定地方财政补贴（地方各级财政补贴总和）不得超过中央财政单车补贴额的 50%，防止地方过渡补贴，加快推动新能源客车的商业化运营步伐。

此外，2017 年的补贴政策还提出了对于新能源汽车行驶里程的新要求，明确规定“非个人用户购买的新能源汽车申请补贴，累计行驶里程须达到 3 万公里（作业类专用车除外），补贴标准和技术要求按照车辆获得行驶证年度执行”。对车辆运营里程的量化指标要求，既是为了强化对新能源客车投入市场实际运行、真正发挥节能减排效果的监管，也是为了防止“骗补”现象的再度发生，以政策之手推动新能源客车产业链上下游朝着健康可持续的方向发展。

2. 第四季度再度冲高

在新的补贴政策和标准的指导下，2017 年前五个月，新能源客车市场受到重挫，市场直到 6 月份以后才出现回暖。其中原因有两方面：首先，财政补贴大幅退坡以及政策因素所导致的市场提前透支，关于这一点，上面已经重点阐述；其次，在新政策的技术要求下，2016 年发布的《新能源汽车推广应用推荐车型目录》（以下简称推荐目录）全部作废，客车企业需重新申报推荐目录。众所周知，新能源汽车产品只有纳入工信部“推荐目录”之后再销售推广方能申请补贴，没有进入推荐目录的车型即使销售和上牌也无法享受财政补贴。这就导致上半年可以销售的新能源车型相对较少，无法很好地满足客户需求。

从2017年6月起，新能源客车市场需求逐渐回暖，但总体表现不如上年同期，直到当年最后两个月，新能源客车才再度迎来爆发期。图5显示，2017年11月和12月的新能源客车产量分别达到2.1万辆和4万辆，11月产量同比下降23.0%，12月产量同比增长0.5%；而当年11月和12月的新能源客车合计产量达到6.10万辆，占到了全年新能源客车总产量（10.49万辆）的58.11%，比2016年同期的49.58%占比还要高，可见这两个月市场的疯狂程度。新能源客车市场在2017年最后两个月爆发并冲高的原因，跟2016年其实有很大的相似之处，那就是补贴政策调整的预期。2017年第四季度，行业内的企业已经基本确认，2018年的新能源客车财政补贴标准将在2017年的基础上再次大幅退坡，并且技术要求将进一步趋严。在这种政策预期下，客车用户和客车厂家再一次掀起下单采购和组织生产的“狂潮”，政策这只“有形的手”对市场的巨大影响可见一斑。

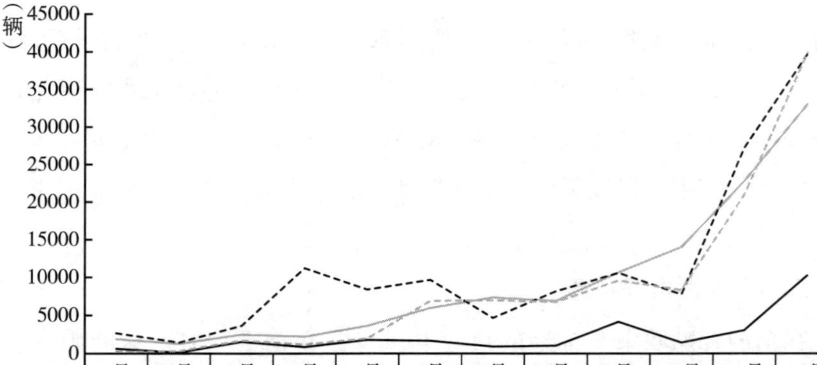

	1月	2月	3月	4月	5月	6月	7月	8月	9月	10月	11月	12月
2014年	623	118	1519	846	1775	1669	909	1030	4168	1456	3056	10242
2015年	1899	1277	2500	2228	3636	5963	7358	6926	10662	14050	22833	33064
2016年	2658	1452	3650	11196	8379	9657	4672	8171	10580	7768	27288	39771
2017年	228	303	1702	1177	1973	6888	6996	6769	9576	8341	21014	39967

图5　新能源客车市场2014～2017年月度产量及其走势

资料来源：工信部汽车合格证产量统计。

3. 市场格局逐渐趋于稳定，集中度快速提高

2017 年，新能源客车市场竞争格局逐渐趋于稳定，“强者愈强”的马太效应进一步凸显。表 7 显示，在 2016 年和 2017 年这两年时间里，一直排在行业前十名的客车企业有八家，分别是宇通客车、比亚迪、中通客车、中车电动、银隆新能源、福田欧辉、厦门金旅、南京金龙；前十名阵营中只有两家发生变化，分别是上海申龙和厦门金龙在 2017 年将安凯客车和苏州金龙挤了下去。上述企业都是行业内有核心竞争优势或者差异化竞争力的客车企业，它们稳定地居于行业前十名，对于稳定市场信心、提升产业整体技术水平，都将持续发挥积极作用。

表 7　2016～2017 年新能源客车市场前 15 名销量一览

单位：辆

企业	2017 年销量	2016 年销量	2017 年同比增长（%）	2017 年市场份额（%）	2016 年市场份额（%）	份额变化（个百分点）
市场总计	106032	122820	-13.7	100.0	100.0	0.0
宇通客车	25469	25618	-0.6	24.0	20.9	3.1
比亚迪	14054	10195	37.9	13.3	8.3	5.0
中通客车	8048	14005	-42.5	7.6	11.4	-3.8
中车电动	6237	4198	48.6	5.9	3.4	2.5
银隆新能源	6215	5555	11.9	5.9	4.5	1.4
福田欧辉	5183	6227	-16.8	4.9	5.1	-0.2
厦门金旅	3945	5230	-24.6	3.7	4.3	-0.6
上海申龙	3944	1384	185.0	3.7	1.1	2.6
厦门金龙	3734	3649	2.3	3.5	3.0	0.5
南京金龙	3432	6682	-48.6	3.2	5.4	-2.2
中国重汽	2467	2739	-9.9	2.3	2.2	0.1
安凯客车	2177	5126	-57.5	2.1	4.2	-2.1
东风集团	1598	2275	-29.8	1.5	1.9	-0.4
苏州金龙	1576	4292	-63.3	1.5	3.5	-2.0
亚星客车	1539	3650	-57.8	1.5	3.0	-1.5

注：比亚迪销量中包含比亚迪、广汽比亚迪和天津比亚迪；银隆新能源销量中包含其控股的珠海广通汽车、成都广通汽车和石家庄中博汽车。

资料来源：客车保险数据。客车保险数据体现的是客车实际上牌数量。

另外，龙头企业的市场集中度近年来正在持续提高。根据新能源客车保险数据，宇通客车一直稳定在行业第一的位置，这家企业既是整个客车市场销量的第一名，也是新能源客车细分市场销量的第一名，而且，其 2017 年销售新能源客车 25469 辆，虽同比下滑 0.6%，但市场份额从 2016 年的 20.9% 提高到 2017 年的 24.0%，增长了 3.1 个百分点；比亚迪 2017 年销售新能源客车 14054 辆（全部是纯电动客车），同比增长 37.9%，市场份额从 2016 年的 8.3% 提高到 2017 年的 13.3%，上升了 5 个百分点。2017 年，新能源客车市场前十名的合计市场份额从 2016 年的 67.4% 提高到 75.7%，上涨了 8.3 个百分点。由此也可见，新能源客车龙头企业的市场集中度正在快速提高。

（三）座位客车市场成为"重灾区"

2017 年，我国座位客车市场共计销售各类车型 83751 辆，比上年同期的 101214 辆下滑了 17.3%。图 6 显示，2011 ~ 2017 年这七年时间里，以公路班线客运为主、旅游客运和通勤客运为辅的座位客车市场只有两年是同比上升的，分别是 2011 年和 2015 年；下降的年份达到 5 次，2016 年和 2017 年销量连续两年都下滑 15% 以上，2017 年的销量规模更是最近七年来首次跌落至 10 万辆以下，发展形势非常严峻。

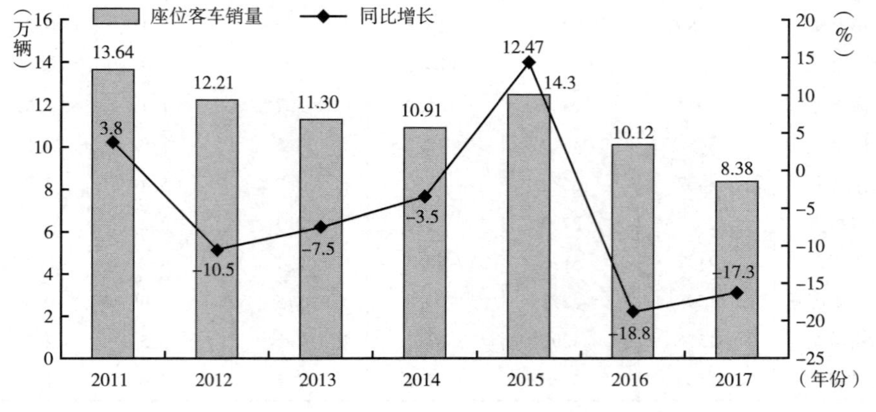

图 6　2011 ~ 2017 年我国座位客车销量年度走势

资料来源：中国客车统计信息网。

“覆巢之下焉有完卵”，2017 年座位客车市场销量整体下降，几乎所有米段的客车车型都遭遇了不同程度的下滑。如表 8 所示，除了车身长度在 12 米以上的超大型座位客车同比上升 50.5% 以外，其他米段车型的销量都是同比下降的，其中下降幅度最大的是 8 ~9 米车型，同比下滑 34.4%；其次是 5 ~6 米车型，同比下滑 33.3%；再次是 6 ~7 米车型，同比下滑 18.1%。

表 8　2016 ~2017 年座位客车市场分米段销量

单位：辆，%

年份	总计	12 米 < L	11 米 < L ≤12 米	10 米 < L ≤11 米	9 米 < L ≤10 米	8 米 < L ≤9 米	7 米 < L ≤8 米	6 米 < L ≤7 米	5 米 < L ≤6 米
2017 年	83751	1794	21259	16724	1906	11847	11237	7832	11152
2016 年	101214	1192	22265	17641	2102	18063	13656	9565	16730
同比增长	-17.3	50.5	-4.5	-5.2	-9.3	-34.4	-17.7	-18.1	-33.3

注：L 指“车长”。

资料来源：中国客车统计信息网。

我国座位客车市场销量的连年下滑，原因主要有两方面。一是高铁客运对公路客运的持续挤压，“公（路）铁（路）竞争”这个话题一直是客运行业的热门话题，但公路客运在与高铁客运的竞争中败下阵来并且连年萎缩也是不争的事实。根据交通运输部发布的“2017 年交通运输行业发展统计公报”，铁路客运 2017 年全年完成旅客发送量 30.84 亿人次，比上年增长 9.6%，旅客周转量 13456.92 亿人公里，增长 7.0%；而公路客运的情形则完全相反，2017 年全年完成营业性客运量 145.68 亿人次，比上年下降 5.6%，旅客周转量 9765.18 亿人公里，下降 4.5%。根据中国铁路总公司公布的数据，2017 年中国铁路完成固定资产投资 8010 亿元，投产里程 3038 公里，截至当年年底我国铁路营业里程达到 12.7 万公里，其中高铁 2.5 万公里，相比 2016 年底均增加 3000 多公里；而且，根据 2017 年 11 月发布的《铁路“十三五”发展规划》，到 2020 年全国铁路营业里程要达到 15 万公里，其中高铁 3 万公里。与高铁相比，公路客运在安全性、准时率等方面的劣势尽显无遗，也正因为如此，承担班线客运重任的座位客车销量不断下滑，并且未来三年内还将进一步受到新增高铁线路的冲击而下降。

二是新能源座位客车下降较大。根据中国客车统计信息网数据，2017年，我国车长5米以上的新能源座位客车累计销售10857辆，比上年同期的17403辆下降37.6%，减少6546辆。新能源座位客车不再走俏，与2017年新能源客车财政补贴的大幅退坡以及“3万公里行驶里程”的要求有直接关系。在2017年之前，购买纯电动座位客车可以享受最高25万~50万元/辆的财政补贴，而且没有行驶里程的强制要求；2017年，补贴大幅退坡，而且新版补贴政策还提出了对于新能源汽车行驶里程的新要求，明确规定“非个人用户购买的新能源汽车申请补贴，累计行驶里程须达到3万公里（作业类专用车除外）”。对于每天行驶几十公里、以租赁和班车通勤为主要用途的纯电动座位客车而言，要达到3万公里累计行驶里程的要求，车辆至少要跑一年甚至一年半以上时间，才具备申请国家财政补贴的资格；在此之前，客车厂家只能垫付资金销售（新能源客车销售给客户时的价格是剔除财政补贴后的价格）。因此，补贴的大幅下降加上3万公里要求，让新能源座位客车不再是“香饽饽”，销量也随之大幅下滑。

由于座位客车市场的新能源化率较低（2017年尤其如此），因此，这个市场上的“豪强们”几乎都是传统的老牌客车企业，如宇通客车、苏州金龙、厦门金龙、厦门金旅、中通客车、上海申龙、安凯客车、亚星客车等。业内之前常说的“一通三龙”（宇通客车、苏州金龙、厦门金旅、厦门金龙）领先的格局虽然在客车整体市场上已经被新能源大潮冲击得面目全非，但在座位客车细分领域，“一通三龙”2017年仍然保持了前四名的地位（见表9），宇通客车更是以35.5%的市场占有率一骑绝尘。

表9　2015~2017年我国座位客车市场前15名销量一览

单位：辆

企业	2017年	2016年	2015年	2017年同比增长(%)	2017年份额(%)	2016年份额(%)	份额变化(个百分点)
市场总计	83751	101214	124676	-17.3	100.0	100.0	0.0
宇通客车	29721	30458	33284	-2.4	35.5	30.1	5.4
苏州金龙	6133	13053	20264	-53.0	7.3	12.9	-5.6
厦门金旅	5761	7511	9002	-23.3	6.9	7.4	-0.5

续表

企业	2017 年	2016 年	2015 年	2017 年同比增长(%)	2017 年份额(%)	2016 年份额(%)	份额变化(个百分点)
厦门金龙	5546	8091	10020	-31.5	6.6	8.0	-1.4
中通客车	5532	2809	4320	96.9	6.6	2.8	3.8
上海申龙	3645	1910	1833	90.8	4.4	1.9	2.5
东风超龙	3568	4485	3701	-20.4	4.3	4.4	-0.1
安凯客车	3430	4597	5265	-25.4	4.1	4.5	-0.4
亚星客车	3228	2607	1976	23.8	3.9	2.6	1.3
江铃晶马	3089	3126	2523	-1.2	3.7	3.1	0.6
东风襄旅	2158	2508	6013	-14.0	2.6	2.5	0.1
少林客车	2100	3119	4439	-32.7	2.5	3.1	-0.6
南京金龙	1816	3938	6964	-53.9	2.2	3.9	-1.7
福田欧辉	1765	4310	1629	-59.0	2.1	4.3	-2.2
烟台舒驰	1649	2634	793	-37.4	2.0	2.6	-0.6

资料来源：中国客车统计信息网。

（四）公交客车新能源化率超过75%

2017 年，我国城市公交客车市场共计销售大、中、轻型公交车型 99640 辆，比上年同期的 120772 辆下滑 17.5%。相比 2016 年这个细分市场同比增长 19.95% 的态势，2017 年的公交客车市场风光不再，而且年销量规模重新下滑到 10 万辆以下（见图 7），与 2015 年的水平基本相当。下降最惨烈的

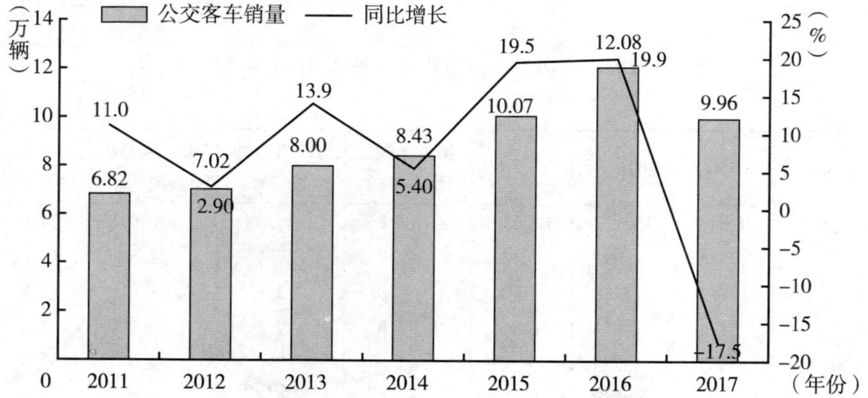

图 7　2011～2017 年我国公交客车销量年度走势

资料来源：中国客车统计信息网。

米段，当数7～8米和6～7米，这两个米段的公交客车分别同比下滑66.7%和64.5%（见表10）。

表10　2016～2017年公交客车市场分米段销量

单位：辆，%

年份	总计	12米<L	11米<L≤12米	10米<L≤11米	9米<L≤10米	8米<L≤9米	7米<L≤8米	6米<L≤7米	5米<L≤6米
2017年	99640	627	17579	36599	2859	33837	2848	3300	1991
2016年	120772	1456	18912	35701	2254	43403	8557	9295	1194
同比增长	-17.5	-56.9	-7.0	2.5	26.8	-22.0	-66.7	-64.5	66.8

注：L指“车长”。

资料来源：中国客车统计信息网。

2017年，在国家强力推广新能源汽车产业政策的导向下，公交客车的新能源化趋势仍然势不可当。这一年里，公交客车市场共计销售99640辆，比上年同期下降17.5%；其中新能源公交客车销量为75991辆，公交客车的新能源化率为76.27%，比上年的81.98%略有下降，但仍然保持在75%以上。表11显示，2017年公交客车销量在行业内领先的企业，都是新能源公交车型卖得好的企业，如宇通客车、比亚迪、中通客车、福田欧辉、中车电动、银隆新能源等。可以说，得新能源公交客车市场者，得公交客车天下。

表11　2015～2017年公交客车市场前15名销量一览

单位：辆

企业	2017年	2016年	2015年	2017年同比增长(%)	2017年份额(%)	2016年份额(%)	份额变化(个百分点)
市场总计	99640	120772	100688	-17.5	100.0	100.0	0.0
宇通客车	27016	29973	24209	-9.9	27.1	24.8	2.3
比亚迪	12777	13278	5400	-3.8	12.8	11.0	1.8
中通客车	9124	14675	12064	-37.8	9.2	12.2	-3.0
福田欧辉	7432	5224	6376	42.3	7.5	4.3	3.2
中车电动	6328	4177	3250	51.5	6.4	3.5	2.9
银隆新能源	6215	5285	3189	17.6	6.2	4.4	1.9
厦门金龙	5180	4269	5519	21.3	5.2	3.5	1.7

续表

企业	2017 年	2016 年	2015 年	2017 年同比增长(%)	2017 年份额(%)	2016 年份额(%)	份额变化(个百分点)
厦门金旅	4851	5369	4940	-9.6	4.9	4.4	0.4
安凯客车	4529	5009	4407	-9.6	4.5	4.1	0.4
亚星客车	2468	3422	2353	-27.9	2.5	2.8	-0.4
上海申龙	2363	1455	1095	62.4	2.4	1.2	1.2
苏州金龙	2257	5738	7899	-60.7	2.3	4.8	-2.5
南京金龙	2031	3348	2395	-39.3	2.0	2.8	-0.7
重汽客车	1864	2783	2185	-33.0	1.9	2.3	-0.4
东风襄旅	1700	2102	1863	-19.1	1.7	1.7	0.0

资料来源：中国客车统计信息网。

（五）校车市场连续两年下降

继 2016 年国内校车市场下滑 3.7% 之后，2017 年的校车市场再度下降，从 2016 年的 2.38 万辆下降至 2.11 万辆，而且同比降幅进一步扩大，达到 11.3%（见图 8）。校车是一类带有很强公益性质、事关学童安全出行的商用车车型，它的销量连续两年下滑，对这个产业的健康可持续发展显然不是一件好事。

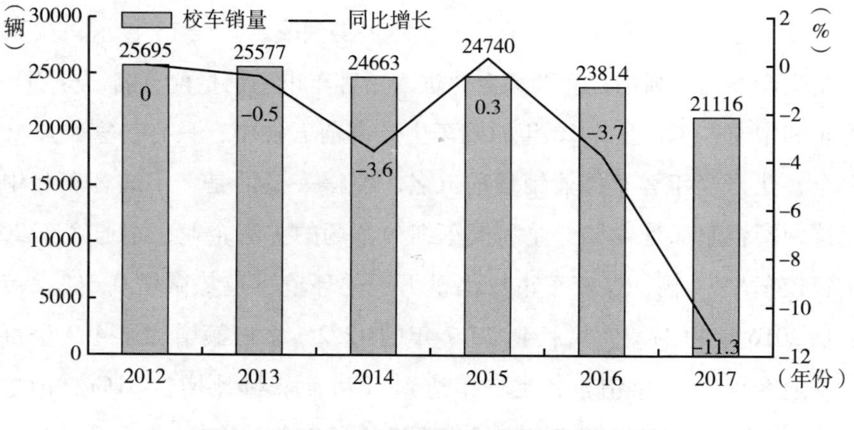

图 8　2012～2017 年我国校车市场销量走势

资料来源：中国客车统计信息网。

该细分市场的发展，目前呈现两个特征。一是轻型校车仍然占主体地位，如表12所示，2016年7米以下轻型校车销量为15700辆，占当年校车销量的比重达到65.93%；2017年，7米以下轻型校车销量为13658辆，市场占比64.68%，只比上年减少了1.25个百分点，而且连续两年的占比都超过60%。5～7米的轻型校车占比偏高，说明这个市场的发展目前还是主要依靠民营幼儿园、中小学等社会民间组织的采购。在缺乏国家明确扶持政策和整体规划的不利环境下，校车市场由于缺乏财政资金支持，采购主体的采购行为必然会受到经济条件的制约，因此，车长5～7米、配置较低、价格相对便宜的轻型校车广受青睐，近几年来一直走俏。

表12　2016～2017年校车市场分米段销量

单位：辆，%

年份	市场总计	12米<L	11米<L≤12米	10米<L≤11米	9米<L≤10米	8米<L≤9米	7米<L≤8米	6米<L≤7米	5米<L≤6米
2017年	21116	112	142	332	1880	932	4060	2700	10958
2016年	23814	0	82	479	2114	776	4663	3448	12252
同比增长	-11.3	净增	73.2	-30.7	-11.1	20.1	-12.9	-21.7	-10.6

注：L指“车长”。

资料来源：中国客车统计信息网。

二是“主流企业不主流”的情况正缓慢得到改善。表13显示，在2017年校车生产商前五强中，有两家企业进入了客车市场销量前五名，分别是宇通客车和中通客车；在2016年的校车生产商前五强中，只有一家企业（宇通客车）进入当年客车行业销量前五名。值得一提的是，宇通客车和中通客车这两家企业都是客车行业和校车细分市场的主流企业，宇通客车2017年销售校车8914辆，在校车市场销量下滑的环境下逆势微增0.3%，市场份额从2016年的37.3%增长到2017年的42.2%，份额增加了4.9个百分点；中通客车2017年销售各类校车达到1276辆，同比增长31%，销量从2016年的第七名跻身第四名，市场份额增长了2个百分点。

但值得注意的是，2017年，在校车市场销量前十名中，有五家企业进入客车行业销量前十名行列，也就是主流企业重叠度为50%，这个比例与2016年完全一致；在校车市场销量前十五名中，有九家企业进入客车行业销量前十五名行列，主流企业重叠度为60%，这个比例也与2016年完全一致。在校车市场2017年销量前十五名中，第二名的桂林客车（2857辆）、第三名的长安客车（1486辆）、第七名的江西上饶客车（785辆）、第十二名的江苏友谊客车（355辆）、第十四名的江西安源客车（130辆）和第十五名的东风商用车（56辆），都没有进入客车行业销量的前十五名行列，不能算是客车行业主流企业；但在校车这个细分市场上，上述几家企业都排名前十五。究其原因，主要有两方面。一方面，校车市场规模太小，从2012年到2017年的市场最高占比也只有11.69%，因此不受主流客车企业重视，只有宇通客车等少数客车企业投入了较大精力去开发校车产品和开拓校车市场，多数主流客车企业近几年都把大部分精力和资源投入到新能源客车与公交客车等炙手可热的细分市场上；另一方面，校车运营由于缺乏国家财政资金支持，目前以7米以下轻型校车车型为主，售价相对便宜，校车运营公司对购买价格比较敏感，因此比较适合制造成本较低的中小型客车生产企业。

表13　2015～2017年校车市场前15名销量一览

单位：辆

企业	2017年	2016年	2015年	2017年同比增长(%)	2017年份额(%)	2016年份额(%)	份额变化(个百分点)
市场总计	21116	23814	24740	-11.3	100.0	100.0	0.0
宇通客车	8914	8888	8250	0.3	42.2	37.3	4.9
桂林客车	2857	3913	3258	-27.0	13.5	16.4	-2.9
长安客车	1486	1652	1704	-10.0	7.0	6.9	0.1
中通客车	1276	974	1121	31.0	6.0	4.1	1.9
东风超龙	1253	1642	1972	-23.7	5.9	6.9	-1.0
少林客车	1166	1077	1637	8.3	5.5	4.5	1.0
上饶客车	785	674	1291	16.5	3.7	2.8	0.9
安凯客车	717	542	276	32.3	3.4	2.3	1.1
苏州金龙	692	768	893	-9.9	3.3	3.2	0.1
东风襄旅	648	1005	1034	-35.5	3.1	4.2	-1.2

续表

企业	2017 年	2016 年	2015 年	2017 年同比增长(%)	2017 年份额(%)	2016 年份额(%)	份额变化(个百分点)
福田欧辉	360	147	143	144.9	1.7	0.6	1.1
友谊客车	355	873	1369	-59.3	1.7	3.7	-2.0
厦门金旅	141	110	199	28.2	0.7	0.5	0.2
安源客车	130	270	155	-51.9	0.6	1.1	-0.5
东风商用车	56	256	114	-78.1	0.3	1.1	-0.8

资料来源：中国客车统计信息网。

二　2018年客车市场分析及预测

2017 年客车市场以“双降”（新能源客车销量同比下降、传统动力客车销量同比下降）收官，2018 年的客车行业虽然在上半年取得了一定增长，但全年产销形势仍然不容乐观。

（一）新能源客车补贴政策这次“很不一样”

2018 年客车市场的走势，继续受到了新能源客车以及新能源车扶持政策的左右。然而，2018 年的新能源汽车补贴政策，与 2017 年的补贴政策很不一样，这直接影响了全年客车市场的需求状况和月度产销态势。2018 年 2 月 13 日，财政部、工信部、科技部和国家发改委四部委联合发布了《关于调整完善新能源汽车推广应用财政补贴政策的通知》（财建〔2018〕18 号），2018 年新能源汽车补贴新政正式出台。其发布日期和内容，有几个值得关注的地方。首先，政策的发布时间不再是上一年的年末，而是选择在本年度的春节前发布。2017 年的新能源汽车补贴政策发布日期是 2016 年 12 月 29 日，正式实施日期为 2017 年 1 月 1 日，在此之前，补贴政策要大幅退坡的消息便在业内盛传，进而引发了 2016 年最后两个月的新能源客车市场抢购潮；2017 年第四季度，客车行业内的企业便已得到消息称 2018 年的财政补贴将再度大幅退坡，市场需求在 11 月和 12 月再度冲高，新能源客车市场在2017年的最后两个月里产销两旺。但与业内预期完全不一样的是，2018年版的新能源汽车财政扶持政策直到2018年2月13日，也即农历传统春节前才发布，而且实施日期是从2018年2月12日起实施。

其次，2018年新能源客车补贴政策给出了过渡期，这是以前从未有过的。根据政策规定，“2018年2月12日至2018年6月11日为过渡期。过渡期期间上牌的新能源乘用车、新能源客车按照《财政部　科技部　工业和信息化部　发展改革委关于调整新能源汽车推广应用财政补贴政策的通知》（财建〔2016〕958号）对应标准的0.7倍补贴，新能源货车和专用车按0.4倍补贴，燃料电池汽车补贴标准不变。”在过渡期内购买新能源客车可享受2017年补贴标准的0.7倍补贴，既给客车整车厂商和零部件厂家留出了消化库存、提高技术水平的时间，也让市场需求变得相对平稳，防止出现补贴金额大幅下降而导致需求降至“冰点”、整个产业受损的情况。

再次，2018年补贴政策相比2017年再度退坡，技术门槛要求进一步提高。新政策要求，单位载质量能量消耗量（E_{kg}）不高于0.21Wh/km·kg，0.15~0.21（含）Wh/km·kg的车型按1倍补贴，0.15Wh/km·kg及以下的车型按1.1倍补贴（2017年补贴政策要求E_{kg}不高于0.24Wh/km·kg，同时也没有按照E_{kg}来分档补贴的规定）；纯电动客车（不含快充类纯电动客车）续驶里程不低于200公里（等速法），插电式混合动力（含增程式）客车续驶里程不低于50公里（等速法）；非快充类纯电动客车电池系统能量密度要高于115Wh/kg，快充类纯电动客车快充倍率要高于3C，插电式混合动力（含增程式）客车节油率水平要高于60%（2017年补贴政策要求非快充类纯电动客车电池系统能量密度高于85Wh/kg，快充类纯电动客车快充倍率高于3C，插电式混合动力（含增程式）客车节油率水平高于40%）。

表14显示，2018年新能源客车补贴金额在2017年的基础上持续“缩水”，但节能水平高的车型更具推广优势，国家政策对更环保、更节能的产品和技术的鼓励作用进一步凸显。比如，2017年，购买一辆10米以上非快充类纯电动大型客车最高可享受30万元的财政补贴；自2018年6月12日

起，购买这类车最高可享受 18 万元的财政补贴，缩水幅度为 40%（如果车辆的电池系统能量密度 > 135Wh/kg 以上，且 E_{kg} ≤0.15Wh/km · kg 时，则补贴为 18 万元 ×1.1 倍 ×1.1 倍 = 21.78 万元，退坡幅度为 27.4%）。2017 年，购买一辆非快充类纯电动中型客车（8 米 < 车长 ≤10 米）最高可享受 20 万元的财政补贴；自 2018 年 6 月 12 日起，购买这类车的补贴下降到 12 万元/辆，退坡 40%（如果车辆的电池系统能量密度 > 135Wh/kg 以上，且 E_{kg} ≤0.15Wh/km · kg 时，则补贴为 12 万元 ×1.1 倍 ×1.1 倍 = 14.52 万元，退坡幅度为 27.4%）。2017 年，购买一辆非快充类纯电动轻型客车（6 米 < 车长 ≤8 米）最高可享受 9 万元的财政补贴；自 2018 年 6 月 12 日起，购买这类车的补贴下降到 5.5 万元/辆，退坡 38.89%（如果车辆的电池系统能量密度 > 135Wh/kg 以上，且 E_{kg} ≤0.15Wh/km · kg 时，则补贴为 5.5 万元 ×1.1 倍 ×1.1 倍 = 6.655 万元，退坡幅度为 26.06%）。

表 14　2018 年新能源客车补贴标准

<table>
<tr><th rowspan="2">车辆类型</th><th rowspan="2">中央财政补贴标准（元/kWh）</th><th rowspan="2" colspan="3">中央财政补贴调整系数</th><th colspan="3">中央财政单车补贴上限（万元）</th></tr>
<tr><th>6 < L≤8m</th><th>8 < L≤10m</th><th>L > 10m</th></tr>
<tr><td rowspan="3">非快充类纯电动客车</td><td rowspan="3">1200</td><td colspan="3">系统能量密度（Wh/kg）</td><td rowspan="3">5.5</td><td rowspan="3">12</td><td rowspan="3">18</td></tr>
<tr><td colspan="2">115 ~ 135（含）</td><td>135 以上</td></tr>
<tr><td colspan="2">1</td><td>1.1</td></tr>
<tr><td rowspan="3">快充类纯电动客车</td><td rowspan="3">2100</td><td colspan="3">快充倍率</td><td rowspan="3">4</td><td rowspan="3">8</td><td rowspan="3">13</td></tr>
<tr><td>3C ~ 5C（含）</td><td>5C ~ 15C（含）</td><td>15C 以上</td></tr>
<tr><td>0.8</td><td>1</td><td>1.1</td></tr>
<tr><td rowspan="3">插电式混合动力（含增程式）客车</td><td rowspan="3">1500</td><td colspan="3">节油率水平</td><td rowspan="3">2.2</td><td rowspan="3">4.5</td><td rowspan="3">7.5</td></tr>
<tr><td>60% ~ 65%（含）</td><td>65% ~ 70%（含）</td><td>70% 以上</td></tr>
<tr><td>0.8</td><td>1</td><td>1.1</td></tr>
</table>

注：单车补贴金额 = Min｛车辆带电量 × 单位电量补贴标准；单车补贴上限｝ × 调整系数（包括：电池系统能量密度系数、单位载质量能量消耗量系数、快充倍率系数、节油率系数）。

此外，2018 年新能源客车补贴政策调整了对运营里程的要求，新能源客车申请财政补贴的运营里程要求调整为 2 万公里（2017 年政策要求达到 3

万公里)；并且，车辆销售上牌后将按申请拨付一部分补贴资金，达到运营里程要求后全部拨付。对运营里程要求的适当降低以及车辆上牌后即可拨付一部分资金的规定，极大缓解了新能源客车厂家的资金压力，对于新能源客车行业的健康发展起到了很好的助力作用。

（二）新能源客车市场全年将再度下降

在2018年新能源客车补贴政策营造了相对宽松的产业环境之后，2018年的客车市场没有再出现2017年那样上半年一片萧条、直到6月份才逐渐回暖的态势，而是发展相对平稳了许多。如表15所示，2018年1～7月，我国客车市场累计销售各类车型91855辆，比上年同期增长8.2%，但这个累计增速，正在不断收窄。图9显示，2018年，在经历连续五个月的同比增长之后，客车市场月度销量持续上升的势头在6月份戛然而止，截至7月份已经是连续两个月下滑。

表15　2017年1～7月与2018年1～7月客车市场分米段销量

单位：辆，%

年月	总计	12米<L	11米<L≤12米	10米<L≤11米	9米<L≤10米	8米<L≤9米	7米<L≤8米	6米<L≤7米	5米<L≤6米
2018年1～7月	91855	3093	16077	22111	2486	20579	7935	5803	13771
2017年1～7月	84868	1151	17970	17778	2856	13948	9496	8022	13647
同比增长	8.2	168.7	-10.5	24.4	-13.0	47.5	-16.4	-27.7	0.9

注：L指“车长”。

资料来源：中国客车统计信息网。

客车行业销量在2018年1～5月连续上升、在6～7月份快速下降的主要原因，正是受到了新能源客车细分市场表现的影响。新能源客车市场是典型的政策市场，其产销上升和下降都离不开政策的调整变化。

综上所述，2018年新能源汽车补贴政策首次为新能源客车行业留出了消化库存、提升技术的四个月过渡期和缓冲期，过渡期内上牌的新能源客车

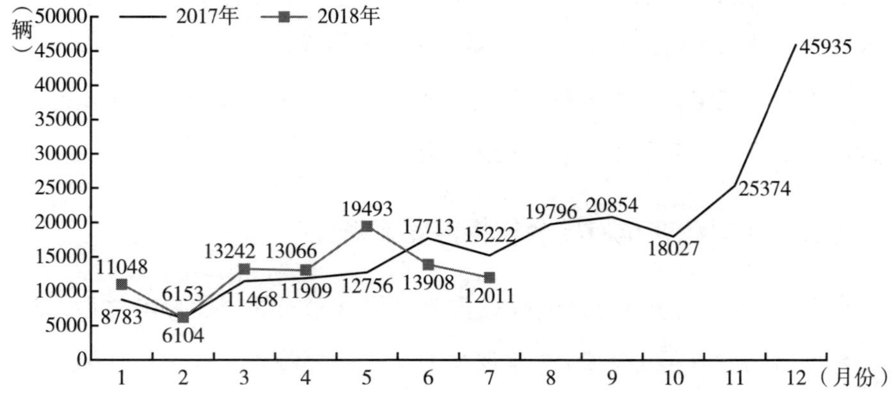

图 9　2017～2018 年我国客车市场销量月度走势

资料来源：中国客车统计信息网。

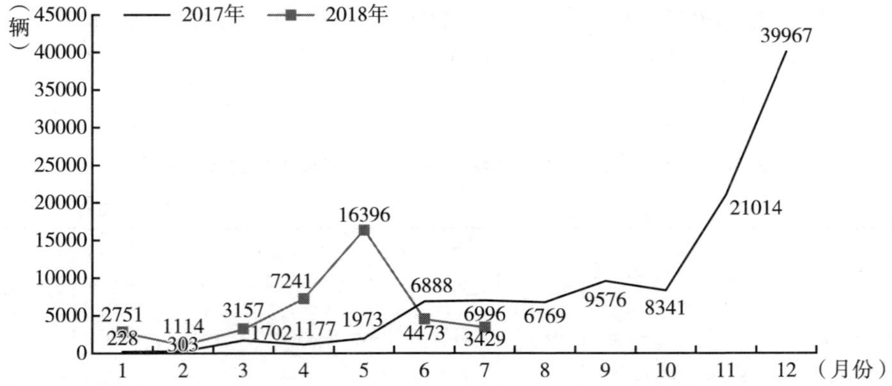

图 10　2017～2018 年我国新能源客车市场产量月度走势

资料来源：工信部汽车合格证产量统计。

按照 2017 年补贴标准的 0.7 倍补贴，只有燃料电池客车补贴标准不变。过渡期结束之后，除了燃料电池客车以外的新能源客车的最高补贴金额普遍退坡 40%～50%，短期内只有较为少数的新能源车型能享受到｛单车补贴上限×1.1 倍×1.1 倍｝的补贴额；因此，在 2 月 12 日至 6 月 11 日的过渡期内多生产、多上牌，拿到相对更高的 0.7 倍补贴，是客车用户和客车厂家不约而同的共识。这一过渡期的设置，可以说是新能源客车 3 月份到 5 月份快速增长的主要驱动力。但是，过渡期结束后，市场需求提前透支所带来的“后遗症”，如图 10 所示，立刻显现无遗，六七月份的新能源客车市场和客车整体市场销量都连续下降，8 月份形势同样不容乐观。笔者预计，2018 年全年新能源客车市场将出现 15% 以上的同比降幅，客车行业和客车企业的“阵痛期”还将持续较长一段时间。

行业分析报告

Industry Analysis Reports

B.3 新时代下中国新能源智能客车产业发展的思考

吴胜男*

摘　要： 在新一轮科技和产业革命作用下，全球汽车产业正朝着电动化、智能化、网联化、共享化方向发展，中国新能源客车技术水平和市场规模发展速度超出普遍预期，处于世界领先水平。展望未来三年，在蓝天保卫战、节能减排、数字经济等宏观环境利好条件下，新能源客车对于我国而言将从可选项变为必选项。同时，智能网联客车渐成新兴热点，自动驾驶应用示范初步启动。我国应牢牢把握当前发展优势，加速新能源和智能网联客车深度融合发展，抢占新一轮竞争制高点，

* 吴胜男，硕士，中国汽车工程学会产业研究部高级经理，主要研究方向为新能源汽车、智能网联汽车产业和政策咨询研究。

引领世界客车行业发展。

关键词： 新能源客车　智能网联客车　蓝天保卫战　协同发展

一　“蓝天保卫战”背景下，新能源客车从可选项变为必选项

（一）客车全面电动化是新时代赋予行业的重大责任和使命

加强生态环境保护和蓝天保卫战是党中央、国务院的一项重大决策部署。《中国机动车环境管理年报（2018）》数据显示，我国大中型客车占汽车保有量的约 1.1%，排放量占整个城市机动车总排放量的 12.1%（见图 1）。由此可见，商用车节能减排应当在蓝天保卫战中承担重要任务，这也是新时代赋予行业的重大责任和使命。

（二）国家和地方贯彻落实蓝天保卫战，纷纷发布行动计划

近年来，党中央、国务院高度重视生态环境保护工作。党的十九大报告提出，持续实施大气污染防治行动，打赢蓝天保卫战。中央财经委员会第一次会议明确提出，打好柴油货车污染治理攻坚战。习近平总书记强调，打好污染防治攻坚战是关系近 14 亿中国人民切身利益的大事，也是建设美丽中国的必然选择；要下更大决心、采取更有力措施，加大污染防治力度，重点是打赢蓝天保卫战。李克强总理指出，要抓住重点区域重点领域，突出加强工业、燃煤、机动车“三大污染源”治理，坚决打赢蓝天保卫战。

1.《打赢蓝天保卫战三年行动计划》

2018 年 7 月 3 日，国务院正式公布了《打赢蓝天保卫战三年行动计划》，要求加快推进城市建成区新增和更新的公交、环卫、邮政、出租、通

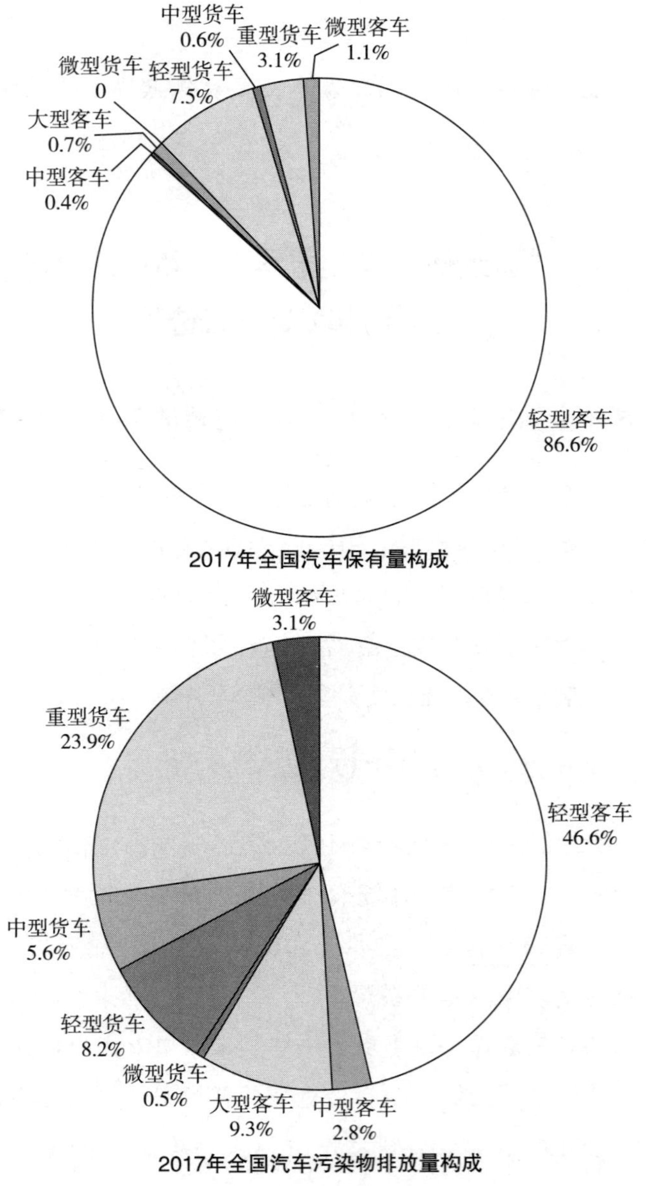

图 1　2017 年全国汽车保有量和污染物排放构成

资料来源：《中国机动车环境管理年报（2018）》。

勤、轻型物流配送车辆使用新能源或清洁能源汽车，重点区域使用比例达到80%；重点区域港口、机场、铁路货场等新增或更换作业车辆主要使用新能源或清洁能源汽车。2020年底前，重点区域的直辖市、省会城市、计划单列市建成区公交车全部更换为新能源汽车。①

2.《关于全面加强生态环境保护坚决打好污染防治攻坚战的实施意见》

2018年7月10日，交通运输部发布《关于全面加强生态环境保护　坚决打好污染防治攻坚战的实施意见》，要求到2020年底前，城市公交、出租车及城市配送等领域新能源车保有量需达60万辆，重点区域的直辖市、省会城市、计划单列市建成区公交车全部更换为新能源汽车。②

3.《广东省打赢蓝天保卫战2018年工作方案》

2018年5月7日，广东省环境保护厅印发《广东省打赢蓝天保卫战2018年工作方案》，明确自2018年起，各地级以上市每年更新或新增公交车全面使用纯电动或燃料电池汽车。2018年年底前，广州市、珠海市要全面完成公交车纯电动化，佛山市全市柴油公交车全部更新为纯电动公交车。2020年年底前珠三角地区实现公交车纯电动化，粤东西北地区各市公交车纯电动化率达80%以上。③

4.《上海市清洁空气行动计划（2018～2022年）》

2018年7月3日，上海市人民政府办公厅印发《上海市清洁空气行动计划（2018～2022年）》，明确提出加快新能源汽车推广。2018～2020年，新能源汽车（标准车）推广数量分别不低于4.3万辆、5万辆、6万辆。2020年年底前，建成区公交车全部更换为新能源汽车。④

---

① 《国务院关于印发〈打赢蓝天保卫战三年行动计划〉的通知》，2018年6月27日。

② 《交通运输部关于全面加强生态环境保护　坚决打好污染防治攻坚战的实施意见》，2018年7月10日。

③ 《广东省环境保护厅关于印发〈广东省打赢蓝天保卫战2018年工作方案〉的通知》，2018年5月7日。

④ 《上海市人民政府办公厅关于印发〈上海市清洁空气行动计划（2018～2022年）〉的通知》，2018年7月11日。

（三）新时代下中国新能源客车发展评估

1. 新能源客车补贴政策

2018 年 2 月 13 日，国务院四部委发布《关于调整完善新能源汽车推广应用财政补贴政策的通知》，对 2018 年新能源汽车补贴政策进行了调整，大幅提高动力电池能量密度、快充倍率、节油率、单位载质量能量消耗量等，同时降低单车补贴金额。对于新能源客车来讲，非快充类纯电动客车、快充类纯电动客车和插电式混合动力客车补贴下降分别为 33%、30% 和 50%。总体来看，补贴新政对新能源客车技术水平提出更高要求，也释放了国家支持技术创新的强烈信号。

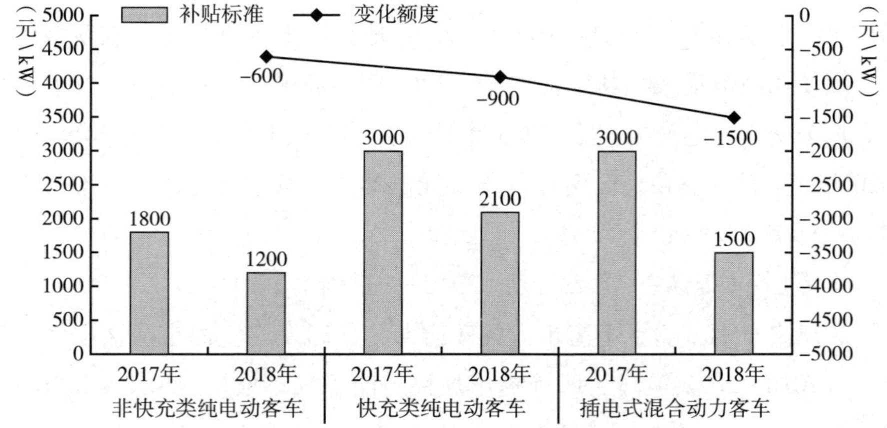

图 2　新旧补贴政策对比

2. 新能源客车应用场景适用性

目前，新能源客车与城市公交和通勤等定线行驶场景具有较高匹配性。城市公交路线较为固定，行驶速度相对较低，最高时速不超过 70km，平均日行驶半径小于 50km，平均最大日行驶里程范围 150 ~ 200km。城市通勤等定线行驶的短途客运，最高时速不超过 120km，平均日行驶半径小于 100km，平均最大日行驶里程小于 200km。

（1）纯电动客车

纯电动客车具有低噪声、零排放、运营成本低的优点，不同城市可根据自身特点，灵活选择快充、双源等能源供给方式。目前，我国纯电动客车主要装载磷酸铁锂电池，系统比能量已经达到 150Wh/kg，循环寿命已经超过 2000 次，这些指标可基本保证纯电动客车续驶 250～300 公里，满足公交客车和定线行驶的短途客运日常运营要求。

（2）插电式混合动力客车

插电式混合动力客车路况适应性不足，在高速工况下相对于传统燃油车节油优势不明显。公交车经常行驶在城市工况下，具有频繁起步、停车，平均车速低的工况特点，采用插电式混合动力系统，可以利用怠速停机、纯电起步、制动能量回收、控制发动机工作在高效区等先进技术，减少车辆油耗。其主要应用于城市公交领域，但随着补贴额度连年大幅退坡，插电式混合动力客车产品的经济性相对不高，未来可能淡出公交应用领域。

（3）燃料电池客车

燃料电池客车具有零排放、加氢快、效率高的特点，广泛适用于公交、客运、旅游等应用市场，是替换传统燃油客车的理想方向。

不同技术路线新能源汽车适用场景如图 3 所示。

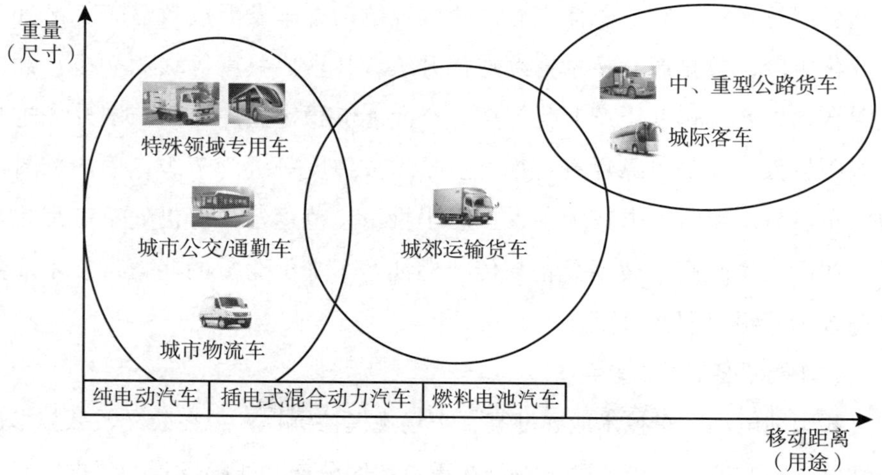

图 3　不同技术路线新能源汽车适用场景

3. 新能源客车技术成熟度评价

2017 年 12 月 18 日，工业和信息化部公示了《新材料技术成熟度等级划分及定义》国家标准，规定了新材料技术成熟度的术语和定义、等级划分和判定规则，将适用于新材料技术成熟度评价。其中，等级划分及要求如表 1 所示。

表 1　新材料技术成熟度等级划分及定义

等级	技术成熟度	阶段
1	材料设计和制备的基本概念、原理形成	实验室阶段
2	将概念、原理实施于材料制备和工艺控制中，并初步得到验证	
3	实验室制备工艺贯通，获得样品，主要性能通过实验室测试验证	
4	试制工艺流程贯通，获得试制品，性能通过实验室测试验证	工程化阶段
5	试制品通过模拟环境验证	
6	试制品通过使用环境验证	
7	产品通过用户测试和认定，生产线完整，形成技术规范	产业化阶段
8	产品能够稳定生产，满足质量一致性要求	
9	产品生产要素得到优化，成为货架产品	

本研究报告参考新材料技术成熟度评价等级，对我国新能源客车技术成熟度进行客观研判。总体来看，我国纯电动客车发展成效显著，已处于产业化阶段，整车产品技术持续迭代升级，技术成熟度等级为 9 级；插电式混合动力客车仍处于产业化初期，产品能够稳定生产，但与国外先进技术差距较大，产品可靠性有待提升，技术成熟度等级为 7 级；国内燃料电池客车以氢电混合式方案为主，虽有小批量示范运营，但仍处于工程化阶段，产品成本较高，暂不具备与传统燃油客车平价竞争的能力，技术成熟度等级为 6 级（见表 2）。

4. 新能源客车发展重点

我国纯电动客车技术成熟度高，市场规模持续提升，在公交领域技术适应性好、匹配度高，当前阶段适合在重点地区公交和通勤场景加快推广。

表 2　不同类型新能源客车技术成熟度等级判断

不同类型客车	成熟度等级		具体内容
纯电动客车	产业化阶段	9 级	整车产品技术持续迭代升级，以比亚迪 K9 为代表产品实现三代升级，操控稳定性、NVH、人机工程等整车性能和动力电池、电驱动等核心系统综合性能不断提升
插电式客车	产业化阶段	7 级	国内插电式混合动力客车在混合动力阶段油耗、驱动输出平顺性、可靠性及成本控制上与国际水平还存在一定差距，缺少性能好、效率高、尺寸紧凑、成本低的混合动力总成。随着补贴退坡以及纯电动客车技术的不断提升，插电式混合动力客车市场呈现下降趋势
燃料电池客车	工程化阶段	6 级	国内燃料电池客车以氢电混合式方案为主，通过优化整车的氢－电－结构多重耦合安全设计，以及动力系统在整车上的布置优化，实现百辆级示范运营

（1）纯电动大型公交是当前市场主力产品

中国汽车工业协会统计数据显示，2017 年我国新能源客车销量为 12.72 万辆。2018 年上半年，新能源客车销量为 3.8 万辆，累计推广规模接近 45 万辆（见图 4）。

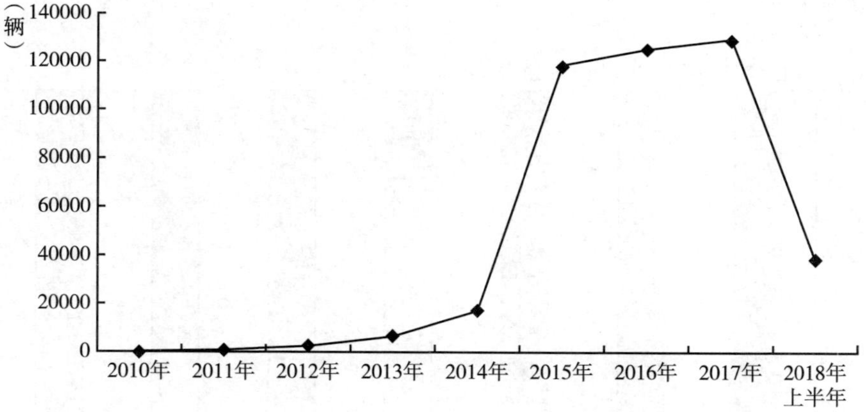

图 4　2010～2018 年上半年新能源客车销量

资料来源：中国汽车工业协会。

从技术路线来看，纯电动客车是当前我国新能源客车市场主导车型。2015 年以来，纯电动客车的市场占比逐年扩大。特别是 2018 年上半年，纯电动客车销量达 3.4 万辆，占新能源客车总销量的近 90%（见图 5）。

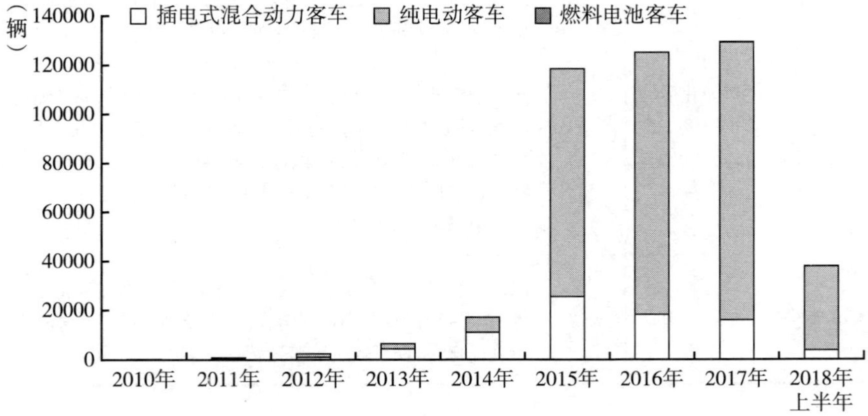

图 5　2010～2018 年上半年新能源客车分类销量

资料来源：中汽中心。

从产品结构来看，在公交需求的推动以及 2018 年新能源汽车补贴政策调整的作用下，中型和大型纯电动客车市场份额逐步增长，轻型客车市场份额逐渐减少（见图 6）。

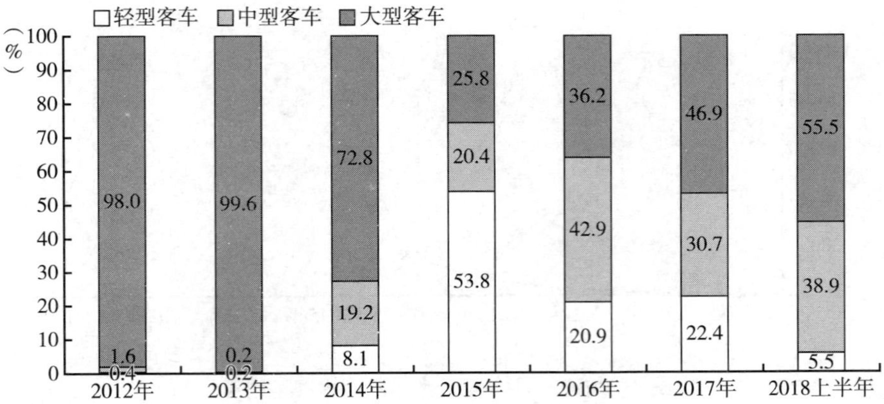

图 6　2012～2018 年上半年纯电动客车结构占比

资料来源：中汽中心。

（2）建议在重点区域加快推广纯电动客车

为贯彻落实《打赢蓝天保卫战三年行动计划》，2020年年底前，建议在京津冀及周边地区、长三角地区和汾渭平原等重点区域的直辖市、省会城市、计划单列市加快推广纯电动公交客车。

另外，根据中国电动汽车充电基础设施促进联盟统计数据，京津冀及周边地区，江苏、浙江、安徽等蓝天保卫战重点区域的充电基础设施建设情况较好，为推广纯电动公交客车提供了较好的充电环境（见图7、图8）。

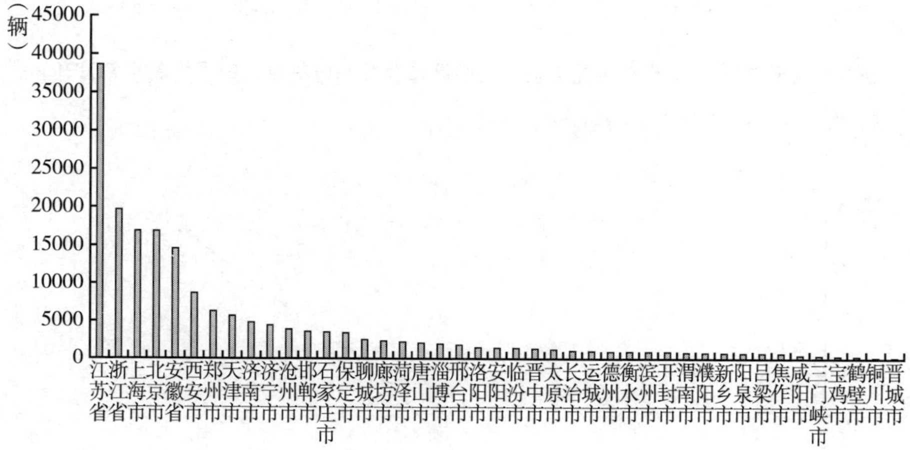

图7　截至2018年上半年全国重点区域新能源客车累计推广情况

资料来源：中汽中心。

（3）燃料电池公交市场潜力大，可在条件适合区域加快示范推广

目前，国内燃料电池客车采用小功率燃料电池系统＋大容量动力电池的技术方案，整体技术成熟度相对不高，与国外先进水平差距较大。近年来上海、广东云浮、佛山、如皋等城市开展了燃料电池客车小批量示范运营。截至2017年，我国累计生产燃料电池汽车1100余辆，较2016年有较大增长（见图9）。

燃料电池客车的推广离不开加氢站基础设施建设。2018年4月，由中国汽车工程学会和国际氢能燃料电池协会（筹）联合地方城市和相关企业，

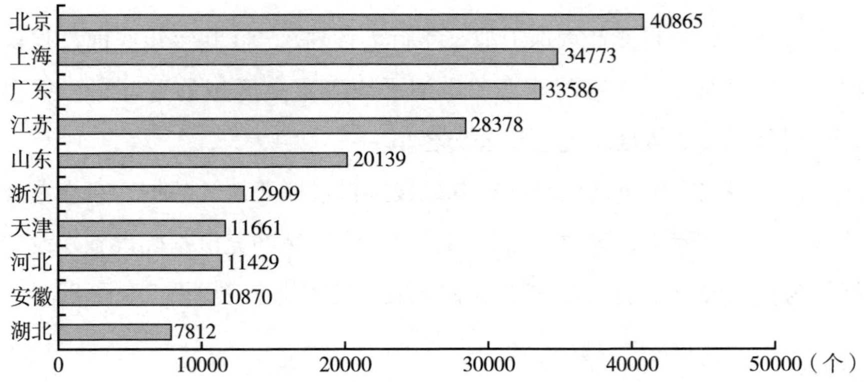

图8　截至2018年上半年中国各省级行政区域公共充电桩建设数量排名（TOP10）

资料来源：中国电动汽车充电基础设施促进联盟。

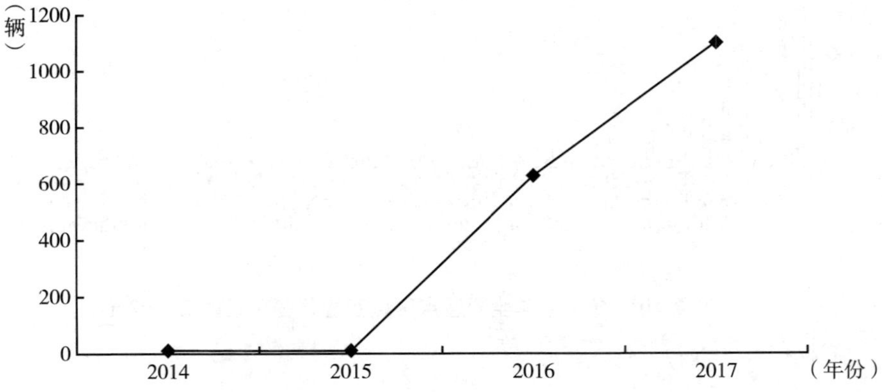

图9　2014～2017年中国氢燃料电池汽车产量情况

资料来源：中汽中心。

正式启动《长三角氢走廊建设发展规划》，计划根据上海、盐城、如皋等不同城市燃料电池汽车推广情况，循序渐进推进长三角氢走廊建设（见图10）。因此，未来可在加氢条件合适的地区加快燃料电池公交车示范运营。

综上所述，在“蓝天保卫战行动计划”战略引领下，节能、环保、高效、安全的新能源客车将从可选项变为必选项。未来三年，重点区域新能源公交车市场将迎来发展高峰期，纯电动客车凭借技术成熟度高、环境适应性

图 10　长三角氢走廊发展规划

好等特点，有望成为各地公交市场发展重点。未来三年也是新能源汽车补贴加速退坡和技术门槛逐年提升的三年，新能源客车企业应该加紧技术研发、提升性能指标和降低成本，同时还应高度重视新能源客车安全性能的提升，为用户提供更加安全可靠的产品，避免新能源客车在高速发展的过程中出现安全事故。

二　智能网联客车渐成新兴热点，自动驾驶应用示范初步启动

（一）智能网联汽车定义和发展目标

1. 智能网联汽车定义

2016 年我国发布的《节能与新能源汽车技术路线图》提出，智能网联汽车是指搭载先进的车载传感器、控制器、执行器等装置，并融合现代通信与网络技术，实现车与 X（人、车、路、后台等）智能信息交换、共享，具备复杂环境感知、智能决策、协同控制等功能，可实现“安全、高效、舒适、节能”行驶，并最终可实现替代人来操作的新一代汽车。①

① 节能与新能源汽车技术路线图战略咨询委员会、中国汽车工程学会：《节能与新能源汽车技术路线图》，机械工业出版社，2016。

智能网联汽车可以按其核心功能自动驾驶的智能化水平，划分为驾驶辅助（Level 1，简称 L1 级）、部分自动驾驶（L2 级）、有条件自动驾驶（L3 级）、高度自动驾驶（L4 级）和完全自动驾驶（L5 级）等不同阶段。研究表明，先进驾驶辅助（ADAS）、车－车/车－路协同（V2X）、高度自动驾驶等智能网联汽车技术，可减少汽车交通安全事故 50%～80%，提升交通通行效率 10%～30%。① 例如，宇通新能源客车上海公交 71 路示范线路，通过应用驾驶辅助、V2X 等智能网联技术，并建设申昆路智慧场站、智能站台以及改造交通信号灯等基础设施，实现公交车专线智能运营，提升了运营效率，较其他专用道公交省时 25%。

2. 智能网联商用车技术路线图

《节能与新能源汽车技术路线图》中，根据智能化等级和网联化等级要求，智能网联商用车分阶段发展目标如图 11 所示。

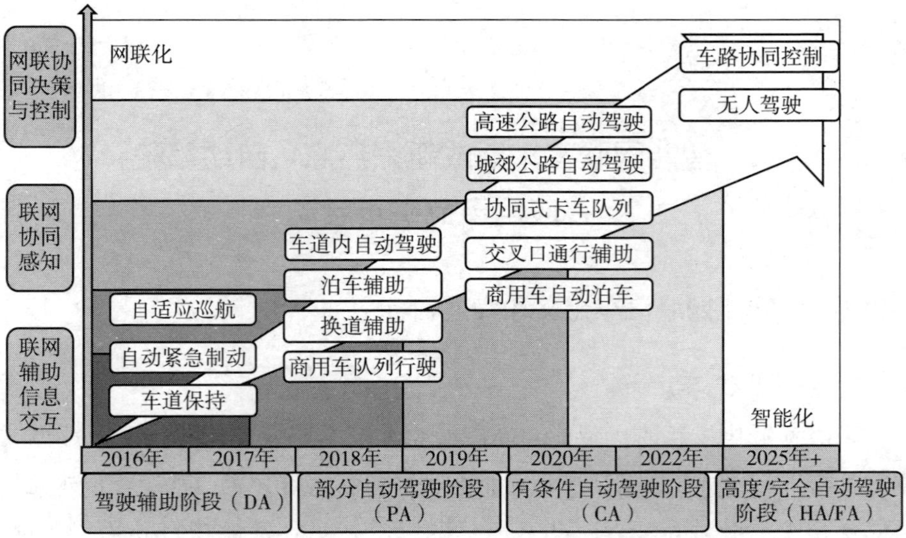

图 11　智能网联商用车里程碑

资料来源：《节能与新能源汽车技术路线图》。

---

① 节能与新能源汽车技术路线图战略咨询委员会、中国汽车工程学会：《节能与新能源汽车技术路线图》，机械工业出版社，2016。

针对驾驶辅助阶段（DA），美国等国家和地区已将主动安全与 ADAS 作为法规进行强制要求（见图 12）。我国也针对商用车 ADAS 辅助系统提出相关要求，出台《机动车安全技术条件》《营运客车安全技术条件》《营运货车安全技术条件》等，要求 9 米以上的营运客车需要加装 LDW（车道偏离预警）以及符合标准的 AEB（自动紧急刹车）功能，进一步促进了 ADAS 辅助系统在客车领域的应用，推进了客车 DA/PA 级智能化产业进程。

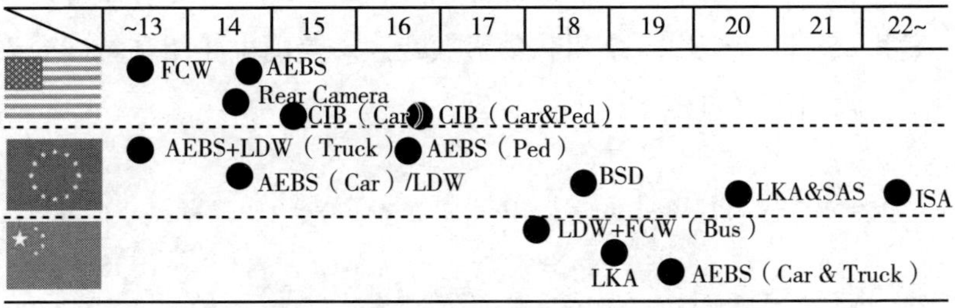

图 12　主要国家主动安全与 ADAS 成为法规要求

（二）国外自动驾驶客车发展现状

近年来，美国、德国、日本等国家纷纷发布自动驾驶法规、开放路测，在客车领域以小型、电动、低速无人驾驶巴士为切入点，在大型商业中心、旅游景区等实际场景开展相关运营（见表 3）。

表 3　全球无人小型巴士量产计划

公司	生产地点	每辆价格	量产计划(2018 年)
Easy Mile	法国	30 万美元	100 ~ 200 辆
Navya	法国	25 万美元	50 ~ 100 辆
2getthere	荷兰	>30 万美元	—
Local Motor	美国	>30 万美元	50 ~ 100 辆
May Mobility	美国	>20 万美元	50 ~ 100 辆
青飞智能	中国	<10 万美元	50 ~ 100 辆
百度—金龙	中国	<20 万美元	100 辆

资料来源：新智驾。

1. 美国

2014 年 1 月，国际自动机工程师学会 SAE 发布 J3106 标准，将自动驾驶技术分为 0 ~5 级共六个级别。该标准近期即将更新修订发布，修订后的标准进一步细化了各个分级的描述，并重点强调防撞功能。2016 年 9 月，美国交通部（DOT）发布了《美国自动驾驶汽车政策指南》；2017 年 9 月，美国众议院颁布了《自动驾驶法案（Self Drive Act）》；2017 年 10 月，美国交通部颁布了《自动驾驶 2.0：安全愿景》。截至目前，美国各州自动驾驶生效法案共 45 部，涉及 21 个州和华盛顿特区。美国主要州和特区允许自动驾驶汽车上路测试（见图 13）。

图 13　美国主要州和特区允许自动驾驶汽车上路测试

2017 年，美国加利福尼亚州无人驾驶公交系统开始在大型商业中心、旅游景区等低风险环境内提供通勤代步服务。无人驾驶巴士“EasyMile shuttle”可同时搭乘 12 人，最高车速 45km/h（见图 14）。①

2. 德国

德国于 2013 年允许自动驾驶汽车在国内进行道路测试。2016 年针对特斯拉事件，德国交通和数字基础设施部部长表示计划立法要求汽车厂商为自动驾驶汽车安装黑匣子。2017 年 5 月，德国通过了首部自动驾驶相关法规。

① 《无人驾驶巴士技术发展元年各国齐跑争做鳌头》，环球网，2018 年 3 月 15 日。

图 14 EasyMile shuttle 无人驾驶巴士

2017 年 6 月，德国联邦议院通过《道路交通法》（第八修正案）。2017 年 8 月，德国交通和数字基础设施部伦理委员会通过《自动化和互联网驾驶道德准则》。2018 年，德国公布首份自动驾驶伦理道德标准，要求自动驾驶车辆能够针对事故场景作出优先级的判断，并加入系统的自我学习中，例如人类的安全始终优先于动物以及其他财产等。

在示范运营方面，2017 年 10 月，德国首辆无人驾驶电动公交车开始示范运营，主要在巴特比恩巴赫（Bad Birnbach）市镇中心和温泉疗养所进行往返接驳。该车属于小型公交车，全程行驶距离 660 米，最大时速 15 公里，同时可搭载 6 名乘客以及 1 名护送人员。①

3. 日本

2016 年 5 月，日本出台了《自动驾驶系统公共道路示范试验指南》，明确了测试机构在进行自动驾驶系统道路试验时应遵守的相关制度。2017 年 5 月，日本制定了自动驾驶普及路线图，2017 年起允许完全自动驾驶汽车进行路测。2017 年 4 月起，日本将自动驾驶期间的交通事故列入汽车保险的

① 《德国首辆无人驾驶电动公交车上路路线全程 660 米》，中国新闻网，2017 年 10 月 25 日。

赔付对象。此外，日本审查国内法现行法规，着手修订《道路交通法》和《道路运输车辆法》。日本还联合欧盟制定全球统一的自动驾驶汽车技术标准，预计 2018 年投入使用。

2016 年 8 月，由日本永旺集团引进的无人驾驶巴士在日本千叶县进行试运营。此次试运营的无人驾驶巴士 EZ10 由法国 EasyMile 公司主导研发，搭载“Robert Shuttle”自动驾驶系统。EZ10 单次充电续驶里程可达 14 小时行程，巡航速度为 20 公里/小时，最高时速可达到 40 公里（见图 15）。①

图 15　EZ10 无人驾驶巴士

日本公共汽车制造商日野汽车公司与日本科技巨头软银合作，共同研发了一辆小型自动驾驶巴士（见图 16）。该车主要用于东京市区与羽田国际机场间的通勤，运行时速 10 公里。近期软银与法国公司 Navya 合作，计划将该车辆带到日本的购物中心和大学校园等处。②

4. 英国

2015 年，英国交通运输部制定《无人驾驶汽车测试运行规则》。2015

① 《日本无人驾驶巴士首运营最多可乘 12 人》，网通社，2016 年 8 月 1 日。

② 《各国掀起无人驾驶巴士热潮》，环球网，2018 年 3 月 16 日。

图 16　日本小型自动驾驶巴士

年，英国发布《自动驾驶汽车发展道路：无人驾驶汽车技术规则综述》。2015 年 7 月，英国发布《自动驾驶汽车发展道路：道路测试指南》。2017 年 8 月，英国交通运输部制定《网联自动汽车网络安全关键原则》。2017 年 10 月，英国下议院颁布《自动化和电动化车辆法案》。此外，英格兰、威尔士和苏格兰法律委员会将针对无人驾驶智能汽车起草新交通法规，预计相关法规会在 2021 年正式出炉。届时，无人驾驶汽车如出现交通事故，责任人是归属汽车主还是生产商等一系列问题将会有明确界定。

2017 年 4 月 4 日，英国伦敦，英国无人驾驶巴士 GATEway 正式投入使用（见图 17）。①

5. 澳大利亚

2016 年，澳大利亚国家运输委员会颁布了《自动化道路和交通工具的监管障碍》。2016 年 5 月，澳大利亚国家运输委员会颁布了《自动驾驶工具的监管选择》。2016 年 11 月，澳大利亚国家运输委员会发布了一份关于自动驾驶汽车监管改革的政策文件。2017 年 5 月，澳大利亚颁布了《澳大利亚自动驾驶车辆试验指南》，主要从试验申请、试验管理、安全管理、保

① 《高科技！英国现无人驾驶巴士》，中国新闻网，2017 年 4 月 6 日。

图 17　英国无人驾驶巴士 GATEway

险、数据与信息、跨境试验、重型车辆试验等方面对自动驾驶车辆试验进行了相关说明。2017 年 8 月，澳大利亚国家交通委员会牵头开展有关自动驾驶汽车安全治理监管方案的探讨。2017 年 10 月，澳大利亚国家运输委员会发布的报告显示，将调整针对无人驾驶汽车的饮酒驾驶规则。此外，澳大利亚还将在 2020 年推出一项围绕自动驾驶汽车制定的全国性法律法规，帮助汽车制造商、技术开发商和运营商将这项技术更好地在澳大利亚推广。

目前，澳大利亚的部分州已经通过了地方性的自动驾驶法律，如新南威尔士州就规定，自动驾驶汽车必须配备驾驶员，才符合当地法律对“司机”的定义。

澳大利亚进行无人驾驶巴士运营，采用法国制造的电动无人驾驶巴士，该车搭载 3 个传感器，能够检测交通标识并躲避障碍物，最高行驶速度可达 45km/h。目前，该车已试运行半年，运载量达 2000 人次（见图 18）。

6. 新加坡

2013 年，新加坡发布了《新加坡自动驾驶汽车计划（SAVI）》，允许自动驾驶汽车在许可范围内进行公共道路测试。2015 年 10 月，新加坡交通部与新加坡港务集团签署谅解备忘录共同开发港口码头运输自主货车。2016

图 18　澳大利亚进行无人驾驶巴士运营

年 10 月，新加坡陆路交通管理局与南洋理工大学签署合作协议，开展了一系列运输项目研究，并对 2 辆全自动巴士进行测试。2017 年 4 月，新加坡陆路交通管理局与 ST Kineties 签署合作协议共同开发和测试自动巴士。2017 年 8 月，新加坡实施生效了一部自动驾驶汽车法规，该法规涵盖了禁止测试准则、申请测试方法、授权和取消授权测试、责任保险等问题。

新加坡采用法国公司 Navya 开发的无人驾驶小型巴士 Arma 进行相关运营和测试。公开信息显示，Arma 使用激光雷达和摄像头去探测道路前方的障碍物，并通过 GPS 向基站报告自身位置。该车可容纳 15 名乘客，将在南洋理工大学校园和生态商业园区之间（约 1 千米）提供服务（见图 19）。①

7. 法国

2014 年 2 月，法国公布了自动驾驶汽车发展线路图，计划三年内投资一亿欧元实施测试。2016 年 8 月，法国政府正式批准国外汽车厂商在公路上测试自动驾驶汽车，并成立跨部门联合小组，检查现行法律中禁止性规定。2017 年 1 月，法国巴黎开始自动驾驶巴士的上路测试。

① 《无人驾驶巴士 Arma 明年将在新加坡上路测试》，雷锋网，2016 年 12 月 19 日。

图 19　无人驾驶小型巴士 Arma

2016 年，Easymile 公司制造的“EZ10”已经在法国的拉罗歇尔等 5 座城市完成了验证实验，至今已运送了数万名乘客。该车巡航速度为 20km/h，最高时速可以达到 40km。该车配备了锂离子电池，电池容量为 15kWh，在晚上使用家用电源充电，充满电可以行驶 1 天（见图 20）。①

图 20　无人驾驶小型巴士“EZ10”

① 《Citymobil 项目开启验证实验，「第 3 类自动驾驶汽车」抢占最后一公里》，日经技术在线，2016 年 3 月 31 日。

8. 瑞典

瑞典现行法律允许高度自动化驾驶车辆的测试，并修改“车辆法规、驾驶执照规则及责任条例”，调整现行车辆标准及性能测试规定，颁发新的驾驶执照。2016 年 3 月发布了《自动驾驶公共道路测试规范》草案，该草案适用于部分、高度、完全无人驾驶系统并于 2017 年 5 月生效。国会启动自动驾驶相关政策法律分析工作，预计 2017 年完成国会审议，确保 2020 年前自动驾驶合法销售和使用。

9. 韩国

2015 年，韩国计划为自动驾驶汽车划定试运行特别区域，并在 2017 年开通专用实验道路。2016 年 11 月，韩国启动交通政策法规修订工作，其最新修订的《韩国汽车管理法》允许在城市道路上测试自动驾驶汽车。

10. 荷兰

2015 年 1 月，荷兰政府提议允许大规模无人驾驶车辆测试。2016 年 7 月，奔驰自动驾驶巴士在荷兰上路展开测试。2017 年 2 月 24 日，荷兰政府批准了《自主车辆（试验）条例草案》，允许在没有司机的情况下进行自动驾驶测试。2017 年 6 月 26 日，荷兰交通与环境部部长舒尔茨为自动驾驶汽车开启了新的测试场。

荷兰是全球较早使用无人巴士的国家，目前已在中部基德兰省的两个小镇之间，对无人驾驶迷你巴士“WEpod”进行了两个月时间的路测（见图 21）。①

11. 芬兰

芬兰修正先行道路交通规则，允许自动驾驶车辆批准后在公共道路的特定区域进行测试。2016 年 7 月 15 日，芬兰交通安全局批准无人驾驶公交车上路。2016 年 9 月，自动驾驶公交车项目 Sohjoa 在赫尔辛基进行公共道路测试。

2016 年 8 月，芬兰赫尔辛基在公共道路上测试两辆无人驾驶巴士。这

① 《荷兰第一辆无人驾驶迷你巴士首试驾》，凤凰网，2016 年 2 月 3 日。

图 21　无人驾驶迷你巴士“WEpod”

两辆无人驾驶巴士车型是由法国 Ligier 公司生产的 EasyMile EZ－10，预计载客人数 10 名。EZ－10 通过 4kW 功率的异步电动机驱动，时速约为 6 英里（见图 22）。[①]

图 22　无人驾驶巴士 EasyMile EZ－10

① 《芬兰率先在公共道路上测试无人驾驶巴士》，新浪网，2016 年 8 月 18 日。

12. 新西兰

2014 年 5 月，新西兰政府发布了《智能交通系统技术行动计划》。2016 年，新西兰政府发布了《新西兰人工智能的机遇与挑战：呼吁行动》并出台了《新西兰自动驾驶汽车测试规定》。

13. 加拿大

2015 年 4 月，加拿大自动化车辆卓越中心制定了《为自主驾驶工具做准备》。2017 年 7 月，加拿大安大略省联合大陆集团、麦格纳完成了北美首次跨国境自动驾驶路测。

（三）我国自动驾驶客车最新进展

1. 国家和地方积极出台政策法规，逐步开放道路测试

智能网联汽车已成为我国扶持重点领域，近年来，国家密集出台多项政策规划和标准法规，进一步促进产业快速发展。工业和信息化部、科学技术部、交通运输部以及地方政府相关部门等均以不同的方式支持智能汽车发展（见表 4）。《中国制造 2025》在十大重点领域中提到，掌握汽车低碳化、信息化、智能化核心技术，将智能网联汽车作为与节能和新能源汽车一起重点发展的方向。《汽车产业中长期发展规划》提出加大智能网联汽车关键技术攻关和示范推广。到 2020 年，汽车 DA（驾驶辅助）、PA（部分自动驾驶）、CA（有条件自动驾驶）系统新车装配率超过 50%，网联式驾驶辅助系统装配率达到 10%，满足智慧交通城市建设需求。

表 4　我国有关智能网联汽车的主要政策

时间	部门	政策名称
2015 年	国务院	《中国制造 2025》
2017 年	工信部	《智能网联汽车产业化推进方案》
2017 年	工信部、国家发改委、科技部	《汽车产业中长期发展规划》
2017 年	国务院	《新一代人工智能发展规划》
2017 年	工信部	《促进新一代人工智能产业发展三年行动计划(2018 ~2020 年)》

续表

时间	部门	政策名称
2017年	工信部、汽标委	《国家车联网产业标准体系建设指南(智能网联汽车)》
2018年	国家发改委	《智能网联汽车创新发展战略》
2018年	交通运输部	《自动驾驶封闭测试场地建设技术指南(暂行)》
2018年	工信部、公安部、交通运输部	《智能网联汽车道路测试管理规范(试行)》

在地方，北京、上海、重庆、长春、长沙、天津、广州等多个城市陆续出台了智能网联汽车道路测试管理办法（见表5），并向主要企业发放智能网联汽车道路测试号牌。

表5　主要城市有关智能网联汽车道路测试的政策

时间	城市	政策文件
2017.12.18	北京	《北京市自动驾驶车辆道路测试管理实施细则(试行)》
2018.2.27	上海	《上海市智能网联汽车道路测试管理办法(试行)》
2018.3.11	重庆	《重庆市自动驾驶道路测试管理实施细则(试行)》
2018.4.16	长沙	《长沙市智能网联汽车道路测试管理实施细则(试行)》
2018.4.16	长春	《长春市智能网联汽车道路测试管理办法(试行)》
2018.5.22	深圳	《深圳市关于贯彻落实〈智能网联汽车道路测试管理规范(试行)〉的实施意见》
2018.6.4	广州	《广州市关于智能网联汽车道路测试有关工作的指导意见》
2018.7.4	天津	《天津市智能网联汽车道路测试管理办法(试行)》

2. 自动驾驶客车产业链基本形成

在产业链布局方面，我国已经初步形成了自动驾驶客车产业链。在芯片/计算平台领域，拥有地平线、深鉴科技、中兴等企业；在雷达/摄像头领域，智华、万集集团、禾赛科技、北科天绘、舜宇光学等企业崭露头角；在定位与地图领域，高德、四维图新、百度、武汉光庭等供应商积极开展研发和产业化应用；在ADAS及自动驾驶系统，驭势科技、百度、智行者、智华等企业持续耕耘；此外，我国还在通信设备和服务领域具备明显优势，华为、大唐、中国移动、中国电信等企业实力不断增强。

3. 主要客车企业积极探索无人驾驶客车应用示范

宇通客车、金龙汽车、安凯客车等国内客车企业积极开展自动驾驶客车应用示范，探索智能网联汽车商业化场景，总体来看，目前自动驾驶客车仍处于测试和园区内示范运行阶段。

（1）宇通客车

近年来，宇通客车持续开发融合雷达、视觉、通信、导航等信息的智能驾驶控制策略，并针对自动驾驶电动客车在城郊、高速、城市、工业园区等工况下开展实车测试。[①] 2015 年 8 月 29 日，宇通自动驾驶客车在河南郑开大道开放道路实现运行 32.6 公里，该车实现自主变道和超车等功能。2017 年底，宇通客车在环境感知技术、多传感信息融合技术和智能决策技术等关键领域实现重大突破，自动驾驶客车在厂内作为员工通勤车实现运行。2017 年 11 月至 2018 年 2 月，宇通自动驾驶客车在北京开放道路完成超过百天路测（见图 23）。

图 23　宇通自动驾驶客车

（2）厦门金龙

厦门金龙与百度联合研发商用级无人驾驶车辆——金龙阿波龙。该车按照 L4 无人驾驶级别设计研发，搭载了百度 Apollo 系统，可实现高精定位、智能感知、智能控制三大功能，具备电动化和智能化融合发展的新特征。目

---

① 中国汽车工程学会、丰田汽车公司：《中国汽车技术发展报告（2017）》，北京理工大学出版社，2017。

前，金龙阿波龙已完成平潭无人驾驶汽车测试基地道路测试、厦门软件园三期封闭道路测试、重庆自动驾驶封闭场地测试等测试试验。2018 年 7 月 4 日，金龙阿波龙第 100 辆成功下线，实现量产并出口国外（见图 24）。

图 24　金龙阿波龙无人驾驶客车

4. 目前存在的主要问题

毕马威对美国、日本、德国和其他 17 个主要国家在自动驾驶技术方面的成熟度排名显示（见表 6），荷兰凭借 27.73 的高分位列榜首，其次是新加坡（26.08 分）、美国（24.75 分），中国列第 16 位（13.94 分）。

表 6　2018 年自动驾驶汽车成熟度指数

Overall rank	Country	Total score	Policy and legislation		Technology & innovation		Infrastructure		Consumer acceptance	
			Rank	Score	Rank	Score	Rank	Score	Rank	Score
1	The Netherlands	27.73	3	7.89	4	5.46	1	7.89	2	6.49
2	Singapore	26.08	1	8.49	8	4.26	2	6.72	1	6.63
3	United States	24.75	10	6.38	1	6.97	7	5.84	4	5.56
4	Sweden	24.73	8	6.83	2	6.44	6	6.04	6	5.41
5	United Kingdom	23.99	4	7.55	5	5.28	10	5.31	3	5.84
6	Germany	22.74	5	7.33	3	6.15	12	5.17	12	4.09
7	Canada	22.61	7	7.12	6	4.97	11	5.22	7	5.30
8	United Arab Emirates	20.89	6	7.26	14	2.71	5	6.12	8	4.79
9	New Zealand	20.75	2	7.92	12	3.26	16	4.14	5	5.43
10	South Korea	20.71	14	5.78	9	4.24	4	6.32	11	4.38

资料来源：毕马威：《2018 年自动驾驶汽车成熟度指数（AVRI）报告》，2018。

目前，我国自动驾驶客车，乃至整个行业的发展仍存在技术成熟度、成本、法律法规、基础设施以及社会接受度和道德伦理等方面的诸多挑战。在环境感知技术、智能决策技术、控制执行技术以及 V2X 通信技术、高精度地图与高精度定位技术等关键技术上还需要重点突破，预计真正实现自动驾驶至少还需要 5 ~ 10 年时间。

环境感知技术和成本对比（见表 7）。

表 7　环境感知技术和成本对比

	激光雷达	毫米波雷达	视觉传感器
最大探测距离	约 150m	约 250m	约 100m
测距精度	厘米级	分米级	米级
直接测速	否	是	否
目标识别	一般	弱	强
光照适应性	强	强	弱
天气适应性	一般	强	弱
价格	数万至数十万元	数千元	数千元

5. 无人驾驶有望在封闭场景率先应用

相比乘用车，公交车、机场大巴、园区通勤车等出行方式线路固定、发车频率高、路况平稳单一，高精度地图不需反复更新数据，可有效规避目前存在的技术难题，应用场景相对简单，有利于促进自动驾驶快速落地。① 同时，搭载无人驾驶技术的公交车、巴士等也将大大降低运营成本，提高安全性，进一步促进智慧交通和智慧城市快速发展。2018 年 5 月，宇通客车将自动驾驶系统搭载在纯电动客车上，实现了巡线行驶、路口通行、精确进站、车路协同、自主避障、超车、会车和换道、跟车等功能，具备高速结构化道路和面向园区开放通勤道路的自动驾驶能力。自动驾驶汽车适用场景如图 25 所示。

三　新能源和智能网联客车协同发展对策建议

新能源、智能化、车联网是客车未来发展的重要方向。目前，我国新能

① 中国电动汽车百人会：《中国电动汽车发展报告（2018）》。

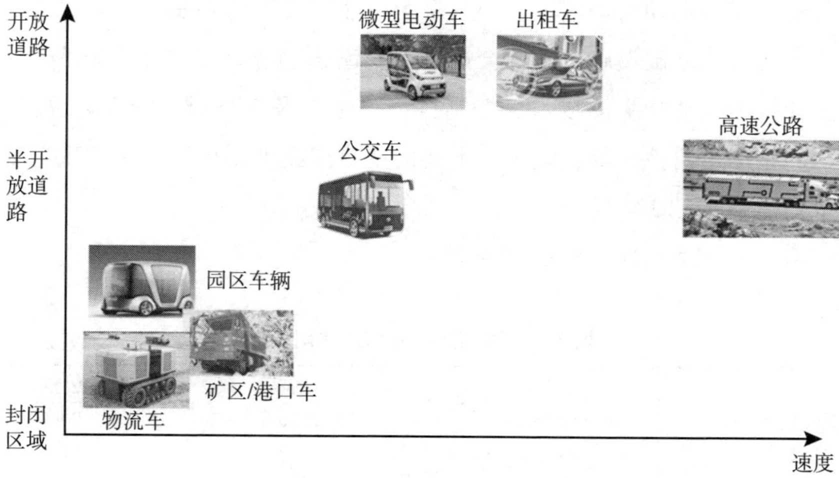

图 25　自动驾驶汽车适用场景

源客车技术和产业化应用处于世界领先水平。同时，在自动驾驶领域，重点企业也在积极跟进，我们应该在已有发展优势的基础上，紧抓机遇，加速新能源和智能网联客车深度融合发展，抢占新一轮竞争制高点，形成具有中国特色的核心竞争力，从而引领世界客车行业发展。

（一）明确融合发展顶层设计，全面推动跨产业协同发展

新能源和智能网联客车涉及包括制造业、交通运输业、微电子业、地图产业、IT 产业在内的多个产业，其发展需要实现汽车、交通、通信、互联网等多领域全面协同及深度融合，是一项跨部门、跨行业、跨领域，集技术、产业、法规标准、基础设施建设、道德伦理、商业模式等多重要素于一体的“系统工程”，需要国家高度重视并明确新能源和智能网联客车融合发展顶层设计，如出台《中国客车制造 2025》等发展规划，全面推动跨产业协同发展，为新能源和智能网联客车协同发展营造良好的政策环境。

（二）依托国家级创新平台，加强协同创新，实现整车集成、关键零部件技术突破和产业化

我国智能网联汽车领域的技术基础十分薄弱，核心技术尚落后于世界先

进水平。在车载视觉、激光雷达、毫米波雷达等高性能传感器方面，在汽车电子、电控系统及专用芯片等关键基础零部件领域自主掌握的技术和积累较少。建议在智能网联汽车创新中心平台基础上，充分发挥政府、行业和人才的资源优势，尽快解决车载智能计算平台、车载环境感知系统、信息安全技术、高精度地图等技术短板问题。以新能源客车为载体，在智能化、网联化技术产生、扩散、商业化和产业化链条上有效衔接，推动技术创新与成果转化，提升产业竞争力。

（三）部署开展新能源和智能网联客车与智能交通、智慧城市深度融合前瞻示范

汽车智能化、信息互联化与城市智慧化融合发展是未来城市发展核心。欧盟已发布《互联与自动驾驶 2030 +》，提出智慧城市与智慧交通发展愿景。新能源和智能网联客车是未来我国城市出行重要组成部分，智慧城市可为新能源和智能网联客车提供必需的 ICT 配套设施、智能传感设施、数字化路基设施、智慧能源设施及智慧城市管理功能，智能交通系统可为新能源和智能网联客车提供必需的智慧交通管理、智能交通信号灯管控、智能交通模式协同、智能交通流管理与调控、云端协同管控等。建议尽快开展新能源和智能网联客车与智能交通、智慧城市深度融合发展的前瞻示范。选取雄安新区等地区开展无人驾驶交通系统服务示范，构建共享、高效的新型无人驾驶客运交通系统，将新能源和智能网联客车示范应用与城市规划和智能交通整体规划设计有机融合，并对充电设施、智能电网、加氢站、智能交通设施、信息通信等基础设施进行科学规划、系统部署和分步推进，探索建立未来新能源和智能网联客车新型生态体系。

B.4

新经济驱动下的客车产业数字化发展

陈静仪*

摘　要：　出行方式的改变、技术变革的推动以及资源约束的倒逼，正迫使客车产业向数字化转型。越来越多的客车企业领袖相信，加快数字化变革的步伐，是保持企业竞争力的根本。

基于此，客车就像手机革命一样，在新一代信息技术和制造业的深度融合下，正在发生一场体系化、生态化的深刻变革。而这种变革，已使得数字化渗透到客车的产品研发、制造、服务以及客车运营等全价值链过程。

本文重点分析了数字化对客车行业和企业的产品、技术、制造、管理、商业模式所带来的深刻改变，并列举了一些行业中的龙头企业如何运用数字化技术和手段改造自己、强化企业核心竞争力的优秀案例，这对客车行业转型发展具有现实参考意义。

关键词：　数字化　协同开发　智能化　信息化建设

一　新经济时代牵引客车向数字化发展

有迹象表明，工业革命再一次悄然而至。在以电动化、智能化、网联化、共享化为代表的新经济趋势影响下，汽车这个曾经改变了世界的机器正

* 陈静仪，中国客车专家，资深媒体人。

在被改变。

这是一场破坏性极强的颠覆性改变，就像智能手机，不仅替代了功能手机，而且颠覆了如摄影、录像、零售、支付、社交等众多行业，催生出许多新业态、新模式。如今，汽车就像手机革命一样，在新一代信息技术和制造业深度融合下，正在发生一场体系化、生态化最深刻的变革。

这是一种汽车属性的根本性变化，一方面，传感器、电池、电机、电控、软件等成为上游产业的重要组成部分，传统内燃机等核心零部件逐渐被边缘化；另一方面，电商、充电站、增值服务、共享服务在下游产业中逐步崛起。这一趋势变化的典型特征是，将汽车从单纯的运输工具转变为“大型移动智能终端、储能单元和数字空间”。

汽车定义的重构，不仅是汽车与社会环境矛盾重重使然，也是数字化技术飞速发展推动社会变革的结果。在汽车革命全面爆发的大背景下，客车这一汽车业的分支，自然也受到极具震撼力的影响。虚拟、仿真、云计算、大数据、物联网、传感器、控制器等数字化技术正在对客车产业进行全面渗透和改造，开始推动客车制造业向软硬结合、虚实结合的方向发生变化。而这一结果，必将带来客车产品、技术、制造、管理、模式、业态的深刻改变，带来客车产业格局的重构和调整，推动客车产业进入以数字化为特征的崭新发展阶段。

（一）出行方式的改变

中国经济的快速发展，使国人人均国民收入已经突破 8000 美元，进入发达国家经历的汽车普及阶段。予以证明的是，2017 年，中国汽车销量达 2887 万辆，连续 9 年居世界首位。同时，消费者购车需求中接近 50% 为增购和换购。

汽车业的稳步发展，在给人们带来车轮上自由享受的同时，也带来了城市的交通拥堵和车辆利用率的低下。人们渴望到达远方，但时间上的不确定性以及换乘交通工具的种种不便，使人们对出行方式的改变充满了期待。

这一期待，随着信息技术不断升级、迭代，数字化技术全面渗透到社会各个方面，而梦想成真。从利用手机寻找目的地最佳行走路线，到用 App 预订专车；从利用地理定位而选定最便捷舒适的酒店和最想尝试的餐饮，到利用专业网站规划旅游行程等，人们正以前所未有的规模和速度熟悉数字渠道——在线搜索、预订出行服务。

中国互联网络信息中心统计数据显示，截至2017年12月，在线旅行预订用户规模达到3.76亿人，较2016年底增长7657万人，增长率为25.6%；其中通过手机进行旅行预订的用户规模达到3.40亿人。网约出租车用户规模达到2.87亿人，比上年增长27.5%；网约专车或快车用户规模达到2.36亿人，比上年增长40.6%。

这一趋势的出现，催生出一个热词——出行即服务。“出行即服务”强调的是交通“门到门”全过程无缝衔接的解决方案，当人们有出行需求的时候，不需要再去面对各种各样的交通工具，只需要面对一个 App 服务系统。比如，人们从上海到广州开会，只需要提供上海的起点和广州的终点，App 服务商根据其偏好、费用高低、时间要求等来制订行程，人们根据制订的行程一次性支付费用，即可解决出行的所有问题。

所以说，“出行即服务”的内涵是旨在深刻理解公众的出行需求，通过将各种交通模式全部整合在统一的服务体系与平台中，充分利用大数据决策，调配最优资源，满足出行需求的大交通生态，并以统一的 App 来对外提供服务。

实际上，“出行即服务”的概念已越来越得到社会各界的认可和响应。由数字化技术带动的共享模式和支付模式的快速发展，以及自动驾驶、无人驾驶技术的成熟，将改变交通运输的生态，“出行即服务”概念的应运而生，正是顺应这一生态趋势的体现。基于此，中国政府对“出行即服务”非常重视，并已做了很多工作。2017年国务院印发的《“十三五”现代综合交通运输体系发展规划》以及交通运输部发布的《智慧交通让出行更便捷行动方案（2017～2020年）》，都提出了要构建“一站式”出行服务体系。各地政府也提出了建立公路、铁路、水运、航空和城市交通“一站式”综合信息服务体系和开展一站式旅游服务。

大环境的改变和人们出行的需求，决定了“出行即服务”的三个特点。第一，它一定是“门到门”和O点到D点的服务响应，而不是交通工具的分段响应，因此它将跨越多个交通系统和多个地域空间，包括多个城际交通和城市内部交通的系统；第二，它一定是集约共享；第三，它一定是数据驱动以及智能运行的体系。

因此，传统客车不能有效解决目前出行难的问题，因为其最大的问题在于数据碎片化，不能实现相关交通数据的实时共享与分析。从新的需求角度看，成为出行生态系统中一个节点的客车，必须数字化。通过车—车通信，实现车辆与外部车辆的信息交互，完成车辆行驶的协同控制；通过短距/长距无线通信，实现车辆与道路设施、后台服务、周边人员的信息交互，进一步完成车辆与交通环境的协同调度，提高出行效率，实现车辆与出行生态系统的安全、节能、环保与舒适。

（二）技术变革的催动

新兴市场的发展、层出不穷的新科技、可持续性政策的出台、消费者偏好的变化，都让全球经济发生着翻天覆地的变化。数字化、进一步自动化、新的商业模式，正在变革各行各业，客车行业也不例外。

上述因素使客车行业出现了四股科技驱动的颠覆性趋势：电动化、智能化、网联化、共享化。然而，技术革命虽是先导，但真正实现客车颠覆性革命的推动力量是生产领域的技术革命传导到生产方式的革命，继而借助互联网和新一代通信技术，形成一个振幅不断增大的能量波。这种能量波不仅突破了客车领域，而且影响到与客车相关的应用服务领域，特别是人—车、车—车以及人—车—社会三位一体的交互联络，将使客车的交通功能拓展至智能交通、智能通信、智能电网、智能城市、智能旅游和智能管理等涉及整个社会信息的更大范畴。

有人将此比喻为数字化浪潮的推进，从技术变革的角度来看的确如此。2015 年，国家在推出《中国制造 2025》战略规划时，曾对工业革命 4.0 有过解析，未来工业革命 4.0 所依托的核心技术为 CPS，即信息物理系统。它指的是由嵌入式传感器、处理器、执行器与物理设备（包括人）形成的无缝交互的智能联网系统，将控制、传感、联网和计算能力深度整合到每个物理单元中，通过信息网络系统与物理实体单元的交互，实现对物理世界的泛在感知、全面互联、分析优化和精准控制。

汽车产业的发展战略就是借助虚拟和仿真、云计算、大数据、物联网、传感器、控制器、机器人等数字化技术，全面推动 CPS 在汽车行业的广泛应用，实现汽车业“物理层、平台层、数字层”的高度融合。全球数字平台安全公司爱迪生和全球性行业分析公司弗若斯特沙利文共同发布的《汽车产业网络安全状况报告》指出，越来越多的整车厂商和一级供应商认识到，数字化以及技术合作、软件性能和定制将成为全球汽车产业未来发展的方向。越来越多的车企领袖相信，加快企业数字化变革的步伐，是保持竞争力的根本。持续的“数字化变革”成为传统车企实现信息化向智能化转型的必由之路，也是汽车产业转型升级的必由之路。

同样，麦肯锡咨询公司在其报告《传统车企正面临出行的数字化颠覆》中指出，工业 4.0 技术可以通过对供应链上的价值挖掘，将生产力继续提高 20%。这些机遇并不是假设的，这些技术现在已经开始被应用，并且不需要过多的资本支出。而灵活的软件研发还意味着研发周期可以由传统的 50～60 个月大幅减少到 6～24 个月。

基于此，不少客车企业已经在推动数字化改革，如宇通、苏州金龙海格、福田欧辉、安凯、金旅等企业已经将数字化引入其业务环节，它们正试图向数字化转型。

（三）资源约束的倒逼

当中国人均国民收入突破 8000 美元，进入发达国家经历的汽车普及阶段时，汽车作为社会资源的一部分，其低效使用、资源浪费的问题便日益凸显。

公安部提供的数据显示，截至 2017 年底，中国机动车保有量达 3.10 亿辆，其中汽车 2.17 亿辆。在中国汽车年销量已逼近 3000 万辆时，汽车保有量还会稳步增长。尽管汽车的增长会拉动经济的增长，但不容忽视的是，汽车所处的社会也会在石油、天然气、土地、资本等资源消耗中产生严重的社会矛盾。

中国的城市道路建设近几年一直在快速发展，但拥堵却照样影子般相随。高德地图联合交通运输部科学研究院和阿里云等权威机构发布的《2017 年中国主要城市交通分析报告》显示，2017 年全国 26% 的城市通勤处于拥堵状态，55% 的城市高峰时处于缓行状态。根据检测，100 个城市中有 85 个城市高峰时每小时平均车速仅 20 多公里。以排名第二的北京为例，人均拥堵成本每小时 268 元，北京的高峰拥堵延时指数为 2. 033，说明北京高峰时驾车出行要花费畅通环境下的 2. 033 倍时间才能到达目的地。

拥堵使市民的日常作业效率明显下降，并浪费了大量的有效工作和休息时间，所造成的紧张抑郁情绪也让市民的工作效率大打折扣。为了缓解拥堵，政府不得不加大在道路养护和修建方面的投入，拓宽原有道路，新建微循环道路和停车设施等。交通拥堵造成的大气污染问题也需要政府投入巨资治理，并进一步为大气污染所导致的病患增加支付更多的医保费用，并追加医院等医疗设施的投入。根据交通运输部发布的数据，交通拥堵所带来的直接经济损失相当于每年 GDP 的 5% ~8%，高达 2500 亿元人民币。

出行的低效还给环境带来了影响。生态环境部发布的《中国机动车环境管理年报（2018）》指出：我国已连续九年成为世界机动车产销第一大国，机动车污染已成为我国空气污染的重要来源，是造成环境空气污染的重要原因，机动车污染防治的紧迫性日益凸显。

近几年来，京津冀地区空气质量虽总体改善，但二氧化氮（NO_2）平均浓度下降幅度远低于其他污染物。重污染天气期间，硝酸盐是 PM2. 5 组分中占比最大且上升最快的组分。北京、天津、上海等 15 个城市大气 PM2. 5 源解析工作结果显示，本地排放源中移动源对 PM2. 5 浓度的贡献范围为 13. 5% ~52. 1%。根据相关研究，雾霾与肺癌发病率密切关联，PM2. 5 浓度每增加 10 微克/立方米，肺癌风险性会相应增加 25% ~30%，而肺癌已经成为中国恶性肿瘤的第一大死因；在心理健康方面，长时间雾霾缭绕，缺乏阳光照射会导致人体甲状腺素、肾上腺素浓度降低，更易产生悲观情绪。

汽车增长所暴露出的这些社会矛盾，倒逼政府和企业必须提高汽车的使用效率，最大限度地减少资源消耗。

随着科学技术的进步和变革，电动化、智能化、网联化、共享化这些与数字化有关的技术就成为客车产业发展的趋势。实际上，不仅是客车研发设计在向数字化方向发展，客车制造也在资源约束的倒逼下向数字化方向发展。在汽车中，客车是劳动密集型制造最具代表性的行业。在中国，在生产要素红利逐渐衰退情况下，中国客车的领先企业已经开始将数字化渗透到制造、研发和管理环节，以提高生产效率、减少成本和污染排放。

二　客车研发数字化发展现状

瞬息万变的市场、不断升级的产品以及产能过剩的竞争，促使客车企业加速应用能在产品研发上实现时间、成本节约和质量提升的新技术。于是，以数据采集、传输、存储、处理和反馈闭环为基础，以提取有价值信息完成产品研发为核心的数字化技术，就成为客车企业产品研发趋势性的新技术。

众所周知，随着数字化技术的应用，新车型的研发周期已经比十年前的时间缩短了一半，并呈逐年下降趋势。数字化技术的应用不仅缩短了研发周期，也降低了客车研发成本，同时满足了客车产品多种车型和多种特性的平台化研发需求。企业在方案设计中，可以同时对多个方案进行综合性能的模拟预测，以便迅速确定最佳方案。在工程化设计阶段，可以通过仿真，对结构、参数是否适合产品综合性能要求进行验证；在仿真分析阶段，数字化仿真可以代替或部分代替样车制作、工艺试验，可以显著降低开发成本，还可以通过对制造过程、装配过程的模拟，在设计阶段早期发现并解决工艺设计、加工制造中可能出现的问题。

2017 年麦肯锡的一份报告指出，汽车研发属于典型的知识密集型或知识型工作，其数字化渗透率在 42% ~54%，高于各类产业的数字化水平总体平均值（37%），也远高于汽车工业产、供、销等其他环节的数字化水平。基于此，国内有实力的客车企业都在加大对数字化设计与虚拟开发技术推广应用的投资，并取得了显著效果。

1. 产品设计

传统的客车设计过程以二维工程图纸为基础。但随着数字化技术的发展，三维数字化设计技术得到了广泛应用，基于数字模型的设计与制造技术已经成为制造业信息化发展趋势，三维数模成为生产制造过程中唯一的参照对象，它改变了以往以二维工程图纸为主，以实体物理模型为辅的设计方法。从世界发展趋势来看，产品设计已经从未使用计算机辅助设计工具，发展到二维的 CAD 计算机辅助设计工具，再到三维的产品计算机辅助设计工具，再发展是使用三维的产品设计软件和三维的工艺设计软件。更先进的产品设计方式是设计制造一体化，从设计到制造都采用统一的三维数模数据源，无须图纸。

目前，几乎所有的客车企业均在不同程度上采用数字化技术。从调查情况看，绝大多数企业使用了三维的计算机辅助设计工具，很多企业使用了国外成熟的 CATIA、Creo 等软件，还有少部分企业仍在使用二维的制造图纸。

厦门金旅在这方面做了不少尝试。基于 MBD 技术，其在产品研发阶段，实现了部分三维协同及全数字化设计。MBD 技术以三维实体模型作为生产制造过程中的唯一依据，改变了传统的以工程图纸为主、以三维实体模型为辅的制造方法。在传统二维研发模式下，产品定义技术主要以图纸为主，通过专业的绘图反映出产品的几何结构以及制造要求，实现设计与制造环节的信息共享和传递。厦门金旅测试的目的，是解决三维标注和模型一体的问题。三维模型和标注构成的产品数模可以直接进行仿真分析、工艺设计等应用。

不过，在 MBD 的实施环节中，为了满足全三维设计、三维标注、设计制造协同并行的需要，需要从软件基础环境、数据库支撑平台、网络信息环境、信息安全体系等基础方面加大投入和建设。

2. 产品仿真

产品仿真的目的是提升开发质量、降低开发费用、缩短开发周期，并采用物理模型或数学模型来模仿实际系统，代替实际系统来进行试验和研究。

目前，国内客车企业基本掌握了仿真分析技术，并形成企业级别的仿真规范流程以及人才队伍，仿真分析技术已部分或全部贯穿到产品的整个研发过程中，可针对客车的安全、操稳、耐久、噪声、能耗等方面开展仿真分析。如安凯、苏州金龙海格、金旅等企业，利用有限元仿真技术及多体动力学仿真技术进行客车虚拟侧翻、碰撞，在高精度的有限元仿真优化后，物理侧翻、碰撞试验已经能基本满足设定的目标要求，且仿真结果与试验结果达到高度一致。在严苛的欧盟认证中，已实现了部分仿真结果替代物理试验。

由于产品仿真在客车设计过程中占据越来越重要的位置，仿真分析的计算量不断增加，一些大的仿真分析计算需要在高性能计算服务器上进行。目前，客车企业高性能计算服务器资源大多采用租用外部资源的方式，只有极少数像福田欧辉客车这样依附汽车集团的企业能采用集团自建高性能计算服务器进行大型仿真分析计算。

在仿真数字化方面，福田欧辉客车做了许多工作，建立了仿真管理平台。其管理平台可以实现仿真数据管理、仿真任务管理、仿真流程自动化管理三大核心功能。仿真数据管理模块可以对整个仿真过程中所使用的模型、前后处理过程和报告所产生的数据进行分层次分类管理；同时基于所管理的数据，用户可以对数据进行查询、搜索、前后级追诉等生命周期管理。仿真任务管理模块能够构建仿真分析流程管理环境，对仿真项目及任务进行定义、分配、发布及管理。此外，仿真流程自动化管理模块可以对设计分析过程进行定制，对设计分析过程进行标准化、知识化的处理。

3. 数据集成

数据集成的目的是解决数据的分布性和异构性问题，打破由数据运行在不同软硬件平台信息系统而造成的数据源彼此相互封闭的“信息孤岛”，实现不同软件、不同部门间的数据信息共享，支持产品全生命周期的产品协同设计、制造和管理。

然而，产品设计过程中的 CAD、CAE 都是相互独立的，产品数据集成主要体现在 CAD 和 CAE 的一体化、自动化方面。尤其是，企业对 CAD、CAE 软件进行二次开发后，如何打破“信息孤岛”，将 CAD、CAE 软件集中在一个平台上进行管理，实现按照研发业务流程自动开展相应的研发工作，提高知识的重用度，让研发人员可以有更多的时间去做更具创造性的研发工作，提高研发效率，成为车企要重点解决的问题。为此，国内客车企业基本上都建立了 PDM 数据管理系统，部分企业建立了面向产品全生命周期的管理系统 PLM，苏州金龙海格、福田欧辉、安凯、金旅等企业还在 PLM 的基础上，为打通产品设计、制造、管理与服务等全部环节制订了实施计划。

4. 协同开发

协同开发的目的是组织与调度相关资源，有效完成产品设计开发任务。目前，客车企业大多已开始或已完成 BOM 的建设，在功能上完成了 BOM 业务协同、配置管理、变更管理，做到了所有的 BOM 历史信息可追溯并作为研发设计、生产制造和订单的唯一数据源，有效减少了冗余数据。

苏州金龙海格是国内较早通过系统实现协同设计的客车企业。在没有该系统前，海格客车既面临客车大规模定制和产品一致性的挑战，也面临市场响应速度的挑战。在采用美国参数技术公司（PTC）的 Windchill 系统，并历时 23 个月进行二次开发实现协同后，其不仅可以将企业产品研发过程中各阶段的数据和文档、制造过程中的各种信息集成在统一的系统中，对设计数据、过程、文档进行有效管理和利用，同时还可以和前端配置器无缝对接，形成产品发布平台，后端和售后服务系统（IDP）连接，协同发布售后配件和图册等数据，提高研发效率，积累数字化资产、实现有效数据的重复使用，节约研发成本。

研发中很大一部分内容是订单处理。用户订单的定制化，使产品的配置经常处于更改状态，Windchill 系统内的设计导航，基于用规则的确定性去应对客户订单多变性的理念，储存了大量与各种零部件相关联的匹配参数信息和影响数据信息，规定了明确的设计流程、模板和输入输出关系，先期植入了认证备案数据自动比对功能，形成了订单的流水线式设计新模式，大大降低了设计风险。设计人员依据设计导航，可及时发现问题，减少查找零部件所需的时间，更重要的是，对设计中出现的问题能进行有效的记录和提醒，提高了有效数据的重复使用和客车的产品一致性，以及零部件的重用度。由于该系统的存在，一致性管控的识别率比之前大幅度提升，研发时间周期缩短了30%。

福田欧辉客车在产品研发上已初步完成设计协同（CDS）、数据管理与发放（PDM+SRM）和数字化工程阶段应用（SDM）的集成。通过构建统一的协同设计平台，支持在线设计、基于骨架模型的关联设计以及基于成熟度的并行设计，实现了跨地区、多专业领域的协同。协同设计平台系统的建设与应用，将使各专业设计参考更统一、设计状态更同步，从而大大缩短产品研发周期，提高设计效率20%左右。

不仅如此，因实时在线设计与整车虚拟样车实时共享提高了数据应用的时效性，客车企业可在设计早期第一时间暴露设计问题，从而减少后期设计修改成本约50%。通过建立面向供应商的统一数据管理与发放平台，实现实时电子化发放图纸以及更改通知，提高设计人员与供应商之间的沟通效率，减少可能由图纸发放误差所导致的零部件错误。

三　客车制造数字化发展现状

在数字化技术和制造技术融合的背景下，整个制造领域和网络的信息流速度越来越快，实时进行数字化连接不仅可以增加透明度，提升效率，缩短响应时间，也可以加快反应速度和增强灵活性。数字化生产可以优化流程，进一步创造新的流程，从而更高效地利用资源并提高效率。为此，汽车企业纷纷向数字化制造转型，客车业也毫无例外地受到了这股浪潮的影响。在碎片化市场的客车世界，个性化、定制化的生产要求，更需要企业以最短的生产及研发周期来满足用户的需求。而充满灵活和效率的数字化制造，为实现这一目标提供了可能。

更为重要的是，焊接、涂装等技术工种已成为稀缺资源；而订单起伏大，造成用工不均衡，以及政府对大气污染治理的加严已涉及对涂装、焊接工艺环境的限制；种种因素的叠加已倒逼客车企业以数字化技术驱动客车制造。比如，地处北京的福田欧辉客车和位于长三角地区的苏州金龙海格客车，目前都在对焊接和涂装生产线启动智能制造改造项目。

尽管从目前发展情况看，客车业由于小批量、多品种，零部件重复使用度低的特点，无法像轿车企业那样更多地将数字化技术应用贯穿于制造过程全价值链，但国内不少客车企业的数字化制造水平已不低于国外著名客车企业，有的甚至要高于国外客车企业。

1. 智能化装备应用

在自动化装备应用方面，有实力的客车企业不仅建成了自动化的整车阴极电泳线，而且在焊装生产线上实现了机器人焊接，其中少部分企业在涂装生产线上使用喷漆机器人。在制件车间，大部分企业采用数控激光切割机和自动化下料机。在总装车间，不少企业采用辅助自动化工具以减轻劳动强度，提高生产效率。

比如，宇通客车在焊装生产线上开发和推广了几十台机器人，在焊装生产线的数字化改造中，已能通过搭建好的虚拟机器人工作站，离线调试最优焊接路径，输出离线焊接程序，直接导入现场机器人系统。节省了现场人工示教编程时间，提高了生产效率。以侧围机器人焊接工作站为例，该工作站通过多种扫描及寻位技术综合运用，同时配合多焊种焊接参数专家库，保证了焊接合格率目标达成。机器人焊接系统与工装储存、切换系统高度集成，通过重型工装快速转换和精确定位来保障多车型混流自动化生产；焊接的关键尺寸精度达到 ±2mm，生产效率提升 40%，高效除尘设备减少 90% 的粉尘，有效改善了作业环境。同样，宇通客车在涂装生产线采用了电喷涂机器人后，喷涂素色漆由原来的人工喷涂 50 分钟/台缩短到现在的 15 分钟/台，金属漆由原来的人工喷涂 80 分钟/台缩短到现在的 40 分钟/台；油漆利用率提高了一倍多。目前，宇通客车各个生产车间共计引入数百台各类用途的机器人。

同样在机器人应用过程中大幅提高效率的还有福田欧辉客车，其开发的车身焊接数控合装台，可实现自动下料、自动焊接、自动传输等，之前 4 个人一上午焊一个车型，现在 4 个人 30 分钟焊一个车型。数字化在生产线上的应用，使福田欧辉客车的生产节拍从原来的60分钟生产一辆12米客车，到北京工厂40分钟一辆和广东工厂36分钟一辆。其不仅生产效率显著提高，而且12米客车的人工成本比2016年降低了25%。

2. 运营管理系统

企业运营管理系统是指企业把从前端到后端的业务，即从原料供应到生产制造再到产品分销连接在一起的实时管理系统。该系统连接工厂、供应链和日常运营全过程。

目前，客车企业对信息化建设的重视度较高，信息化管理的成熟度也越来越高，不少企业对各个业务环节都实施了信息化建设。可以说，多数客车企业已经初步建立了企业运营管理系统，并且逐步由各个独立的运营管理系统向系统有效集成过渡。大部分企业正处于从ERP、SCM、CRM、MES等多个不同的运营管理系统向完整的企业运营管理系统过渡的阶段。

虽然大部分客车企业在制造全过程中还处于单点或多点的数字化工具应用阶段，但已有企业在信息化纵向集成方面，正逐渐实现企业内所有环节信息的无缝连接，亦即实现ERP、PLM、MES等之间的集成。

以苏州金龙海格客车为例，其长期持续的信息化建设，不仅实现了各管理系统的互联化、标准化、透明化，而且坚持采用自主研发信息系统，系统之间的集成也通过内部统一的软件平台完成。到目前为止，其营销、设计、生产、售后等环节涉及的所有数据都已打通，并形成了闭环。当用户有意向购买并确定车型时，关键件采购明细就已计算出来。当意向订单转成确定订单时，管理系统就开始自动协同作业，组织采购、开始设计、计划排产，当产品生产至关键部位，生产信息可释放给销售人员，实现了随时了解产品生产的进展。而企业生产运营中的资金流、信息流、物流等关键要素，不仅随时可视，而且自动生成报表。

四　客车服务数字化发展现状

在线购物、在线聊天、在线出行、在线娱乐、在线监控……客车服务的数字化就起始于人们这种生活方式的数字化和互联网化。随着人们对数字化偏好的逐渐加深，不论是轿车还是客车都必然随着这种需求而产生变革——客车价值开始由硬件创造，向软件和服务创造转变。

正是由于这种趋势，汽车被赋予的“轮子上电脑”的概念得到了汽车界的共识。为此，不少汽车企业采用电子和互联网技术，以“轮子上电脑”的概念开发产品，让人们追求的实时在线在汽车上得到更好的体验。客车业的安凯也在做这方面的尝试，将新能源客车作为“轮子上电脑”来设计。其最新研发的客车控制中心是一个 12 英寸的显示屏，通过安凯的 e 控系统构成车辆和互联网对接的通道。这块显示屏与智能手机一样，通过手指尖的轻轻滑动，就可以实现人与电机、电池、空调等关键零部件的局域网信息交流对话，驾乘人员也可以与企业信息处理分析中心和客户运营信息管理中心等客车外网信息交流对话。随着客车价值创造由硬件研发制造驱动逐步转为由软件和服务驱动时，客车的许多内涵都在发生变化。

1. 客车向智能化转型

毫无疑问，客车产品正越来越数字化。这不仅是虚拟和仿真、云计算、大数据、物联网、传感器、控制器、机器人等数字化技术发展的结果，也是国家战略要求使然。2017 年 4 月，工信部联合国家发改委、科技部发布的《汽车产业中长期发展规划》指出，未来我国汽车强国建设路线上以智能网联汽车为重要突破口，引领整个产业转型升级。2018 年 1 月国家发改委印发的《智能汽车创新发展战略》（征求意见稿）提出，到 2020 年智能汽车新车占比达到 50%，我国智能汽车发展迎来前所未有的机遇期。

客车产品数字化包括车辆基本信息数字化、整车零部件及系统运营信息数字化、车辆故障信息数字化，以及更高级别的代表未来发展方向的智能网联化。在数字化仪表、OBD 等初级数字化技术基本普及的基础上，客车正向智能网联化产品方向发展。迄今为止，不少客车企业已开展了自动驾驶客车的研发。比如，厦门金旅正在研制 L4 级别“自动驾驶”客车，其技术特点涵盖：对毫米波雷达、激光雷达、摄像头等多传感器进行融合，经过经验积累的算法优化，达到了算法可靠、稳定且不冗余；对线控转向、制动等安全、操控技术进行迭代开发，形成响应时效和精准控制。厦门金旅在上海国家级智能网联汽车试点示范区已经完成自动驾驶可靠里程场景验证 5 万公里。而苏州金龙海格客车在底盘线控系统研发的基础上，结合环境感知技术、定位导航技术、运动控制技术、冗余算法控制技术、路径规划技术以及 V2X 技术等进行综合研究，在无人驾驶方面也取得一些成果，已研发出 L3 级自动驾驶车辆，目前正处于场景测试阶段。其 L4 级正在测试过程中，L4 + 在研发中。

2. 驾驶行为感知数字化

由于安全事故的频发，将数字化应用于客车安全监测过程已成为主流。目前，世界上各个汽车大国均在积极开展驾驶员意图识别与状态感知的研究。在驾驶员意图识别方面，主要是开发应用汽车安全辅助系统和主动安全技术；在驾驶员状态感知方面，主要是开发应用对行驶轨迹特征、方向盘操作特征、表情特征进行监测和分析的技术。

目前，客车行业在驾驶员行为数字化方面已取得不小进展，尤其是利用车队管理系统规范驾驶员行为，发现并纠正驾驶员不良的驾驶行为，如超速、急刹车、急加速、危险驾驶、猛踩油门、空挡滑行等。客车企业和客运企业通过对这些行为进行统计分析，可以有意识地提醒并规范驾驶员的行为，从而达到降低车损、降低油耗、减少安全隐患的效果。驾驶员行为数字化，也可为定制保险服务做铺垫。

3. 精准服务

当前，如何更好地满足用户的服务需求，加强用户的黏性，提高用户的满意度已成为企业竞争面临的一个关键问题。数字化技术时代的到来，使用户服务的体验又发展到一个新的高度。远程预防、诊断、维修维护和问题处理的能力，是用户对客车使用过程中能否满意的最大考验。

如苏州金龙海格客车 2010 年即推出 G-BOS 智慧运营系统，该系统除了具有对车辆进行安全管理的功能外，还具有对问题进行远程诊断，进行维保预约提醒等功能，服务更加精准化。

为此，不少客车企业利用信息化管理手段，对产品进行全生命周期的服务。尤其是纯电动客车渐渐成为客车市场主力后，这种服务变得更加贴切和周到。如宇通客车、苏州金龙海格客车、安凯客车、福田欧辉、厦门金旅等企业，已能利用客车中的电池、电机、电控系统实现用户车辆关键部件的远程预防和诊断，做到主动服务。这些企业利用信息管理平台，实时掌握车辆运行状态，提供车辆的主动功能服务，如故障提醒、工况保养提醒等；并通过对收集的数据进行分析，及时了解车辆核心部件的实时运转情况，进行故障分析，根据情况就近安排配件并指导故障排除。

参考文献

1.《技术体系与软件，中国工业的阿喀琉斯之踵》，中国工控网，2015 年 11 月 17 日，http://www. gongkong. com/news/201511/333717. html。

2. 徐加爽：《浅谈计算机技术在汽车行业中的应用》，《中国高新技术企业》2015 年 12 月第 32 期。

3.《汽车行业步入“数字化时代”》，弗若斯特沙利文咨询公司，2017 年 7 月，http://www. frostchina. com。

4. CMF 设计军团，《揭秘汽车设计中 CAE 仿真技术》，搜狐网，2018 年 8 月 13 日，http://www. sohu. com/a/246789151_ 786492。

5.《大数据时代，数字化协同研发平台怎么建?》，搜狐网，2017 年 9 月 9 日，https://www. sohu. com/a/190926510_ 296848。

6. 陶妍妍：《探访大众汽车集团欧洲工厂：工业 4. 0 时代的数字化转型》，搜狐汽车，2017 年 12 月 23 日，http://www. sohu. com/a/212347239_ 133588。

7.《工业 4. 0 在 AMI：中国汽车制造行业与数字化制造》，电子工程世界，2016 年 12 月 19 日，http://www. eeworld. com. cn/qrs/article_ 2016121932407. html。

8. 陈清泰：《汽车革命对未来经济社会的影响》，中国电动汽车百人会论坛（2018）上的演讲，2018 年 1 月 20 日。

9. 李骏：《智能汽车时代的数字化转型思考》，华为期刊，2017 年 11 月。

10.《中国公安部：截至 2017 年底全国机动车保有量达 3. 10 亿辆》，中国经济网，2018 年 1 月 15 日，http://www. ce. cn/xwzx/gnsz/gdxw/201801/15/t20180115_ 27737901. shtml。

11.《全球汽车产业发展强调数字化 无人驾驶成方向》，搜狐网，2017 年 6 月 19 日，http://www. sohu. com/a/150612983_ 560132。

12. 中国网信网，《2018 年第 41 次中国互联网络发展状况统计报告》，中国经济网，2018 年 1 月 31 日，http://bgimg.ce.cn/xwzx/gnsz/gdxw/201801/31/t20180131_27998162.shtml。

13. 《生态环境部科技标准司有关负责人就〈非道路移动机械污染防治技术政策〉有关问题答记者问》，生态环境部官网，2018 年 8 月 28 日，http://www.scio.gov.cn/xwfbh/gbwxwfbh/xwfbh/hjbhb/Document/1636320/1636320.htm。

14. 《麦肯锡报告：传统车企正面临出行的数字化颠覆》，搜狐网，2018 年 1 月 29 日，http://www.sohu.com/a/215516047_618935。

15. 《高德地图发布 2017 年度交通报告：各地治堵效果显著》，搜狐网，2018 年 1 月 19 日，http://www.sohu.com/a/217730092_203518。

16. 刘向龙：《中国出行即服务（MaaS）发展现状与展望》，在交通运输部科学研究院主办的城市交通零排放出行新技术国际论坛上的演讲，2017 年 5 月 24 日。

17. 马万经：《交通即服务：在未来回到过去》，在交通运输部科学研究院主办的城市交通零排放出行新技术国际论坛上的演讲，2017 年 5 月 24 日。

18. 黄伟：《基于 MaaS 的城市公共交通系统展望》，在第七届公交都市发展论坛上的演讲，2017 年 10 月 12 日。

B.5

补贴新政下的新能源客车产业发展分析

李鲁苗*

摘 要： 新能源客车作为国内新能源汽车推广的重要领域，是国家支持政策的重点扶持对象。2009～2018年，节能与新能源客车补贴政策经历了8次调整和完善，逐步细化车辆动力类型，提升技术指标，降低补贴金额，积极引导产业市场化发展。在补贴政策支持下，新能源客车在技术水平、市场推广、行业集中度等方面获得快速发展，具体表现在：一是技术指标提高，促进了产品在动力性、能耗、安全性等方面的提升；二是新能源客车保有量超过30万辆，占到客车保有量的22%左右；三是前10家主要新能源客车企业的合计市场占比在70%左右，形成了“一优多强”行业格局。未来政策仍将以鼓励技术进步为原则，推进优质产品发展。在补贴逐渐退出、行业进入后补贴时代的环境下，客车企业需加强技术创新，积极拓展公交车、公路车等市场，加强智能化和共享化技术融合发展，保障新能源客车市场的可持续发展。

关键词： 新能源客车　补贴政策　能量密度　客车产业

新能源汽车购置补贴是推动新能源汽车产业发展的重要扶持政策，在推

---

* 李鲁苗，硕士，中国汽车技术研究中心有限公司政策研究中心新能源汽车与财税政策研究室工程师。

动行业技术提升、品牌发展、市场推广等方面发挥着关键性作用。尤其是对于单车成本高、市场体量小的客车行业，补贴政策是推动产业电动化发展的关键因素。因此，新能源客车对技术指标提升、补贴金额下降等政策调整较为敏感，近年来在行业格局、产品开发、技术发展等方面也发生了明显变化。

一　新能源客车补贴政策调整分析

我国新能源汽车产业发展以客车领域为重要切入点，通过发挥公共服务领域车辆在技术研发和产品应用方面的带头作用，从而推动私人领域的乘用车产品研发和应用。在补贴政策的支持下，我国新能源客车产业快速发展，市场推广规模全球第一，技术水平提升效果显著，产品研发水平不断提高。

（一）2009 ~ 2018年新能源客车补贴政策

2009 ~ 2018 年，根据新能源客车产业的技术和市场发展情况，补贴政策在车辆范围、动力类型、技术指标、补贴标准等方面做出适时调整，充分发挥政策引导和资金激励作用，适应产业未来发展趋势，推动产品技术进步与市场结构优化。

1. 产业培育阶段：加强技术研发，奠定产业基础

2009 ~ 2012 年，节能与新能源汽车产业处于发展初期，以技术研发积累为重要任务，在公共服务领域先行先试，通过“十城千辆工程”逐渐培育节能与新能源汽车产业，尤其是注重在客车领域的技术研发和推广。在这一阶段，补贴政策以产业培育为主，对客车的支持体现了以下几个特征：

（1）补贴车型包括混合动力、纯电动和燃料电池客车，以 10 米以上的大型客车为主（见表 1）。其中，混合动力客车在驱动系统上增加电池、驱动电机等一些关键零部件，可在短期内实现规模化生产，完成节能与新能源汽车的技术积累和突破，有效实现节能减排。因此，在技术发展的初期阶段，混合动力车型成为攻克技术瓶颈、推动节能与新能源汽车发展的关键车型，成为补贴的重点扶持对象之一。

表1 2009~2012年节能与新能源客车补贴政策

实施年份	2009年	2010年	2012年
发布单位	财政部、科技部	财政部、科技部、工信部、国家发改委	
政策名称	《关于开展节能与新能源汽车示范推广试点工作的通知》	《关于扩大公共服务领域节能与新能源汽车示范推广有关工作的通知》	《关于扩大混合动力城市公交客车示范推广范围有关工作的通知》
补贴车型	• 动力类型:混合动力、纯电动、燃料电池汽车 • 车辆长度:10米以上		• 动力类型:混合动力 • 车辆长度:10米以上
补贴对象	示范推广单位		
技术要求	• 混合动力客车节油率:10%~20%、20%~30%、30%~40%、40%以上 • 最大电功率比:20%~50%、50%以上		
最高补贴及对应的技术条件	• 混合动力客车:8万元/辆(铅酸电池,30%~40%);42万元/辆(节油率40%以上、最大电功率比50%以上) • 纯电动客车:50万元/辆(最大电功率比50%以上) • 燃料电池客车:60万元/辆(最大电功率比50%以上)		
补贴范围	13个示范推广城市	20个示范推广城市	全国所有城市
推广方式	招标		集中招标,采取总量控制,推广目标为3000~5000辆

资料来源：根据相关政府部门发布的文件和信息整理。

（2）技术指标采用节油率水平，综合体现降低油耗的能力。由于电池、驱动电机等动力系统技术不成熟，节油率水平的技术指标门槛较低。其中，混合动力客车依据节油率水平划分为4档，技术越优补贴越高，鼓励技术进步。

（3）补贴范围从部分城市示范推广带动全国所有城市发展。由于节能与新能源汽车技术尚不成熟，产业链不完善，产品制造成本和购置成本较高，对地区的经济能力提出很高要求。因此，此阶段示范推广选择具备汽车产业基础、经济发展良好的城市，以相对成熟的混合动力客车为重点推广车型，并依据技术发展情况和示范推广效果逐步扩大至全国。

（4）补贴采取定额补贴，依据动力电池类型（采用铅酸电池、镍氢电池、锂离子电池/超级电容器）、节油率水平、最大电动率比给予差异化补贴。在这一阶段，节能与新能源汽车产业链尚未形成，研发投入大，生产成本高，与传统客车间的成本差距悬殊，使得单车补贴金额较高。

（5）车辆由公共服务领域内的示范推广单位招标采购，发挥政府引导作用，鼓励推广技术先进产品，推动节能与新能源汽车产品的市场化运营。

2. 产品推广阶段：开展全国示范，实现批量推广

2013～2015 年，节能与新能源汽车已基本完成关键技术积累，初步形成相对完整的产业链，并开始逐步拓展私人领域市场，开展全国范围内的推广应用。通过前期的产业政策扶持，新能源客车技术储备已相对成熟，市场推广效果明显。在这一阶段，补贴政策以推进新能源汽车市场推广为主，对客车的支持体现了以下几个特征：

（1）补贴政策在动力类型、长度范围、车辆类型等方面发生明显变化。一是明确新能源客车仅包括纯电动、插电式混合动力（含增程式）和燃料电池客车，取消节能型的普通混合动力客车；二是补贴车型长度由 10 米以上扩大至6 米及以上，满足各种应用场景下的用车需求（见表2）；三是增

表 2　2013～2015 年新能源客车补贴政策

<table>
<tr><td>实施年度</td><td>2013 年</td><td>2014～2015 年</td></tr>
<tr><td>发布单位</td><td colspan="2">财政部、科技部、工信部、国家发改委</td></tr>
<tr><td>政策名称</td><td>《关于继续开展新能源汽车推广应用工作的通知》</td><td>《关于进一步做好新能源汽车推广应用工作的通知》</td></tr>
<tr><td>补贴车型</td><td colspan="2">● 动力类型：纯电动客车、插电式混合动力客车（含增程式）、燃料电池客车；
● 车辆长度：6 米及以上，细分为 3 个长度段</td></tr>
<tr><td>最高补贴及对应的技术条件</td><td>● 纯电动客车：<table><tr><td>长度段</td><td>补贴</td></tr><tr><td>6米≤L＜8米</td><td>30万元</td></tr><tr><td>8米≤L＜10米</td><td>40万元</td></tr><tr><td>L≥10米</td><td>50万元</td></tr></table>● 超级电容、钛酸锂快充纯电动客车：定额补贴 15 万元/辆；
● 插电式混合动力客车：L≥10 米，25 万元/辆；
● 燃料电池客车：50 万元/辆</td><td>● 纯电动客车：<table><tr><td>长度段</td><td>补贴</td></tr><tr><td>6米≤L＜8米</td><td>30万元</td></tr><tr><td>8米≤L＜10米</td><td>40万元</td></tr><tr><td>L≥10米</td><td>50万元</td></tr></table>● 超级电容、钛酸锂快充纯电动客车：定额补贴 15 万元/辆；
● 插电式混合动力客车：L≥10 米，25 万元/辆；
● 燃料电池客车：2014 年 47.5 万元/辆，2015 年 45 万元/辆</td></tr>
</table>

资料来源：根据相关政府部门发布的文件和信息整理。

加增程式客车类型，发挥其使用过程中续驶里程长、充电需求不敏感、节能效果突出等特点；四是细化超级电容、钛酸锂快充纯电动客车的补贴，突出对不同技术路线的差异化补贴，鼓励技术创新。因此，在发展纯电驱动技术路线的背景下，国家重点支持接近零排放和零排放的车型，并为不同技术路线的车型提供良好的政策环境。

（2）补贴仍采取定额补贴，依据不同长度段的客车给予差异化补贴。在这一阶段，新能源客车企业增多，各个长度段的客车车型丰富，使得市场上的产品技术路线差异化明显。因此，补贴政策扩大补贴范围，并注重不同技术路线的产品推广。

3. 净化市场阶段：突出技术优势，加强市场发展

自2016年起，新能源汽车市场已度过培育阶段，进入快速发展阶段。在国家政策的引导下，新能源客车的技术研发水平已经成熟，推广应用取得飞跃式进展，尤其是在公交车领域市场成绩突出。但是，新能源客车企业已超过100多家，推广车型超过1000多个，行业散乱，产品质量参差不齐，尤其是发生了“骗补”行为，造成“劣币驱逐良币”现象。在这一阶段，补贴政策在保障市场发展的前提下，鼓励技术研发，扶持优质产品和企业，对客车的支持体现了以下几个特征：

（1）补贴车型将纯电动客车细分为非快充类和快充类。一方面，非快充类和快充类纯电动客车分别主要采用磷酸铁锂电池和钛酸锂电池，按照电池类型进一步划分，可发挥补贴资金的最大化效益；另一方面，依据动力电池性能，便于设置相应的技术指标，鼓励先进技术发展。

（2）技术指标增加纯电动续驶里程、单位载质量能量消耗量、电池系统能量密度、充电倍率、电池系统总质量占整车整备质量比例，进一步突出整车的续驶能力和能耗水平（见表3）。其中，电池系统能量密度是动力电池发展阶段中反映技术水平的主要指标，也是体现整车续驶里程、能耗水平的重要因素；充电倍率是反映动力电池的充电技术水平，尤其是在充电桩基础设施建设不成熟时，充电倍率指标更显重要；增加“电池系统总质量占整车整备质量比例”这一指标，可以避免通过简单增加电池来获取高补贴

表 3　2016 年以来的新能源客车补贴政策

<table>
<tr><td>实施年度</td><td>2016 年</td><td>2017 年</td><td>2018 年</td></tr>
<tr><td>发布单位</td><td colspan="3">财政部、工信部、科技部、国家发改委</td></tr>
<tr><td>政策名称</td><td>《关于 2016 ~ 2020 年新能源汽车推广应用财政支持政策的通知》</td><td>《关于调整新能源汽车推广应用财政补贴政策的通知》</td><td>《关于调整完善新能源汽车推广应用财政补贴政策的通知》</td></tr>
<tr><td>补贴车型</td><td>● 动力类型：纯电动客车、插电式混合动力客车（含增程式）、燃料电池客车；
● 车辆长度：划分为 5 个长度段</td><td colspan="2">● 动力类型：非快充类纯电动客车、快充类纯电动客车、插电式混合动力（含增程式）客车、燃料电池客车；
● 车辆长度：6 米及以上，划分为 3 个长度段</td></tr>
<tr><td rowspan="2">技术要求</td><td rowspan="2">● 纯电动续驶里程，划分为 6 段；
● 单位载质量能量消耗量，划分为 5 段</td><td colspan="2">● 相同门槛指标
续驶里程：纯电动客车≥200km；插电式客车≥50km（等速法）；
快充倍率：>3C；
电池系统总质量占整车整备质量比例：≤20%</td></tr>
<tr><td colspan="2">● 不同门槛指标<table><tr><td>指标</td><td>2017年</td><td>2018年</td></tr><tr><td>单位载质量能量消耗量</td><td>≤0.24Wh/km · kg</td><td>≤0.21Wh/km · kg</td></tr><tr><td>电池系统能量密度</td><td>>85Wh/kg</td><td>>115Wh/kg</td></tr><tr><td>节油率水平</td><td>>40%</td><td>>60%</td></tr></table></td></tr>
<tr><td>最高补贴及对应的技术条件</td><td>● 依据不同长度段和技术指标水平给予定额补贴</td><td>● 补贴金额 = 车辆带电量 × 单位电量补贴标准 × 调整系数</td><td>● 补贴金额 = Min｛车辆带电量 × 单位电量补贴标准；单车补贴上限｝× 调整系数</td></tr>
</table>

续表

<table>
<tr><th>实施年度</th><th>2016 年</th><th>2017 年</th><th>2018 年</th></tr>
<tr><td></td><td>
• 单车补贴上限
<table>
<tr><th>长度段</th><th>BEV补贴</th><th>PHEV补贴</th></tr>
<tr><td>6米及以下</td><td>10万元</td><td>5万元</td></tr>
<tr><td>6米<L≤8米</td><td>25万元</td><td>12.5万元</td></tr>
<tr><td>8米<L≤10米</td><td>40万元</td><td>20万元</td></tr>
<tr><td>10米<L≤12米</td><td>50万元</td><td>25万元</td></tr>
<tr><td>L>12米及双层客车</td><td>60万元</td><td>30万元</td></tr>
</table>
• 燃料电池客车
轻型客车:30 万元/辆;
大中型客车:50 万元/辆
</td><td colspan="2">
• 单车补贴上限
<table>
<tr><th>年份政策</th><th>长度段</th><th>非快充类纯电动客车</th><th>快充类纯电动客车</th><th>插电式混合动力客车</th></tr>
<tr><td rowspan="3">2017年政策</td><td>6米＜L≤8米</td><td>9万元</td><td>6万元</td><td>4.5万元</td></tr>
<tr><td>8米＜L≤10米</td><td>20万元</td><td>12万元</td><td>9万元</td></tr>
<tr><td>L>10米</td><td>30万元</td><td>20万元</td><td>15万元</td></tr>
<tr><td rowspan="3">2018年政策</td><td>6米＜L≤8米</td><td>5.5万元</td><td>4万元</td><td>2.2万元</td></tr>
<tr><td>8米＜L≤10米</td><td>12万元</td><td>8万元</td><td>4.5万元</td></tr>
<tr><td>L>10米</td><td>18万元</td><td>13万元</td><td>7.5万元</td></tr>
</table>
• 燃料电池客车
轻型客车:30 万元/辆;
大中型客车:50 万元/辆
</td></tr>
<tr><td>其他要求</td><td>——</td><td colspan="2">
• 将新能源客车续驶里程测试方法由 40km/h 等速法调整为工况法;
• 累计行驶里程最低要求;
• 接入新能源汽车监控平台
</td></tr>
</table>

资料来源：根据相关政府部门发布的文件和信息整理。

的骗补行为。随着产业由技术积累阶段进入市场推广阶段，补贴政策从需求侧考虑，增加续驶里程、能耗等技术指标，体现车辆实际使用能力和综合性能水平。

（3）补贴标准以动力电池生产成本和技术水平为依据，引入调整系数，核算单车补贴金额。动力电池成本仍占整车成本的40%以上，是降低整车制造成本的重要因素。因此，依据车辆动力类型设置不同的补贴标准，一方面体现不同动力类型新能源客车与传统动力客车之间的成本差距，发挥补贴资金的最大效益；另一方面通过调整系数反映产品之间的差异，鼓励企业研发高技术、高质量客车。

（4）补贴政策加强使用环节监管。一是明确累计行驶里程要求，确保车辆实际运行情况，避免骗补谋补行为；二是要求运行车辆接入新能源汽车监控平台，加强使用安全监管，评估产品质量。

（二）新能源客车补贴政策调整特征分析

2009～2018年，新能源客车补贴政策经过8次调整和完善，主要特征如下：

一是坚持纯电驱动，推动产业规模应用。随着技术水平不断发展，客车由混合动力技术路线逐渐转向纯电驱动技术路线，大幅降低整车能耗，加强近零排放或零排放车型研发和推广，贯彻落实“节能减排”“着力突破制约汽车产业转型升级的关键技术”等战略要求，坚持新能源汽车纯电驱动的发展原则。

二是突出技术创新，加强优质产品推广。政策积极引导产业加强新能源客车关键技术和共性技术研发，以节能减排效果为根本原则，逐步增加与整车动力性能、能耗、便利性等相关的主要指标，引导企业进一步加快技术进步，提高新能源客车相对于传统客车的综合竞争力，加强质优价廉的优质产品研发和供给。

三是评估综合成本差距，发挥补贴最大效益。政策以动力电池成本为制定依据，根据新能源客车产业链建设、技术进步、市场推广等因素，全面评估新能源客车与传统动力客车的综合成本差距，合理调整补贴标准，发挥补贴资金促进优质产品市场规模发展的关键作用，推动新能源客车全产业链高品质化、低成本化的系统性发展，缩短与传统客车产品的成本差距。

四是强化实际运营，监管车辆使用安全。随着产业由培育期进入市场发展期，国家加强新能源汽车推广应用的事中和事后管理，建立覆盖新能源汽车生产、销售、使用、报废回收等全产业链的监管体系。一方面，提升车辆使用效率，避免出现企业钻政策漏洞的现象；另一方面，加强车辆安全预警，提升车辆运行安全保障。

二　补贴政策实施效果及趋势分析

补贴政策对促进新能源汽车发展起到积极作用，对企业产品、技术水平、市场发展等方面产生了直接影响。主流客车企业根据补贴政策导向，提前做好技术储备，加强不同动力类型的产品研发，拓展不同领域的市场推广。

（一）企业积极进入客车市场，不断丰富产品

补贴政策有效带动了客车企业加快产品结构转型，积极丰富产品类型，推动新能源客车市场发展。主要特征如下：

（1）2009 年，产业处于发展探索初期，仅十几家客车企业推出十几款节能与新能源客车产品，包括北汽福田、中车电动、厦门金旅、中通客车、宇通客车、安凯客车等，并以混合动力车型为主，混合动力车型占比超过 60%。

（2）2010~2013 年，新能源客车经过示范城市推广应用，在企业和车型上初步形成规模，新能源客车企业增加至 40 家左右，产品车型突破 100 个。其中，新能源客车企业初步形成以宇通客车、中通客车为主的行业格局，产品以纯电动车型为主，纯电动车型占比超过 65%。

（3）自 2014 年以来，新能源客车进入市场发展阶段，推动不同领域的企业积极进入客车领域，在车型上实现快速发展；新能源客车企业达到 100

家，产品车型超过1000个（见图1），已形成“一优多强”的行业新格局。2015年以后，客车行业存在企业小繁杂、技术创新能力弱、低质产品竞争等现象，导致大量技术落后产品分摊了市场和补贴资金等宝贵资源。

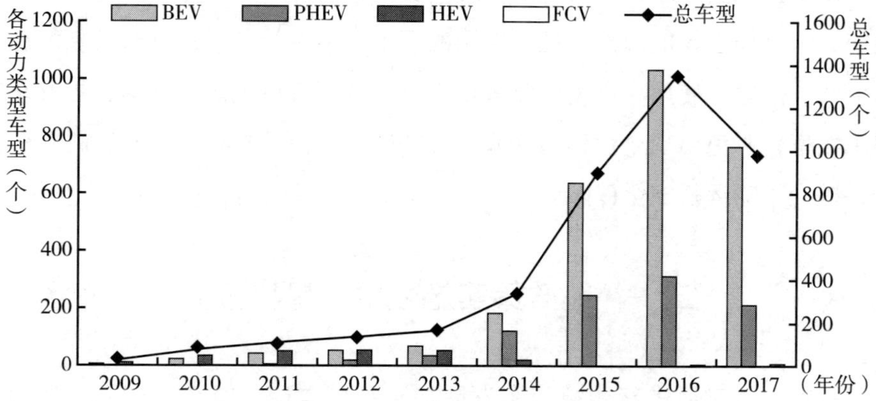

图1 2009～2017年节能与新能源客车车型数量分布

资料来源：节能与新能源汽车合格证数据。

（4）随着补贴政策退坡至完全退出，新能源客车将进入“优胜劣汰”阶段，拥有先进技术储备和优质产品的企业更具市场优势。在这一阶段，新能源客车进入更充分的市场竞争，通过技术、产品、商业模式等方面的较量，将有效形成稳定的产业格局，聚集行业资源，有利于推动客车市场稳定可持续发展。

（二）技术指标提升推动产品性能提速

新能源客车的发展趋势呈现明显的政策导向性，其技术水平的发展受补贴政策的影响最直接。本文以下部分将以2017年和2018年现有《新能源汽车推广应用推荐车型目录》（以下简称“目录”）中的新能源客车车型为基础样本，分析产品的主要技术水平情况。

1. 单位载质量能量消耗量（E_{kg}）主要集中在补贴门槛附近

图2显示，2017年，目录中有75.4%的纯电动客车车型的单位载质量

能量消耗量（E_{kg}）分布在 0.19Wh/km · kg 及以上，主要集中在补贴门槛附近，且分布相对比较均匀，高技术水平车型的占比较小；纯电动客车产量中有 88.5% 车型的 E_{kg} 分布在 0.19Wh/km · kg 及以上，与目录车型占比分布情况基本吻合。其中，公交类、公路客运类纯电动客车的 E_{kg} 平均值分别为 0.185 Wh/km · kg、0.191 Wh/km · kg，存在明显的技术水平差异。因此，主流客车企业的大部分车型集中在补贴门槛附近，造成低质化、同质化竞争，因此，仍需要进一步提升技术性能。

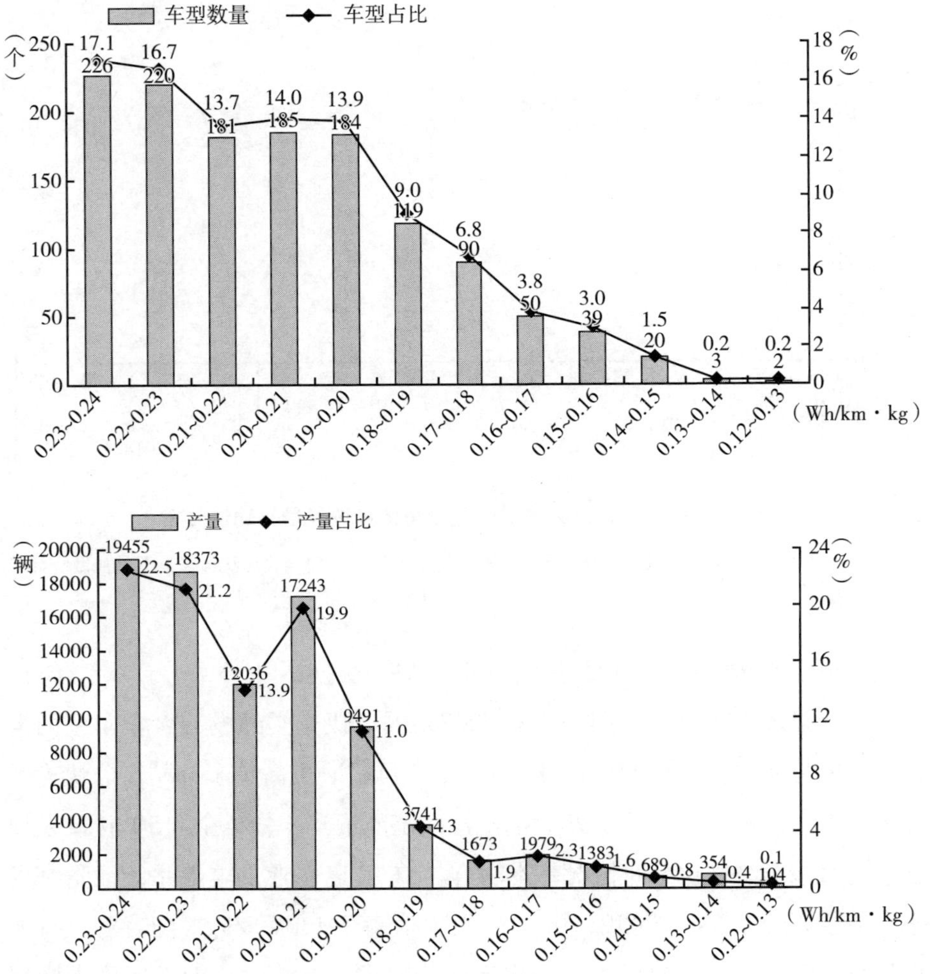

图 2　2017 年纯电动客车单位载质量能量消耗量车型和产量分布

2017 年，纯电动客车车型的 E_{kg} 平均值为 0.205Wh/km · kg；2018 年，第 1 ~ 第 6 批目录中的纯电动客车车型的 E_{kg} 平均值为 0.183Wh/km · kg（见图 3）。单位载质量能量消耗量是评价纯电动客车有效电能利用效率的技术指标，体现了载客量和能量消耗率的技术水平。一方面，整车轻量化技术有效降低整车重量，提高车辆承载空间，提高车辆装载附加质量；另一方面，客车用动力系统的传动效率不断提高，有效降低能量消耗量。因此，随着补贴政策的调整，对 E_{kg} 指标的要求进一步提升，意在鼓励先进技术产品的推广应用。

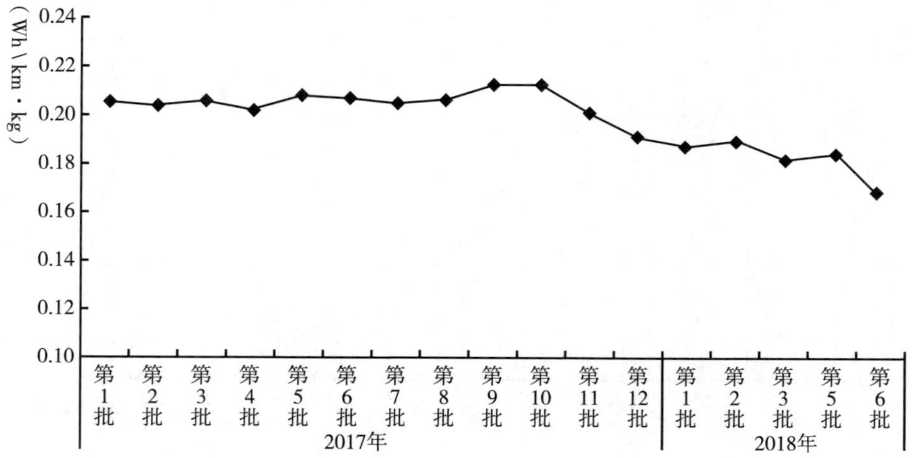

图 3　2017 年和 2018 年单位载质量能量消耗量平均值分布

注：2018 年第 4 批目录中只有一个非快充类纯电动客车车型，故在此省略，不单独做统计分析。

2. 电池系统能量密度主要集中在最高补贴门槛以上

图 4 显示，2017 年，目录中有 72.7% 的非快充类纯电动客车车型的电池系统能量密度分布在 115Wh/kg 及以上，可获取最高单车补贴；非快充类纯电动客车产量中有 70.9% 车型的电池系统能量密度分布在 115Wh/kg 及以上，与目录车型占比分布情况基本吻合。前 10 名企业的电池系统能量密度平均值主要分布在 110 ~ 125Wh/kg，最大值高于 130Wh/kg。随着客车行业市场竞争激烈以及客户对产品提出高性能要求，电池系统能量密度不断提

高，主流客车企业也在积极提前做好电池系统能量密度提升的技术储备，以适应市场需求。

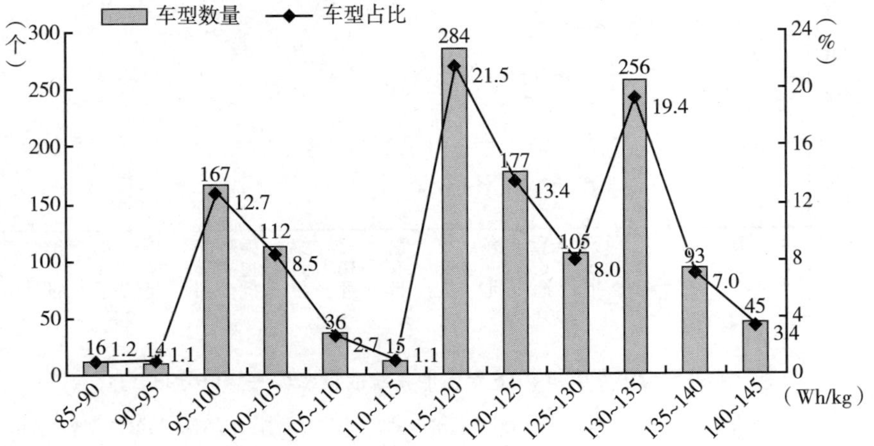

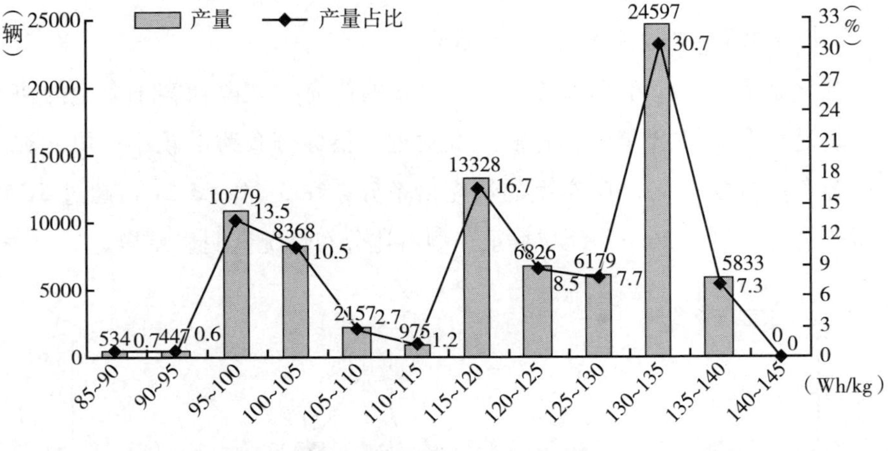

图 4　2017 年纯电动客车电池系统能量密度车型和产量分布

2017 年，纯电动客车的电池系统能量密度平均值为 119Wh/kg；2018 年，第 1～第 6 批目录中的纯电动客车车型的电池系统能量密度平均值为 139Wh/kg（见图 5）。目前，新能源客车仍主要应用磷酸铁锂电池，考虑磷酸铁锂电池技术极限，技术指标提升幅度有限；此外，三元电池技术水平仍难以满足《电动客车安全技术条件》中的热失控和热失控扩展试验要求，客车企业对三元电池在客车上的使用仍持谨慎态度。

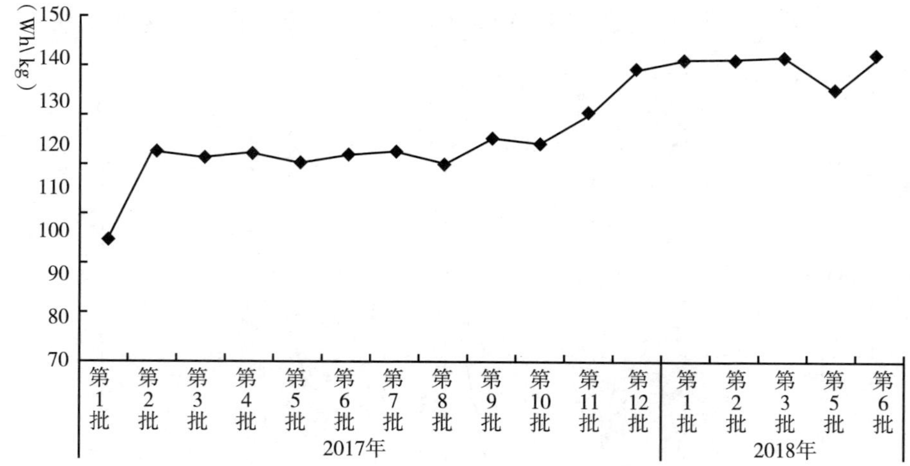

图 5　2017 年和 2018 年电池系统能量密度平均值分布

注：2018 年第 4 批目录中只有一个非快充类纯电动客车车型，故在此省略，不单独做统计分析。

3. 快充倍率技术水平有待进一步提升

图 6 显示，2017 年，目录中有 60. 4% 的快充类纯电动客车车型的快充倍率超过 5C，且主要集中在补贴门槛附近，指标分布跨度较小；快充类纯电动客车产量中有 71. 5% 车型的快充倍率分布在 3. 1C ~ 3. 2C，超过 5C 的车型产量占比仅为 26. 6%，与目录车型占比分布情况有明显差异。

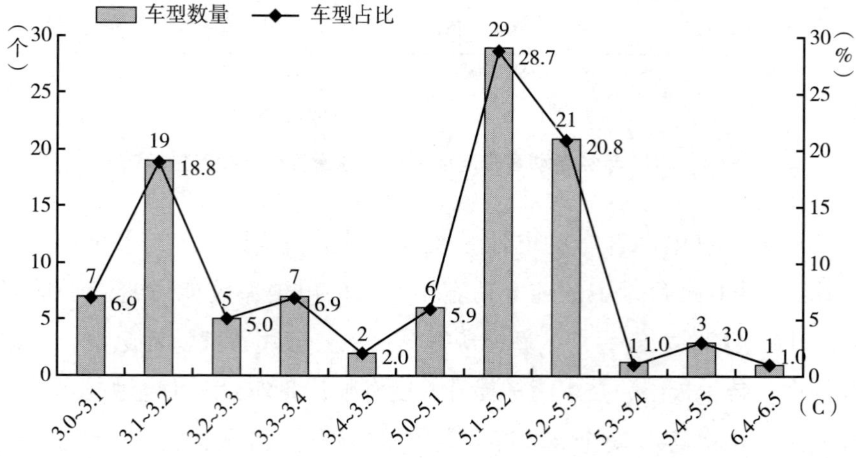

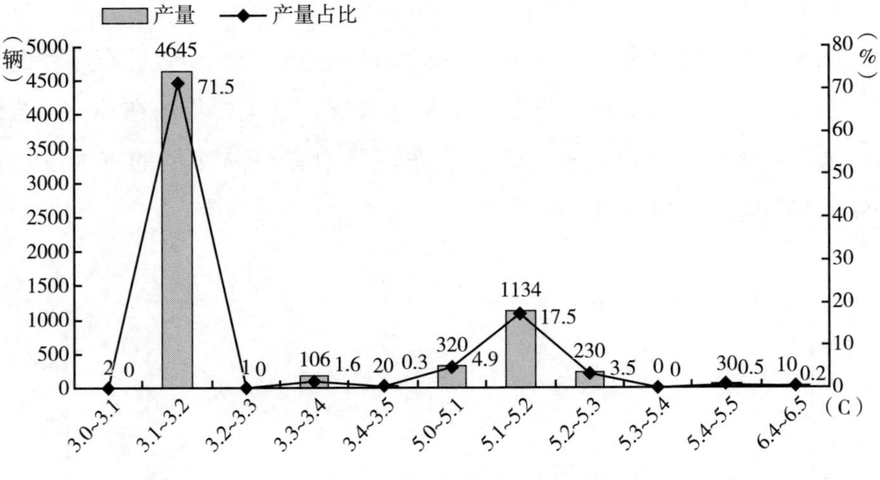

图 6　2017 年快充类纯电动客车快充倍率车型和产量分布

2017 年，快充类纯电动客车的快充倍率平均值是 3C；2018 年，第 1 ~ 第 6 批目录中车型的快充倍率平均值是 4C（见图 7）。快充倍率技术指标提升仍有待加强，低快充倍率的车型市场优于高快充倍率的车型市场，这可能与充电设施快充技术水平和配套建设不完善有直接关系。

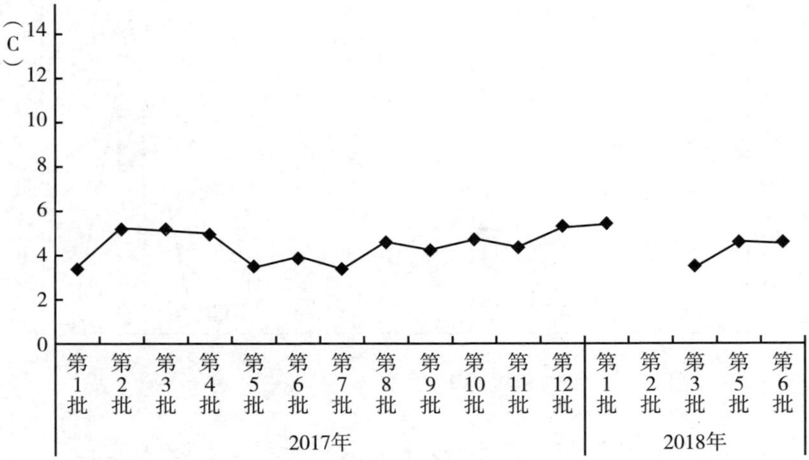

图 7　2017 年和 2018 年快充倍率平均值分布

注：2018 年第 2 批和第 4 批目录中均没有快充类纯电动客车车型。

4. 节油率水平提升节能减排效果

图 8 显示，2017 年，目录中有 62. 7% 的插电式混合动力客车车型的节油率超过 50%，30. 8% 的车型节油率超过 60%，且主要集中在补贴门槛附近；从产量来看，插电式混合动力客车产量中有 69% 车型的节油率超过 50%，42. 3% 的车型节油率超过 60%。

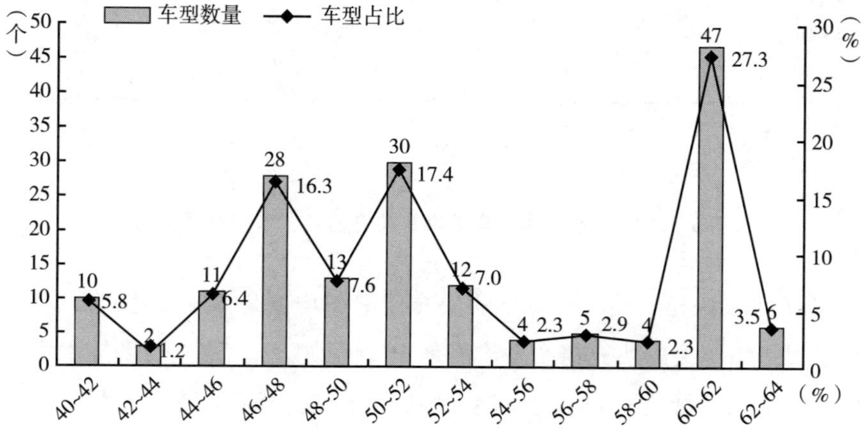

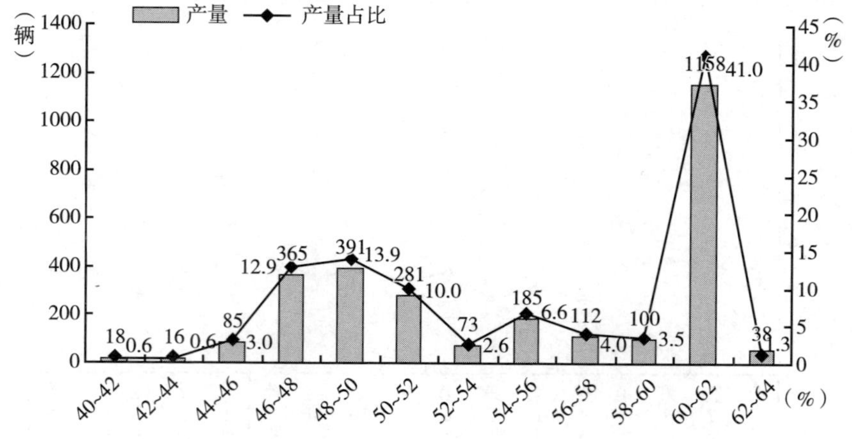

图 8　2017 年插电式混合动力客车节油率水平车型和产量分布

2017 年，插电式混合动力客车的节油率平均值是 53%；2018 年，第 1 ~ 第 6 批目录中插电式混合动力客车的节油率平均值是 54%（见图 9）。

随着高效电驱动系统、智能启停设备、节能型电附件系统等先进技术的研发和应用，插电式混合动力客车可显著降低油耗，提高整车的节油率水平。

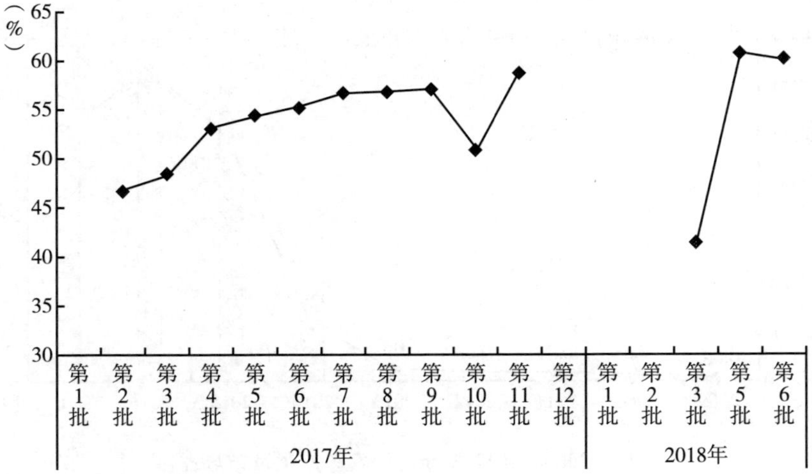

图9　2017 年和 2018 年节油率水平平均值分布

注：2017 年第 1 批、第 12 批和 2018 年第 1 批、第 2 批目录中的插电式混合动力客车车型均为气电混合，没有节油率数据；2018 年第 4 批目录中没有插电式混合动力客车车型。

（三）市场进入稳定发展阶段

1. 整体市场保持稳步发展

节能与新能源客车补贴政策自 2009 年实施以来，便成为推动整体市场稳定持续增长的重要因素。新能源客车产量年均复合增长率超过 125%，在新能源汽车市场的占比从 2009 年的 0.06% 快速增长到 2016 年的 28%。截至 2017 年年底，新能源客车保有量超过 30 万辆，占到客车整体保有量的 22% 左右。

其中，2009 ~ 2012 年，新能源客车经过“十城千辆”示范推广工程，初步形成百辆级小范围内的市场导入，市场增长缓慢，占客车市场的比重不到 1%。2013 ~ 2016 年，新能源客车补贴政策逐步完善，在前期技术积累和示范推广的基础上，市场得到爆发式增长，已形成全国范围内的万辆级规模化推广应用，占客车市场的比重超过 20%。2017 年，受骗补事件和补贴政策调整影响，新能源客车市场出现一定幅度的下滑（见图10）。但随着企业技术创新和新产品开发的推进，新能源客车市场未来将保持总体稳定。

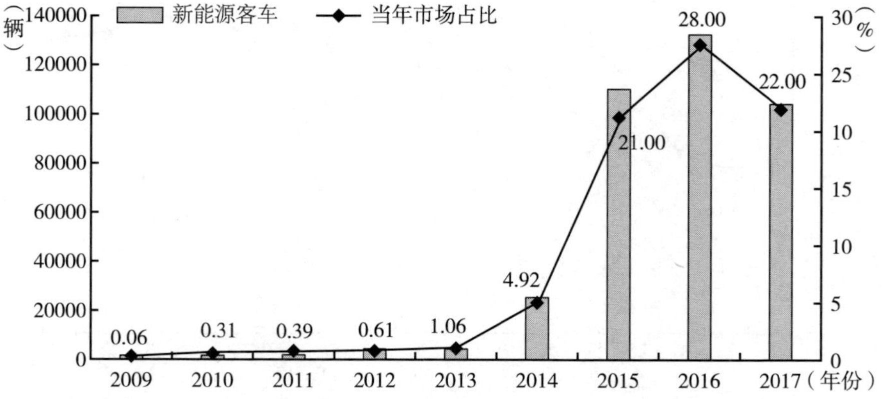

图10　2009～2017年新能源客车产量及市场占比

资料来源：新能源汽车合格证产量数据。

2. 细分市场受政策影响明显

从动力类型上分析，客车领域从以混合动力车型为主转向以纯电动车型为主。2009～2012年，补贴政策以推广混合动力车型为主，推动普通混合动力客车市场发展，普通混合动力客车在新能源客车市场的占比高达70%以上。自2013年补贴政策取消普通混合动力客车的补贴，以及纯电动客车技术的逐渐成熟，纯电动客车市场得到快速发展，占比已提升到80%以上，而氢燃料电池客车尚处于研发推广阶段（见图11）。一方面，受补贴政策直接影响，纯电动客车补贴金额相对较高，补贴退坡降幅较小，市场获得政策鼓励并得以迅速发展；另一方面，新能源客车主要应用于具有固定站点的公交车领域，纯电动技术路线既符合节能减排的严格要求又满足了使用需求。

从细分长度段上分析，客车主力销售车型从以10米以上车型为主，转向多元长度段有序发展。2009～2012年，新能源客车补贴政策仅补贴10米以上车型；2013年，补贴政策细化并覆盖6米以上纯电动客车长度段，插电式混合动力客车车型仍仅限于10米以上。因此，2013年以前，几乎所有的新能源客车全是10米以上的车型。2016年，纯电动和插电式混合动力客车补贴政策均细化了长度段，可享受到财政补贴的车型包括 6 米及以下和 6 米及以上。目前，由于客车技术发展和城市公交市场需求，新能源客车以 8～10 米及 10 米以上为主，两者市场占比超过 85%。但随着二、三线城市以及城镇公交车使用需求释放，中小型新能源客车市场将获得进一步发展。

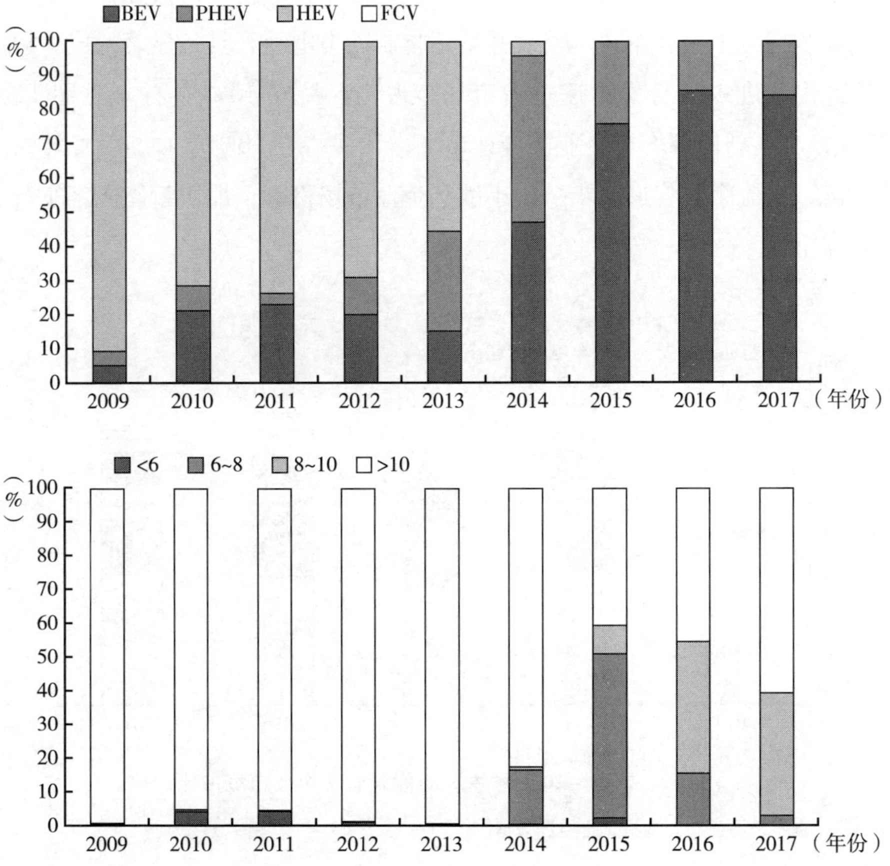

图 11　2009～2017 年节能与新能源客车按动力类型和长度段产量占比

注：BEV 指纯电动客车，PHEV 为插电式混合动力客车，HEV 为普通混合动力客车，FCV 为氢燃料电池客车。

资料来源：节能与新能源汽车合格证数据。

3. 主流客车企业已形成市场优势

随着政策红利推动下的客车产业电动化发展，新进入者逐渐打破传统客车企业市场格局，促使传统客车企业、新进入客车企业重构行业格局。经过近 10 年的竞争，新能源客车市场已形成相对稳定的格局。

宇通、中通、福田凭借传统客车市场优势，加强新能源汽车技术储备和系列产品开发，仍占据着市场优势地位；其中，宇通积极布局纯电动、插电式、氢燃料电池客车全系列产品，具备较大的市场优势，占比超过 20%。比亚迪坚持纯电动客车技术路线并采用自制动力电池，具备显著的成本控制优势，以新进入者身份迅速抢占市场，占比保持在 10% 左右（见图 12）。前 10 家主要新能源客车企业的合计市场占比保持在 70% 左右，随着补贴政策退出，主流企业将进一步挤压小散乱企业市场份额，加快新能源客车行业的兼并重组。

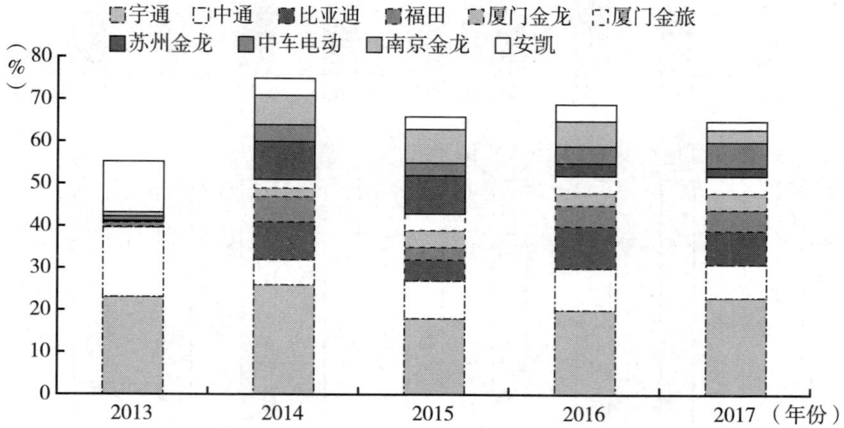

图 12　2013 ~ 2017 年主要新能源客车企业市场占比

资料来源：新能源汽车合格证数据。

（四）未来政策趋势分析

根据产业技术、成本和市场规模情况，2021 年前新能源汽车补贴政策将适时调整，以进一步推进技术进步。2020 年后，新能源汽车补贴政策将退出，新能源客车市场进入后补贴时代，政府管理部门将充分发挥非补贴支持政策，保障市场可持续稳定发展。

1. 2020年前补贴政策仍以鼓励技术进步为原则

新能源汽车补贴政策需引导技术水平逐步提升而不影响技术路线，保证优质产品发展而不影响安全使用。新能源客车技术指标仍以提升动力性、降低能耗为重点发展方向，加强优势产品推广。

（1）单位载质量能量消耗量仍有提升的空间

单位载质量能量消耗量（E_{kg}）受电池技术水平和整车设计工艺水平（装载质量）等因素影响，一方面，需要不断提高配套电池的技术水平，降低整车的电能消耗率；另一方面，需要加快车身骨架及座位等部件的轻量化技术研究，提高整车的最大允许装载质量，进一步提升技术指标。

此外，依据 GB/T 18386－2017《电动汽车能量消耗率和续驶里程试验方法》修订内容，以及中机车辆技术服务中心发布的《关于执行〈关于调整完善新能源汽车推广应用财政补贴政策的通知〉中若干问题的理解》，在等速法下测试，城市公交车试验附加质量增加至 65% 最大设计装载质量，E_{kg}加严幅度的影响相对可控；其他客车类型试验附加质量增加至 100% 最大设计装载质量，E_{kg}加严幅度的影响相对较大。因此，补贴政策加严 E_{kg}将对公路类纯电动客车提出更高要求。

（2）磷酸铁锂电池系统能量密度技术提升面临挑战

2017 年 10 月，科技部在其发布的《新能源汽车重点专项 2018 年度项目申报指南》中提出，到 2020 年客车电池系统能量密度不小于 170Wh/kg。为推进纯电动客车技术进步，补贴政策将会进一步加严对电池系统能量密度的要求。而目前 80% 以上的非快充类纯电动客车以配套磷酸铁锂电池为主，其系统能量密度极限值为 150～160Wh/kg，未来技术突破空间受限。

目前，客车行业也开始有序推进三元电池的配套使用，主要体现在：一是自 2017 年 1 月 1 日起，三元电池在客车上的应用得到解禁；二是 2017 年 12 批新能源汽车推荐目录中，有 3 款纯电动客车配套了三元电池。但是，《电动客车安全技术条件》中的热失控和热失控扩展试验对三元电池技术水平提出了严格要求，在安全技术问题尚未得到解决前，主流客车企业对三元电池在客车上的规模化应用仍将持谨慎态度。

（3）完善插电式混合动力客车节能减排效果衡量指标

补贴政策仅对油电混合动力客车的节油率指标提出了门槛条件，未对气电混合动力客车的节气率指标提出明确要求，造成插电式气电混合动力客车产品在车型和市场上的占比明显偏高。在2017年12批《新能源汽车推广应用推荐车型目录》中，插电式混合动力客车共计399款车型，气电混合动力客车和油电混合动力客车的车型占比分别是57%和43%；产量占比分别是74%和26%。

中机车辆技术服务中心在2009年发布的《关于受理节能与新能源汽车节油率与最大电功率比技术认定申请的通知》中，明确了节油率检测要求及计算方法；2010年发布的《关于受理NG燃料节能与新能源汽车节气率与最大电功率比技术认定补充要求》，明确了节气率检测要求及计算方法。因此，为了强化气电混合动力客车节能减排效果，体现鼓励先进技术的政策效益，政策将不断完善插电式混合动力客车的技术指标要求，推进市场良性发展。

2. 2020年后补贴时代政策继续推动公共服务领域推广应用

公共服务领域是新能源汽车推广应用的重要领域，未来仍需要继续加强新能源汽车在公共服务领域的推广应用工作。目前公共服务领域的推广应用政策多采用“一刀切”的方式在不同区域开展，但实际上不同区域的社会、经济、文化、环境等情况具有异质性，需要出台具有差异性的推广应用政策来提高推广应用效率。

一是落实中央国家机关、新能源汽车推广应用城市的政府部门及公共机构购买新能源汽车占当年配备更新车辆总量50%以上的比例要求，并逐年提高这一比例要求；二是建立完善惩罚联动机制，推动公交车燃油补贴改革，一方面对未达到当年新能源汽车更新比例要求的城市，扣减当年应拨油补数额的20%；另一方面规定大气污染严重区域的新能源汽车更新比例为100%，并酌情扣减未达到百分之百更新比例要求城市的公交车燃油补贴；三是鼓励地方城市在公交、出租、环卫以及物流等领域试点电动化转型措施，明确规定更新替换车辆应百分之百为新能源汽车；四是加快研究出台商用车积分管理制度，推动建立市场化机制，倒逼企业加强新能源客车产品研发和生产布局。由于客车具有多元化产品结构和广泛的应用领域，商用车积分制度需综合考虑客车的主要结构参数和性能指标，合理设置核算方法。

三 新能源客车发展趋势及建议

在补贴等一系列扶持政策的推动下，新能源客车产业和市场取得了良好发展。虽然新能源汽车补贴将逐步退坡直至完全退出，但在燃油车禁售、智能化技术应用等大背景下，新能源客车仍面临着良好的发展机遇。

（一）政策调整促使客车行业形成优质市场

新能源客车行业存在明显的“企业散乱冗杂、产品杂乱繁多”不良现象，通过政策调整提升技术指标要求，降低补贴金额，对企业产品研发投入和成本控制提出高要求，将对市场发挥良好的筛选效果。一是合理有序地提升新能源客车技术指标，可加快淘汰只追求补贴、缺乏技术创新的边缘企业，进一步倒逼主流企业加快技术创新，提高优质企业和产品的市场占有率；二是补贴退坡将加速客车产业市场化发展，加快行业洗牌进程，使得具有规模效应的优势企业在市场上的优势更加突出，有利于客车产业承接商用车积分管理制度。三是适时将中国汽车行驶工况在新能源汽车产业先试先行，真实反映我国车辆真实的能耗水平。

建议企业：一是提高自主创新和正向研发能力，不断提高车辆在动力性、能耗、安全可靠性等方面的技术水平，解决新能源客车使用过程中存在的“痛点”，包括续驶里程、充电时间、使用安全等；二是有效整合资源，推动全产业链发展，优化生产成本，加强高可靠性、高性价比的新能源客车产品开发和推广；三是提前布局基于中国工况的车辆试验检测，加强适用于中国工况的产品和技术研发。

（二）全方位推进产品布局和市场拓展

2017 年 9 月，国家工信部副部长辛国斌在泰达论坛上宣布启动研究中国禁售燃油车时间表；2018 年 4 月，海南省省长沈晓明在博鳌亚洲论坛上表示初步考虑在 2030 年前，全岛全面覆盖清洁能源汽车。国家层面和地方层面均重视燃油车禁售问题，尤其在排放污染较为严重的商用车领域，客车行业可能成为中国燃油车禁售的重要切入点，将为新能源客车市场发展提供良好机遇。目前，新能源客车以公共服务领域的公交车市场为主，且三、四线城市电动公交车市场需求已逐步释放。随着长途客运产品不断丰富，新能源长途运营细分市场将逐渐形成。因此，新能源客车存在公交车稳定市场需求以及长途客运潜在市场发展的双重机遇。

建议客车企业一方面全面布局产品线，加强在通勤车、旅游车、长途客运车、燃料电池客车等产品方面的研发和生产，提高市场竞争实力；另一方面深耕一、二线大城市市场，发力公路客车市场，应用于团体、旅游、景区接驳等场景；并积极拓展三、四线城市“替换 + 新增”公交车市场，根据不同城市的经济、交通、出行结构等差异化特征，开发合适的新能源客车产品。

（三）加强智能化、共享化技术协同发展

在补贴退出后，新能源汽车将形成市场化竞争机制。在电动化、智能化、共享化变革的驱使下，汽车产业与相关技术融合进程加快，充分发挥先进技术优势开发新产品、拓展新业务、延伸产业价值链，将成为企业提升核心竞争力的有效途径。对于客车领域，一方面，公交车具备固定线路和专用车道、行驶速度低等特点；另一方面，社区接驳车、园区通勤车、景区接驳车等固定应用场景下中短距离的高品质出行需求增加，为智能化、共享化技术应用提供了良好的应用场景和使用环境。

建议企业一方面加强智能化技术研发和应用，开发适合公交车、接驳车、通勤车等应用场景下的智能化产品，加快形成规模化、品牌化、多样化效应，抢占国内市场；另一方面，发挥整车、互联网企业、运营商等多方资源优势，发挥强强合作优势，利用智能化和共享化技术提供定制化出行服务，提高各方的资源配置效率，降低成本。

B.6
我国客车制造工艺分析

裴志浩*

摘　要： 我国客车制造业经过二三十年的发展，整体技术水平得到了快速发展，客车制造工艺和生产线装备水平有了极大提升，目前处于世界领先水平。主流客车企业在工艺装备方面的持续投入，不但大幅提升了企业的生产效率，更保证了客车产品质量的稳定和提高，同时还带动了行业的技术进步。

本文列举了部分优秀客车企业在工艺装备上的创新举措并总结认为，各种数字化加工设备和机器人的普及，先进的电泳涂装线和自动装配线的应用，是客车行业近年来在制造工艺和生产装备方面的重大进步，也代表了未来的发展方向。

关键词： 客车制造　客车工艺　机器人　生产线

20世纪90年代，在引进国外先进客车制造技术的基础上，结合国内客车行业的自主创新，我国客车制造业整体技术水平获得了快速提高，新材料、新工艺、新技术在客车上得到广泛应用，客车制造工艺和技术水平迅速提升。目前，我国客车生产企业不仅在制造能力上位居世界第一，在制造技术和装备水平上也处于世界领先水平。

---

* 裴志浩，中国公路学会客车分会高级技术顾问，曾任长沙客车厂副厂长、总工程师，中国公路车辆机械有限公司副总经理，中国公路学会客车分会秘书长，全国汽车标准化委员会客车分技术委员会秘书长。

据不完全统计，国内产能超万辆的客车企业（不含轻客制造厂，下同）约有18家，其中超3万辆的有6家，宇通客车全负荷产能更是可达日产500辆，年产超过12万辆，堪称世界之最。

目前，我国以宇通客车为代表的主流客车制造企业采用了当代最新的生产工艺，工艺装备先进齐全，掌握了先进的客车车身和底盘制造技术；主要钣金件、覆盖件实行模具化生产，实现了车身构件的数控落料及数控成型，提高了零部件的生产精度；车身焊装采用了车身骨架联装组焊设备、侧围蒙皮液压张拉设备、顶盖蒙皮自动点焊设备等大型专用设备。而先进的电泳涂漆、涂装和总装自动装配线、高水准的客车检测线不仅大幅提升了生产效率，更保证了客车产品质量的稳定和提高。

一　半成品加工工艺

（一）板材加工工艺

（1）板材下料采用激光切割机+自动化上下料系统，多台光纤激光切割机共用一套自动上下料系统及自动料库，实现自动排版、自动上下料和生产任务智能处理，生产效率大幅度提升，缩短了产品交付周期。

采用多工序精密连续模，实现开卷、校平、冲孔、成型多工序自动化生产，加工效率提升了80%，加工精度误差小于0.2mm。

（2）在板材成型方面，数控折弯机得到广泛应用，汽车关键零部件采用高精度折弯机加工，开发折弯机械手与折弯机连线生产，实现上料、定位、折弯、码垛自动化生产。

（3）车身冲压覆盖件使用机器人三维激光切割机加工，有效保证了三维冲压件的外廓尺寸（误差小于0.1mm），通过切换支撑夹具即可实现多品种加工，减少了模具的过多投入，同时缩短了交货期。

宇通客车首创直角剪下料柔性生产线，加工精度为±0.2mm，达到钣金下料领先水平，实现了从自动上料、工件剪切到机器人智能分拣码垛全工序的自动化生产；开发了全自动拉带专机加工流水线，将开卷、下料、冲孔、折弯、弯弧和焊接6道工序组合在一起，实现了从原材料到成品的全自动流水线加工，保证了质量稳定；汽车底盘U形纵梁采用三面数控冲孔柔性线加工，实现上料、三面冲孔、斜头在线切割、码垛的全自动流水线加工，具备在线误差检测及修正功能，冲孔精度可达0.15mm，达到国际领先水平。

（二）型材加工工艺

（1）客车骨架大批量采用700MPa等级以上超高强型钢（较普通钢材强度高出2~3倍），降低整车重量，节省油耗，为客户降低运营成本。

（2）采用全自动数控直切锯加工工艺，实现加工任务批量导入、自动套裁排版功能，设备成本降低一半，实现低成本提升加工质量，代替了传统冲床和带锯下料的加工工艺；切断面垂直度和切割质量达到机加工水平，型材下料精度达到±0.25mm，支持机器人焊接自动化推广。

宇通客车采用激光切割型钢工艺，集束式自动料架适应材料种类高达30种以上，行业内柔性程度最高；参数化编程针对客车产品定制开发，功能高于国际标准工艺，加工精度达到±0.25mm，加工效率提升200%，型钢磷化自动装框工艺也为首次开发使用，适合多品种材料共线生产。型钢装筐效率提升64%以上，实现型钢原材料装框自动化。此外，为了实现客车行业工业4.0，宇通客车在半成品加工中引进80多台弧焊机器人，涵盖ABB、发那科、KUKA、松下等国际一线品牌，机器人覆盖度在客车行业处于领先水平。

（三）型材成型工艺

为了提升弯弧产品加工品质，行业内主流厂家开发引进数控推弯工艺和滚弯工艺，实现弯弧成型全机械化加工，代替了行业多年传统手工校正的加工方法；在拉弯工艺中，全程采用有芯棒加工，在最小圆弧处的截面变形量≤2mm，彻底改变弯梁分段拼焊工艺，实现大半径与小半径变弧度一次加工完成，在满足产品外观需求的同时保证了加工质量。

二　焊装工艺

焊接自动化

（1）弧焊机器人配备以激光扫描为代表的多种传感器技术，使自动化焊接质量提升到95%以上；配合高精度夹具的应用，零件精度可以控制在±2mm。

（2）顶盖总成自动点焊流水线。顶盖蒙皮自动液压张拉和点焊工艺极大提升了顶盖的平整度、密封性和防腐效果，自动化生产装备确保了生产的高效率和产品的一致性。

（3）新型数字化合装设备应用。宇通客车不断探索，自主创新，通过网络化控制模式，实现骨架合装胎具各个活动单元的自动控制与手动控制，自动化程度大幅提升；采用50多套伺服系统加丝杆传动机构，实现了精确定位；采用气动和液压夹紧机构，保持骨架精度与理论值贴合，实现了定位和夹紧的柔性化、自动化。

（4）车身侧蒙皮复合成型新工艺应用。提升蒙皮平整度是提高整车外观质量的关键。宇通客车经过多年的不断摸索、自主创新，成功开发出车身侧蒙皮复合辊压、冲压成型新工艺，通过辊压工艺、冲压工艺有机结合，将侧蒙皮轮罩口、舱门洞口、油箱口、格栅口等由传统的分块冲压、线上切割、拼焊工艺升级为线下一体化整体辊压、冲压成型，整车侧蒙皮平整度由原来的3~4mm提升至1mm，大大提高了整车面漆完工后的鲜艳性及光泽度。通过把目前单一蒙皮成型工艺进行整合，将辊压成型技术、冲压成型技术、自动控制技术等充分结合，颠覆了客车外蒙皮覆盖件传统的成型工艺，为后续客车外蒙皮成型找到了一种低成本、高效率的新型成型工艺。

三　整车电泳

近年来，涂装技术越来越受到客车企业的重视，良好的涂装技术可以延长客车使用寿命，提高企业产品的竞争力。目前，世界汽车生产中有92%

使用电泳涂料，其中90%采用阴极电泳涂料。传统大客车涂装一般采用喷涂环氧防锈底漆，再喷涂低温中涂漆和低温金属漆。环氧防锈漆不仅耐酸雾性远远低于电泳漆，而且大客车的边缘、棱角、车体内腔、夹缝等喷涂盲区部位容易产生锈蚀。而电泳漆却不存在这些问题，并且电泳漆以水为溶剂，VOC排放低，符合环保要求。由于电泳涂装在实际运用中显示出优质、高效、安全、经济、低污染等优点，因此受到世界各国的重视，特别是在汽车生产中得到广泛应用。但客车生产由于数量远低于轿车和卡车，因此即使在汽车制造工艺发达的欧美国家，其客车生产中电泳涂装也很少采用。

（一）电泳涂装

（1）阴极电泳。整车为阴极，电泳槽中设阳极，通过两电极之间的通电，在整车内、外表面通过物理过程和化学反应形成涂膜。国际研究表明，此项技术可以使客车8年左右不发生结构性锈蚀。

（2）防腐蚀效果。经过脱脂、表调、磷化、电泳、烘干等工序，保证整车内外表面及腔体缝隙全方位细腻电泳。

（3）表面质量。电泳涂层的均匀性、平整度远远好于非电泳工艺，面漆平整度、光泽度同时大幅提升。电泳后配合中面漆涂层等，在车身表面形成5层防护。

（4）电泳涂装工艺主要工艺流程如下：热水洗→预脱脂→主脱脂→水洗→表调→磷化→水洗→纯水洗→电泳→超滤水洗→纯水洗→烘干→冷却→检验。

（5）设备组成。电泳涂装的主要设备由电泳槽、控制装置、涂料过滤装置、温度调节装置、涂料管理装置、直流电源装置、电泳涂装后水洗装置、超滤装置、烘干装置和备用罐等组成。

（二）主要客车厂家普遍采用电泳涂装

客车体积庞大，结构复杂，再加上小批量、多品种的特点，使得客车实现整车涂装的技术要比轿车困难得多，整车电泳漆用量也要比轿车大很多。

客车产品制造周期成本要远高于轿车，所以即使在世界客车制造技术中心的欧洲，也只是极个别国际著名客车企业使用客车整车电泳技术。而在国内，由于客车生产规模的扩大和发展，年产超过万辆的客车企业几乎都采用了整车电泳涂装。国内主要客车厂家电泳工艺见表1。

表1　国内主要客车厂家电泳工艺

厂家	电泳形式	电泳工艺
宇通客车	整体车架(2条) 整体车身(2条)	阴极电泳
厦门金龙	整体车身(1条)	阴极电泳
厦门金旅	整体车身(2条)	阴极电泳
中通客车	整体车身(1条)	阴极电泳
苏州金龙	整体车身(2条)	阴极电泳
北汽福田	整体车身(2条)	阴极电泳
安凯客车	整体车身(1条)	阴极电泳
东风襄阳旅行车	整体车身(1条)	阴极电泳
亚星客车	整体车身(1条)	阴极电泳
少林客车	整体车身(11条)	阴极电泳
南京依维柯	整体车身(2条)	阴极电泳
珠海银隆	整体车身(3条)	阴极电泳

宇通客车总投资超过6亿元，用于客车车身整体电泳涂装处理。建成投产的客车整车电泳实现了全线自动化控制；前处理药剂和电泳涂料分别采用德国、日本、美国等合资产品，在生产工艺、设施装备达到国际先进水平的同时，在规模、产量等方面都可称得上全球第一。

宇通客车拥有车架电泳线2条和车身电泳线2条，能够电泳的最大整车车身尺寸为14000mm×3000mm×3995mm，其电泳涂装生产线见图1。

四　涂装工艺

国内客车行业中，近年来宇通客车、中通客车、亚星客车等厂家在中涂

图 1　宇通客车电泳涂装生产线

工序中开始采用机器人进行喷涂。宇通客车与德国杜尔公司合作，引进了世界上最先进的 7 轴喷涂机器人（见图 2）。2013 年 3 月伴随着清漆自动喷涂机器人的投产使用，宇通客车成为世界范围内首家在中涂、面漆、清漆三个喷涂环节全部采用喷涂机器人的客车企业。在客车领域，只有德国奔驰（Evo-bus）在中涂、面漆喷涂方面采用机器人。

宇通客车 7 轴机器人喷涂的特点包括：

（1）机器人灵活性好。采用 7 轴机械手，柔性高，灵活性强，15 米空间内仅通过两个机械手就可以完成不同车型的整车面漆喷涂作业。

图 2　宇通客车喷涂机器人

（2）喷涂效率高。金属漆由原来的人工喷涂 80 分钟/台缩短到现在的 50 分钟/台，素色漆由原来的人工喷涂 50 分钟/台缩短到现在的 20 分钟/台。

（3）油漆利用率高。采用静电旋杯喷涂技术，油漆利用率提高 30% ~ 40%（人工喷涂为 30% ~40%，机器人喷涂为 60% ~80%）。

（4）换色速度快。宇通客车面漆机器人引入拱珠系统，油漆换色、清洗时通过管道内珠子将管道内残存油漆、清洗溶剂快速顶出，可同时满足快速换色的要求并能减少油漆浪费。

（5）喷涂漆膜质量好。涂装质量稳定，面漆光泽度可提高 2 ~3 个百分点。

五　底盘工艺

（1）车架总成组焊流水作业。高档商务车应用液压控制的高精度夹具，胎具上实现正反面焊接，有效减少了车架变形和扭曲，使车架关键尺寸精度控制在 1.5mm 之内。

（2）自动化轮胎分装线。通过自动化设备及电脑逻辑控制，轮胎、轮辋自动化输送，自动套合及充气工艺，过程实现了无人化作业；100% 纯氮充气，使轮胎气压具备更高的稳定性；轮胎、轮辋及轮胎总成均采用自动化滚道输送，避免轮辋漆面划伤和轮胎划伤。

（3）发动机、悬架流水线分装及自动化输送。发动机、悬架采用柔性化的板链式流水线生产，保证产品质量的稳定性和一致性；采用空中输送自动化，将分装物料有序输送到装配线上，减少物流交叉，同时保证装配物料前后一一对应。

（4）快速便携式气密性检测设备。宇通客车联合厂家合作开发，智能检测，效率高，准确性高。

六　承装工艺

（1）乘客门备料输送。半自动化流水线 + 可旋转式工作台与自动翻转机械手，解决了人工搬运、翻转劳动强度大的问题，提升了乘客门备料装配效率。

（2）竹地板助力上车。“一对一”信息化布置，借助移栽机，自动转运并配料上车，竹地板按照对应车工号存入立体库，设备根据输入的车工号自动选取竹地板，将 1.5 米长度竹地板送入车内。工人只需将竹地板从设备上拉入车内，操作力小于 5kg，减少上车过程中的人工托举，提升了竹地板的上车效率。

（3）宇通客车采用玻璃涂胶机器人，实现了自动涂胶与转运；填补了客车行业承装工序无机器人应用的空白；胶型一致性得到很好控制，侧窗玻璃粘接质量得以保障；减少粘接胶浪费，涂胶机器人自动转运涂胶完毕的玻璃，提升了物流通畅性和玻璃涂胶的效率。

（4）前风挡玻璃助力安装设备。吸盘加翻转气缸的机械手，通过气动平衡吊实现沿垂直轨道上升下降，翻转气缸设定快捷键，能快速切换到吸附角度；垂直轨道通过转盘与上部“井”字形轨道连接，在工作范围内任意位置吸取玻璃助力安装。

七 机器人应用情况

目前，客车行业根据生产规模和工艺条件，机器人逐渐得到广泛的使用，机器人的应用改善了工人的工作环境，提高了工作效率，保证了产品生产的一致性，为提升客车产品质量提供了可靠的保证。其中，宇通客车和康尼车门在整车和车身零部件制造上大量应用机器人，取得了很好的效果。

宇通客车共计投入机器人数量150台，主要用于白车身分总成加工、焊装和涂装生产线，共计替代焊工和喷涂工580余人。通过机器人的投入应用，有效提升了焊接、喷涂的质量及效率，改善了员工作业环境，提升了产品品质。

其中，白车身分总成加工工序，开发和推广了100台机器人焊接工作站，替代焊工400人。通过工作站的自主集成和柔性化夹具的研发，有效提升了零件及分总成的加工质量和效率，焊缝一次合格率达到95%，同时在多品种、小批量产品柔性自动焊接加工模式上实现了突破。

在后高地板部件组焊中，开发了双机器人联动控制、柔性伺服夹具系统，实现了客车行业多品种、小批量产品柔性自动焊接的突破，其工作站如图3所示。通过结构模块化整合，将产品由136种整合成2种，开发出柔性伺服夹具，实现无级柔性切换，应用磁性定位块实现定位、夹紧，可满足1000多种产品加工；通过离线仿真模拟分析计算，合理分配焊接区域，实现两台机器人联动作业，加工节拍由人工焊接48分钟降低至机器人焊接14分钟。

在焊装工序，截至目前共计开发和推广了24台机器人，用于高效侧围机器人焊接工作站和前后围焊接工作站建设，共计替代焊工96人。

侧围机器人焊接工作站集成弧焊机器人集群系统、柔性工装系统、移载变位机系统、工装切换系统、工装库系统、除尘系统等6大系统（见图4），实现了机器人集群同步焊接、激光视觉焊缝识别、焊接参数智能选择、工装

图 3　宇通客车后高地板机器人焊接工作站

自动切换、工装库自动存储和重型移载变位机精确位控；通过多种扫描及寻位技术综合运用，同时配合多焊种焊接参数专家库，保证了焊接合格率目标达成。机器人焊接系统与工装储存、切换系统高度集成，实现重型工装快和速转换和精确定位，保障多车型混流自动化生产，关键尺寸精度达到 ±2mm，生产效率提升 40%，高效除尘设备减少 90% 的粉尘，有效改善了作业环境。当前，该工作站已先后投入 10 余套焊接工装，稳定运行 3 年多，累计生产 13500 余套侧围总成。

在涂装工序，截至目前宇通客车共计开发和推广了 22 台多功能静电喷涂机器人。通过机器人应用，实现中涂、面漆、清漆喷涂自动化，有效提升了喷涂质量及效率，给客户带来更好的车辆外观感受。具体应用见图 5 ~ 图 7。

涂装机器人的技术优点包括：

（1）灵活性好。采用 7 轴机械手，柔性高，灵活性强，仅通过两个机器手臂就可以完成长 13700mm、宽 2600mm、高 3880mm 车型的整车喷涂作业。

（2）喷涂效率高。金属漆由原来的人工喷涂 80 分钟/台缩短到现在的 40 分钟/台，素色漆由原来的人工喷涂 50 分钟/台缩短到现在的 15 分钟/台。

（3）油漆利用率高。采用静电旋杯喷涂技术，油漆利用率提高一倍（人工喷涂为 30% ~40%，机器人喷涂为 60% ~70%）。

图4　宇通客车侧围机器人焊接工作站系统构成

（4）喷涂漆膜质量好。涂层完整均匀，质量稳定，避免了手工喷涂中常见的色差。

南京康尼机电股份有限公司（以下简称南京康尼机电）是一家专注机电核心技术研究和应用的创新型企业，主要生产轨道车辆和客车用塞拉门，年产60000多套车门。该企业在智慧制造、智慧管理、智慧供应链、智慧产品与服务、智慧决策五大方面，已全面推进信息化与工业化的深度融合。

南京康尼机电在自动化车间内引进玻璃粘接机器人、抛光机器人、钣金

图5　宇通客车机器人喷涂中涂示意

图6　宇通客车机器人喷涂面漆示意

图 7　宇通客车机器人清漆喷涂示意

机器人和包边机器人等 12 台套机器人自动化设备；推进共计 50 多个自动化项目，可节省人工 100 人，年节省千万元以上。自动化车间数控自动化设备应用达到 71%，其中机器人自动化设备应用达到 24%，自动化设备联网设备比例达到 91%。

康尼车门门板蒙皮的制造采用机器人自动上下料，实现蒙皮冲裁、折弯加工的全自动化生产（见图 8）。

图 8　南京康尼机电机器人自动钣金加工

康尼车门 MIG 自动机器人焊接生产线的生产效率很高，适应多品种焊接；采用机器人与 K 型变位机结构进行门框焊接组件的上料、焊接、铣削焊疤、检测及下线，可以实现焊接全工序自动化生产（见图 9）。

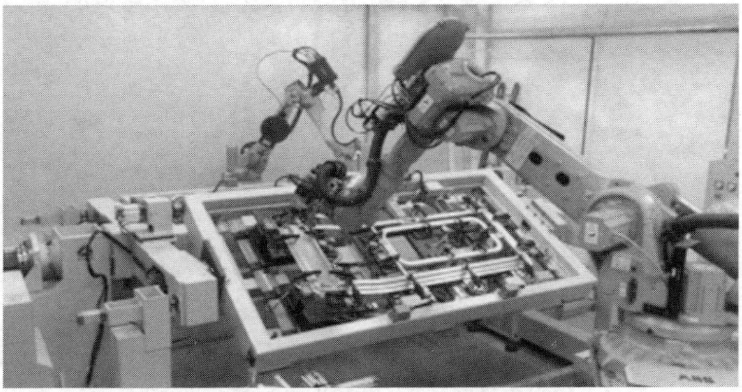

图 9　南京康尼机电车门焊接机器人

康尼车门玻璃的粘接由机器人实现精确供胶、玻璃安装及刮胶（见图 10）。

图 10　南京康尼机电玻璃粘接机器人

康尼车门的门板装配有四条生产流水线，其中抛光工序由机器人完成，实现了门板抛光工作的自动化（见图 11）。

图 11　南京康尼机电门板装配生产线上的抛光机器人

机器人在客车制造中的采用，极大提升了客车的生产效率，也大幅提高了客车产品的质量。随着客车制造业的技术进步和发展，机器人在客车制造中的应用将越来越广泛。

细分市场报告

Segment Markets Reports

B.7

新形势下道路客运转型升级趋势与对策

刘振国　龚露阳*

摘　要：　近年来，随着我国社会经济发展水平不断提升，高铁、民航以及私家车等交通方式快速发展，互联网出行平台也获得了长足发展，道路客运发展面临更加复杂的局面，转型升级迫在眉睫。本文详细梳理了我国道路客运行业发展现状，总结当前我国道路客运发展面临的突出问题，研判道路客运发展的未来趋势，提出了我国道路客运发展的战略定位、转型方向和发展思路，进而从运游融合发展、城乡客运一体化、定制客运、接驳运输、安全管理、集约化、车型等方面提出了促进我国道路客运转型发展的对策建议，为政府部门制定道

* 刘振国，交通运输部科学研究院综合运输研究中心战略与政策室主任；龚露阳，副研究员，现任交通运输部科学研究院综合运输研究中心运输服务室副主任，主要从事综合交通运输体制改革、道路客运和城乡交通相关研究工作。

路客运转型发展政策、道路客运企业转型发展提供决策参考。

关键词： 道路客运　转型升级　运游融合　接驳运输

近年来，随着社会经济发展水平不断提升，综合交通基础设施加速成网，高铁、民航以及私家车等交通方式快速发展，综合运输体系中客运市场格局正在不断进行调整，道路客运受到的冲击日益加大；同时，“互联网+”信息化技术在提供便利的同时，也使部分黑车平台化经营现象越来越猖獗，对现有客运市场带来巨大冲击，道路客运量呈现整体下降态势。党的十九大报告指出，新时代我国社会主要矛盾已经转化为人民日益增长的美好生活需要和不平衡不充分的发展之间的矛盾。当前我国经济已由高速增长阶段转向高质量发展阶段，道路客运发展面临的内外环境都发生了巨大变化。此外，交通强国的战略部署提出分阶段实现交通运输现代化，建成综合交通运输体系。在客运服务相关领域，交通运输部在道路客运转型升级、旅客联程运输、交通运输与旅游融合、城乡交通一体化和出租车改革等方面出台了一系列文件，这也为道路运输的发展营造出全新的政策体制环境。同时，新模式、新技术也不断在交通运输领域出现，道路客运行业到了转变发展方式、优化供给结构、转换增长动力的攻关期，如何抓住机遇，找准定位，迎接挑战，实现道路客运行业的再次快速发展，将是行业主管部门和全体市场从业者需要深入思考的课题。

一　行业发展现状

（一）继续保持主体地位，但呈现下降趋势

从运输总量看，2017 年我国共完成营业性客运量 184.86 亿人次，比 2016 年下降 2.7%，其中道路运输完成营业性客运量 145.7 亿人次，比 2016 年下降 5.6%；旅客周转量为 9765.2 亿人公里，比 2016 年下降 4.5%（见

图 1）。而与之相对应的是，2017 年铁路完成旅客发送量 30.84 亿人次，比上年增长 9.6%；民航完成旅客运输量 5.52 亿人次，比上年增长 13.0%。随着运输结构的持续调整，从宏观看，道路客运呈现供给总量过剩的局面。

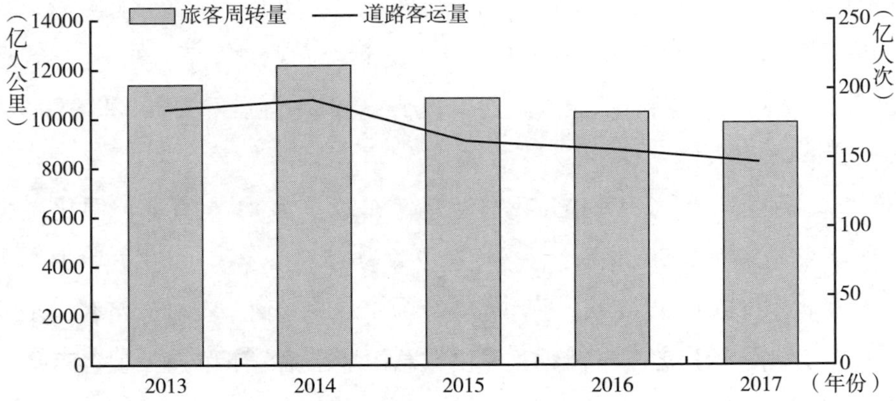

图 1　2013 ~ 2017 年我国道路客运量及旅客周转量变化情况

从运输结构看，道路运输继续在综合运输体系中发挥基础与主体作用。2017 年道路客运量和旅客周转量在综合运输体系中所占比例分别为 78.8% 和 29.8%。根据 2018 年上半年交通运输经济运行的总体情况，高速公路私家车通行量和民航客运量均保持两位数的增长率，分别为 10.2% 和 12.4%；铁路客运量也保持较快增长，其中高铁客运量占比超五成。道路客运量无论是所占比例还是绝对运量，都呈现逐步下降的趋势（见图 2）。

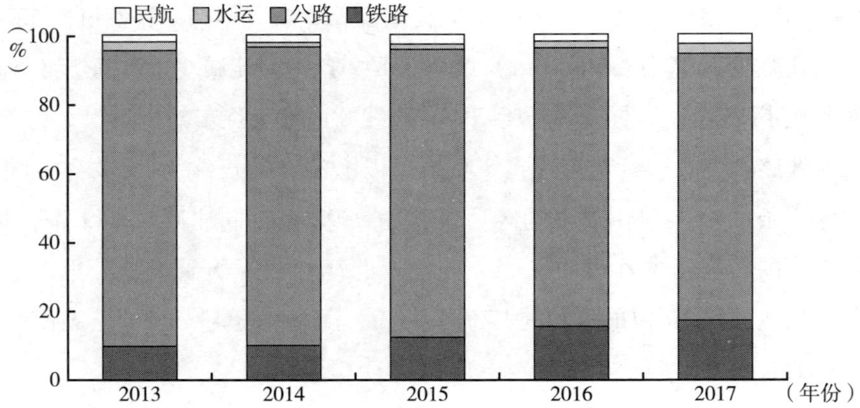

图 2　2013 ~ 2017 年我国道路客运量在综合运输中的占比情况

（二）市场主体平稳发展，运力结构不断优化

从总体数量看，2017 年我国从事道路旅客运输的经营者为 3.7 万户，其中道路旅客运输企业 1.1 万户，个体运输户 2.6 万户。从经营领域看，我国共有班车客运经营业户 3.4 万户；旅游客运经营业户 2077 户，包车客运经营业户 2864 户。共有从业人员 312.1 万人，其中客运驾驶员 220.9 万人，乘务员 49.3 万人。

从车辆规模看，2017 年，我国营运客车总量为 81.6 万辆，同比减少 2.9%；客位数为 2099.2 万个，平均客位数为 25.7 个/辆。其中，大型客车 30.6 万辆，与 2016 年持平，平均客位数为 43.8 个/辆。农村道路客运车辆达 31.6 万辆。营运客车车辆数及客位数总体呈小幅度下降，大型客车平均客位数同比有所增加。

从企业运力规模看，道路客运企业中拥有车辆数在 10 ~49 辆/户的比例最高，分别有 42.7% 的班车客运企业、54.8% 的旅游客运企业以及 49.1% 的包车客运企业的车辆数为 10 ~49 辆/户。

（三）线路服务类型多样，场站设施不断升级

从线路数量看，截至 2017 年底，我国共开通客运班线 17.4 万条，同比减少 4606 条，年平均日发班次 146.4 万次，同比减少 8.4 万次，减少 5.4%。其中，跨省线路 16550 条，同比减少 622 条，年平均日发班次 52063 次，同比减少 5.5%；跨地（市）线路 35819 条，同比减少 656 条，年平均日发班次 171871 次，同比减少 5.5%。班线开通数量逐步减少。

从线路长度看，营运里程在 800 公里以上的客运班线为 5132 条，同比减少 375 条；400 ~800 公里的客运班线为 9992 条，同比减少 549 条；400 公里以下的客运班线为 157911 条，同比减少 3683 条。开通 800 公里以上线路条数列我国前 10 位的省份是广东、浙江、河南、上海、江苏、湖南、湖北、广西、安徽、四川。

从场站设施看，全国客运站总数达 37.4 万个，同比增长 6.1%；其中

等级客运站19870个，同比减少837个，降幅为4.0%；等级客运站中，一级客运站881个，同比增长2.8%；二级客运站1940个，同比减少0.5%；三级客运站1835个，同比减少5.6%；四级客运站5597个，同比减少1.2%。其中，一级客运站和二级客运站日均旅客发送量1313.0万人次，占全部等级客运站发送量的70.7%，同比下降了0.4个百分点。

（四）深化改革持续推进，市场环境健康发展

从行业改革看，近年来交通运输部出台了一系列促进道路客运转型升级、促进行业持续健康安全发展的政策文件。2016年，交通运输部印发《关于深化改革加快推进道路客运转型升级的指导意见》，提出了推进道路客运行业改革的16项政策措施。各地交通部门以贯彻落实《关于深化改革加快推进道路客运转型升级的指导意见》（交运发〔2016〕240号）为核心，重点推进简化优化许可程序、推进道路客运价格市场化、引导客运企业拓展城市公交和农村客运市场、推行定制客运、提升道路客运联网售票服务能力等工作，提升道路客运发展质量、服务效能和综合治理能力，全面提升运输服务水平。截至2017年底，全国28个省份开展了道路客运转型升级宣贯培训工作，内蒙古、安徽、广东、贵州、陕西、山东等26个省份下发了本地区深化改革加快推进道路客运转型升级的实施意见及相关政策文件。为贯彻落实《中共中央国务院关于推进价格机制改革的若干意见》，交通运输部会同国家发展改革委积极稳妥推进道路客运价格市场化改革，明确了市场化改革总体思路。如浙江对与高铁平行的客运线路实行市场调节价，并将班车运价由备案制改为公告制，放开客运站站务费。

从城乡客运看，城乡客运蓬勃发展，日益成为民生工程和基本公共服务的保障。2016年，交通运输部等11个部委出台了《关于稳步推进城乡交通运输一体化提升基本公共服务水平的指导意见》（交运发〔2016〕184号），提出要加快推进城乡交通运输基础设施一体化建设、城乡客运服务一体化建设和城乡货运物流服务一体化建设。交通运输部发布《开展城乡交通运输

一体化建设工程有关事项的通知》（交办运〔2016〕140 号），启动了首批 50 个城乡交通运输一体化示范县建设。2017 年，城乡道路客运一体化水平达到 3A 级以上市县的比例接近 80%。全国乡镇和建制村通客车率分别达到 98.4% 和 95.2%，解决了 5.7 亿群众的出行问题。

从安全管理方面看，交通运输部印发了《道路客运接驳运输管理办法（试行）》（交运发〔2017〕208 号），积极推动长途客运接驳运输常态化、规范化，确保驾驶员真正落地休息，避免疲劳驾驶。目前全国共有 25 个省份、412 家客运企业、7600 余辆客运车辆、800 余个接驳点参与接驳运输试点。交通运输部、公安部和应急管理部还印发了《道路旅客运输企业安全管理规范》，同时发布了《平安交通三年攻坚行动方案（2018～2020 年）》，提出了关于企业责任、行业管理和政策保障等一系列工作要求。

（五）与相关产业初步融合，技术模式不断创新

从运游融合看，在宏观政策方面，交通运输部不断加强与国家旅游部门的协作，在多个文件里都提出了“加强旅游交通基础设施统筹规划”“构建快进慢游交通网络”“提升旅游客运服务水平”等要求。《“十三五”现代综合交通运输体系发展规划》强调应夯实贫困地区交通基础，改善农村旅游景点景区等交通运输条件，发挥交通旅游的扶贫带动作用。2017 年年初，交通运输部、国家旅游局等六部门联合印发《关于促进交通运输与旅游融合发展的若干意见》，把提升旅游运输服务的质量、创新客运服务、推动传统交通运输业转型发展等作为重要内容。在《加快推进旅客联程运输发展的指导意见》中，鼓励在枢纽站场根据需要配设旅游集散中心等联运服务设施，鼓励客运企业与旅行社等旅游企业加强业务合作。在具体实践方面，各地进行了诸多有益的探索，开展了“车票＋景区门票”“车票＋宾馆”“车票＋门票＋宾馆”“车票＋1 至 3 日游”等多元化的运输服务。如辽宁虎跃公司推出了电子票、巴士游、参团游、户外游四项旅游运输业务，虎跃公司自主开发的“跃游旅行网”微信公众平台为旅游业务的线上销售开拓了新的渠道平台，其中推出了“菜单式”自由行旅游产品，游客可以自由

选择往返日期和乘坐大巴的班次，给予游客极大的自由选择空间；重庆打造了“武隆一日游”旅游运输产品，旅游客车按航班标准配备航空商务座椅，其目前已经成为重庆高端一日游市场的风向标；内蒙古、福建、甘肃、贵阳等地实行“站游结合”“运游结合”发展模式，实现运输服务与旅游多元融合；浙江杭州部分客运站申请旅行社资质，在各车站划出专区，设立旅游集散中心，为广大旅行社提供旅游集散场所，同时探索在旅游集散中心设立自己的旅游接待门市部，组织旅游团队及散客业务；青岛依托场站资源构建旅游集散体系，确立了“5321”旅游集散发展架构，并创新推出旅游交通文化产品——道路交通博物馆，成为首个全国道路交通行业3A级旅游景区。此外，近年来道路客运与相关产业的融合发展也呈现不断深化的趋势，如“客运+物流”“客运+商业开发”等。

从新技术新模式看，在各地交通运输管理部门引导和企业的创新探索下，近年来全国涌现了如“巴士管家”“跃游旅行网”“渝客行”“交运行”“湘约出行”等多个有影响力的道路客运线上平台，提供定制化运输服务，在票制票价、运输服务和产品创新方面进行诸多突破，受到广大旅客的好评。如江苏13个设区市开行机场专线、校园专线、运游结合等各类定制班线150余条，投入车辆500余辆，形成由点及面、由线及网的发展格局；广东开展“互联网+”运输服务行动，牵头举办了中国“互联网+”运输服务创客大赛；江苏通过组建网络科技公司，依托线下支撑平台江苏省级道路客运联网售票系统和线上服务平台开展网络售票和试点定制工作，效果良好。此外，很多互联网平台也推出了客运公交领域的服务业务，如携程网积极与传统客运企业展开合作，提出打造全国最大的“虚拟汽车站”；滴滴出行推出了“滴滴巴士”，计划未来提供基础出行信息服务、实时公交查询和智能化解决用车服务等，并通过大数据技术对公交线路和运营进行优化调度。

（六）联程运输持续推进，衔接服务不断提升

旅客联程运输服务作为一种新兴的运输组织和服务形式，目前在京津

冀、长三角、珠三角等大型城市群区域，道路客运与铁路、公路、民航、水运等其他运输方式服务主体以及第三方服务主体，在空铁公航联运、空巴联运、空海联运、公铁联运、一站式购票、一票式出行等运输组织形式和服务模式上进行了大量有益的探索和尝试，推出了一系列具有典型示范意义的旅客联运服务产品和模式，吸引和培养了大量的忠实旅客，一个需求旺盛、运行健康、竞争充分、充满创新、潜力无限的旅客联程运输服务市场正在加速形成，成为道路客运转型升级的重要方向。道路客运企业通过与中国国际航空公司、东方航空公司等航空公司合作，为旅客提供航空与客运相互衔接的运输服务，航空公司将长途巴士以虚拟航班形式录入民航销售系统，从而推广空巴联运票，实现民航与道路客运一站式购票与全程服务。

二　道路客运行业面临的问题与困难

（一）客运服务与人民群众出行需求不匹配

道路客运行业的发展经历了从“运力短缺”到“基本适应”的发展阶段，从供给总量上已经适应和满足了客运出行需求，但仍然存在客运市场的供需矛盾日渐突出的现象，突出表现为高品质、多元化的有效供给不足，公路客运快捷舒适、灵活调配、经济高效的优势没有得到充分发挥。其他行业的发展实例证明，我国不是有效需求不足或没有需求，而是需求升级了，而供给产品的质量、服务跟不上。客运行业同样如此，现在不是客运需求不足或没有需求，而是人民群众个性化、高品质的运输服务需求日益增长，而运输服务供给的质量和效率还不能满足经济社会发展和人民群众需要。大量客运企业还存在“等客来”的思想，主动服务、创新改革的意识不够。因此，运输企业从“做大蛋糕”到“把蛋糕做得更好、更精致”的转变，是改革创新的关键所在。

（二）客运行业发展的外部挑战和竞争日益加大

首先是以高铁和动车为代表的快速铁路对长途道路客运形成严重冲击。

高铁对道路客运的影响经历了线路—通道—网络三个阶段，单条线路阶段是如京津城际线路对北京和天津之间的公路客运的冲击；运输通道主要以京沪走廊、武广客流通道等为代表；后期是在局部区域如长三角和珠三角形成了由干线铁路、城际铁路等组成的多层次区域轨道交通网络的影响。根据《中长期铁路网规划》，到2020年，铁路网规模将达到15万公里，高速铁路达到3万公里；到2025年，铁路网规模达到17.5万公里左右，其中高速铁路3.8万公里左右。高速铁路对干线道路客运的影响将是长期而且巨大的。其次是私家车对道路营运性客运的分流作用将持续深入。至2017年底，全国机动车保有量达3.10亿辆，机动车驾驶人达3.85亿人。从分布情况看，全国有53个城市的汽车保有量超过百万辆，7个城市超300万辆。根据2018年上半年交通运输经济运行的总体情况，高速公路私家车通行量达39.0亿辆，已经基本与营业性客运量相当。最后是网约车和黑车对传统旅客运输带来的竞争日趋激烈。网约车作为客运组织方式的创新，提供了网络专车、顺风车、拼车、快车等多种选择，在一定程度上为旅客出行提供了方便，使旅客出行更加定制化和个性化。部分网约车不规范运营，以顺风车的名义开展非法营运业务，部分互联网平台也存在车辆与人员不合格和不一致的经营行为；此外，现有的黑车经营也对合规运营的道路客运产生了较大冲击。

（三）客运市场集约化和规模化程度低

经过多年的政府引导和市场发展，我国道路客运“多、小、散、弱”的总体局面有所改观。但同时还应清醒地认识到，道路客运集约化程度还很低，集约化发展的步履十分艰难，存在一些亟待改善和解决的问题。截至2017年底，全国道路客运经营业户共计3.7万户，其中个体运输户占比超过70%。道路客运企业中拥有车辆数在10～49辆/户的比例最高，与2016年相比，2017年拥有道路客运车辆数在100辆以上、50～99辆的班车客运企业总数有小幅减少，拥有车辆在50辆以下的企业数有所增加。可见我国道路客运大型骨干企业总体规模偏低，整个道路运输客运业经营主体较为分散，规模较小，规模经济效益还不理想，行业集中度较低，缺乏较强的抗风险能力，道路客运结构调整步伐有待进一步加快。

（四）道路客运运营组织模式滞后

目前我国道路客运业的生产组织形式相对比较落后，缺乏较为完善且具有一定覆盖范围的旅客运输信息网络，这在一定程度上削弱了道路客运行业的市场竞争力，影响了道路客运企业和经营业户经济效益的提高。有些一级企业或二级企业看起来规模较大，但普遍采取了以单车承包或单车租赁承包为主要内容的运输经营方式，严重割裂了运输过程中各环节的有机衔接和企业内部的分工协作体系，运输组织化程度低下，无法实现网络化经营。另外，行政割据型垄断的广泛存在，对道路运输经营业户跨区域经营造成了很高的市场进入壁垒，使得道路运输经营难以突破市场的多元行政分割划定的边界。运输市场竞争多在区域内展开，导致区域内各运输经营业户之间的竞争非常激烈，甚至出现过度竞争现象。然而，由于全国统一的道路运输市场没有形成，道路运输跨区域竞争较少，区域间经营业户之间的竞争并不充分。道路运输行政性垄断限制了资产的优化重组和要素的合理流动，制约着生产和资本向优势企业的转移。效益好的企业往往受资源和市场的行政约束，不能进一步扩张势力，使其难以扩大规模实行跨地区的网络化经营，而效益差的运输企业则在地方行政保护下顽强地生存。因此，迫切需要打破地方保护壁垒，推动道路客运管理体制改革，引导建立全国统一、有序竞争的道路客运市场。

（五）道路客运面临的政策环境制约较多

虽然国家层面出台了一系列鼓励道路客运行业转型升级、道路客运企业创新发展的政策文件，但目前在地方仍存在一些管理规定和行业政策与道路客运运营发展不适应的方面，造成道路客运的比较优势难以发挥。这主要表现在部分道路运输企业改革创新不足，经营模式相对滞后；部分地区对道路客运的管制过多，在线路审批、票价机制、站点设置等方面都难以适应当前公路客运灵活运行的需要；此外，部分安全管理系列规定都对班线客运造成了较大制约。如何在守住安全底线的前提下，充分利用新的技术手段，实现道路客运的灵活运营，更大范围内发挥其“门到门”、机动灵活的优势，营造健康良性的发展环境，是当前客运经营者和行业管理者面临的共同课题。

三　道路客运未来发展趋势研判

（一）深化改革将推动客运管理体系现代化

供给侧结构性改革，就是从供给端、生产端入手，满足经济社会发展需求。近年来，我国一些有大量购买力的消费需求在国内得不到有效供给，消费者把大把钞票花费在出境购物、“海淘”购物上，购买的商品已从奢侈品向电饭煲、马桶盖、奶粉、奶瓶等普通日用品延伸。党的十九大报告提出，为适应新时代中国特色社会主义现代化，要进一步深化机构和行政体制改革。道路客运领域同样面临这样的问题，下一步也将持续推动供给侧结构性改革，为人民群众提供更好更优的旅客交通运输供给服务要“统筹考虑各类机构设置，科学配置党政部门及内设机构权力、明确职责”，还需要“转变政府职能，深化简政放权，创新监管方式，增强政府公信力和执行力，建设人民满意的服务型政府”。在此背景下，道路客运行业管理也将继续深化改革，转变政府职能，推进行业治理体系和治理能力现代化。

（二）行业将进入提升服务发展综合运输的新阶段

经过多年建设，我国各种运输方式总量规模位居世界前列。高铁运营里程、高速公路通车里程、城市轨道交通运营里程、港口深水泊位数量均位居世界第一，各种运输方式“量”的积累已达巅峰，推动运输组织不可逆转地进入融合发展的“质”的提升阶段，必须加快从单一运输方式独立发展向多种运输方式协同发展转变。现阶段交通行业发展不是交通运输大建设时期的简单延续，而是现代综合交通运输体系加快构建的关键时期。现代综合交通运输体系从本质上讲，就是不断满足人民群众运输服务需求的供给体系。从实践来看，当前交通运输发展的一个主要矛盾，就是交通运输基础设施先行与综合运输服务相对滞后之间的矛盾。要从根本上解决这一矛盾，必须要从供给侧发力，推进结构性改革，加快构建现代综合交通运输体系，这是现在黄金时期与以往不同的鲜明特点。因此，我们必须紧紧抓住构建现代综合交通运输体系这个龙头，着力优化交通运输供给结构，使供给体系更好地适应需求结构变化，不断满足人民群众日益增长的运输服务需求，让人民群众在运输服务中有实实在在的获得感。

（三）客运需求将持续增加并呈现新特征

经过持续 30 多年的高速增长，我国运输市场需求发生了趋势性变化。在宏观经济增速转入中高速增长后，运输经济也在向中高速增长转变。综合考虑经济发展（人均 GDP）、城镇化进程、产业发展尤其是第三产业的发展等影响旅客运输的主要因素，同时考虑“互联网 +”等新兴科技因素的影响，未来一段时期我国客运量与旅客周转量仍将呈现逐渐增长但增速放缓的趋势，2030 年前后将达到或接近峰值。

我国经济发展正处于从人均收入 8000 多美元向 1 万美元进而向更高水平迈进的历史阶段。2017 年我国服务业增加值占 GDP 的比重为 51.6%，对经济增长的贡献率为 58.8%，服务业已成为经济增长的主要拉动力。随着新旧动能加速转换，产业结构加速调整，消费结构加速升级，人们对个性化、多样化、高品质的客运需求将持续增加。因此，我们必须从运输服务新的需求出发，着力推动运输发展方式从规模速度型粗放增长向质量效率型集约增长转变，实现运输服务从以模仿式、排浪式为主导的追随适应型，向以多样化、差异化为主导的主动引领型转变。

（四）道路客运将与社会经济和相关产业融合发展

随着综合交通运输网络体系不断完善，运输大通道基本贯通，快速铁路网、国家高速公路网初步形成，我国已成为世界上运输最繁忙的国家。交通作为社会经济发展和人民生活的基础性行业的特征日益突出，由此交通行业呈现与各产业日益融合发展的趋势，“交通+”的平台式发展理念被经常提及，现阶段交通与部分产业的融合发展也取得了良好的效果。运输服务作为传统产业，同样不能老是停留在产业链条的低端和“微笑曲线”的底端。我们必须准确把握运输发展动力的时代变化，加快形成以科技创新为核心动力的发展局面，推动运输服务与产业链上下游、前后向融合发展。

（五）新技术和新模式将带来客运领域的系统性变革

习近平总书记指出：“当今世界，谁牵住了科技创新这个‘牛鼻子’，谁走好了科技创新这步先手棋，谁就能占领先机、赢得优势。老是在产业链条的低端打拼，老是在‘微笑曲线’的底端摸爬，总是停留在附加值最低的制造环节而占领不了附加值高的研发和销售这两端，不会有根本出路。”从新技术的影响来看，无人驾驶、5G 网络等的应用，将对交通载运工具等带来颠覆性变化，从而为交通运输行业带来重大变革。从信息化对交通组织模式的影响来看，随着信息的共享和开放，基于信息平台的交通组织模式不断创新，运输效率不断提高。

（六）产业结构和空间布局将会影响客运发展方向

自从国家实施西部大开发战略以来，我国西部地区积极承接东部地区产业转移，呈现规模明显扩大、层次明显提升、方式不断创新、示范区建设稳步推进的良好态势。产业结构转移，导致就近务工增加；春运期间跨省民工流动减少，从而导致省际客流减少，道路长途客运萎缩较快，部分跨省长途班线亏损严重，因此有必要调整道路客运今后的发展方向，以适应形势的变化。另外，乡村振兴战略的实施以及农业农村经济的发展，对城乡客运一体化也带来了更多的需求。此外，随着城镇化的进一步推进，集中式发展的城镇化空间布局出行距离短，出行频次高；城镇化程度越高，旅客周转量越大。从未来趋势看，城市群内、城际间的旅客周转量将进一步增大。

四 新时代道路客运总体战略定位与发展思路

（一）总体定位

道路运输的技术经济特点，决定了其在一般情况下不适合 800 公里以上长距离运输。因此，我们必须从优化道路客运供给结构的角度出发，科学确立道路客运发展定位，促进道路客运合理归位，推进客运经营结构的战略性调整，实现道路客运与其他运输方式有机衔接和错位发展；充分发挥市场机制作用，调整长途客运运力配置，引导班线客运在群众基本出行服务、接驳运输、旅游客运、定制出行等具有比较优势领域继续发挥更大作用。

（二）转型方向

安全化。强化综合治理和安全监管，落实企业安全生产主体责任。全面贯彻落实安全生产法律法规、规范标准以及文件精神，建立和完善经理人制度、从业资格制度和企业安全生产评估制度，打牢安全管理基础。

个性化、定制化。围绕道路客运“基础性、衔接性和多样性”定位，走差异化发展道路，充分发挥道路客运灵活、“门到门”的比较优势，发展优势领域和新兴特色领域，大力发展定制客运，满足不同层次需求的发展。

规模化、集约化。通过政策引导和制度规范，加快推进道路客运企业实现市场主体的规模化和运输经营的集约化；加快推进道路客运大型龙头企业和中小企业合理格局的形成。

互联网化。充分利用互联网、大数据等信息化手段，与互联网平台合作或建设互联网平台，大力拓展互联网出行服务，大力推进“互联网 +”道路客运发展；充分利用互联网、大数据支撑产品设计和决策，提高信息化水平。

网络化。利用高等级公路和农村公路构建的运输网络，以中小城市为依托，充分发挥道路运输的“门到门”和中短途运输优势，辐射周边乡镇，形成环形网络化经营；以发展接驳运输为抓手，推进长途客运网络化运营。

多元化。大力推进道路客运与旅游、物流等产业融合发展，加强与铁路、民航等运输方式的合作，同时依托道路客运主业，大力拓展金融、互联网、物流、酒店等多元产业，提高企业竞争力。

低碳化。以道路客运车辆为主要抓手，依托科技进步，推进车型结构更加环保、经济。

（三）发展思路

（1）守好安全底线。在安全是最大民生的前提下，加快推动道路客运安全监管向标准化、科学化转型，落实企业安全主体责任，保障群众平安出行。

（2）发挥比较优势。紧紧围绕道路客运在综合交通运输体系中的定位，充分发挥道路客运在综合交通运输体系中的基础性、纽带性、多样性作用，实现道路客运与其他运输方式衔接互动、优势互补、协调发展，减少恶性竞争，提高协同能力，实现道路客运的比较优势。

（3）做好基础服务。以城乡客运一体化建设和接驳运输为抓手，推动道路客运向强化民生、发挥比较优势转型，实现道路客运尤其是长途客运网络化发展。

（4）加强技术创新。以创新特别是信息化、智能化为引领，推动道路客运结构调整和产业转型升级。

（5）鼓励集约发展。引导企业做大做强，推动道路客运企业纳入规模化、集约化发展的轨道，提供安全可靠、经济高效、便捷舒适的运输服务供给，提供更高效率、更高水平、更优品质的运输服务，以满足人民群众不断增长的交通运输需求。

（6）提升装备水平。从节约资源和保护环境的需要出发，提升交通运输设施装备的现代化水平和运营效能，实现道路客运集约、绿色、可持续发展。

五　促进道路客运转型发展的对策建议

（一）顺应全域旅游发展战略，大力推进道路客运与旅游融合发展

科学规划旅游客运服务网络，构建多元化的旅游客运服务体系，合理调控运输服务和旅游资源，构建层次清晰、结构合理的干线、支线和个性化三级旅游客运服务网络，提高旅游城市的快捷性以及旅游景区的便捷性和通达性。鼓励道路客运企业开通“车票 + 门票”一票直达、全程服务的景区直通车。采取向景区延伸客运班线、加密班次等方法，推进从客运枢纽到重点旅游景区的客车线路全覆盖。增强城乡客运线路服务乡村旅游的能力。

根据游客需求和旅游市场特点，开行定制化旅游线路，支持机场、高铁站建设“落地自驾、异地还车”自驾车租赁网络。鼓励在客运站增加旅游集散、旅游咨询功能，旅游集散中心与客运枢纽互设咨询中心。引导道路客运企业依托客运场站及自身优势，结合旅游目的地和旅游客源地打造一体化旅游运输产品，积极拓展地接旅游服务，形成道路客运特色的旅游项目，有效降低旅客出行成本，提升旅游体验。

依托“四好农村路”建设，鼓励培育以旅游、文化、农业为主题的乡村旅游线路，将美丽乡村及特色田园乡村串珠成线，完善乡村旅游客运服务网络。依托乡村振兴和精准扶贫战略的实施，推动乡村旅游客运线路与新型城镇化建设结合，利用民族村寨、古村古镇等具有历史记忆、地域特色、民族特点的旅游小镇资源，沿线开发旅游客运服务产品。

（二）落实乡村振兴战略，大力推进城乡道路客运一体化发展

根据不同地区的经济发展水平、人口需求情况、道路通行条件和财政支持政策情况，分类推进城乡道路客运一体化发展，完善城乡道路客运一体化服务网络。对于经济条件好、人员往来密集、道路通行条件良好的农村地

区，鼓励通过城市公交线网延伸或客运班线公交化改造，开行城乡公交，提升标准化、规范化服务能力，鼓励城乡公交与城市公交享受同样的支持政策。对于出行需求较小且相对分散的偏远地区，鼓励开展预约、定制式等个性化客运服务，提高建制村通客车率。综合考虑社会承受能力、财政保障水平、企业运营成本、运输产品服务质量差异、交通供求和竞争状况等因素，完善城乡客运价格形成机制，合理确定票制票价，建立多层次、差异化的价格体系，更好地满足城乡居民出行需求。

（三）发挥道路客运比较优势，鼓励并规范道路定制化客运发展

尽快明确道路定制客运的定义和内涵，以方便社会公众出行、提高出行效率为目的，依托互联网等技术，满足社会公众个性化客运服务需求，实现“门到门”“点到点”的客运服务。放活班线客运，规范包车客运，鼓励互联网融合发展，实现行业转型升级，逐步打造统一开放、竞争有序的道路客运市场格局。一是要完善道路客运领域法规标准，为道路定制客运创造条件，对班车、包车客运进行调整，减少道路班线客运分类分级；二是加强道路定制客运运营平台监管，从规范道路定制客运发展的角度出发，逐步将出行信息服务平台纳入行业管理，按规定接入行业管理部门监管，不得组织非营运车辆和未取得从业资格证的驾驶员从事道路定制客运，建立类似“无车承运人”的第三方道路客运承运人管理制度。如近年来国内外经常提及的基于 MASS 的出行服务就是把乘客需求放在首位，来配制运输提供商的运力和信息服务。

（四）鼓励发展接驳运输，推进道路班线客运网络化运营

随着民航、高铁的迅速发展，道路客运不能再片面追求市场份额。要有进有退，抓住客运市场调整的机遇，下决心淘汰一批“小、散、弱”经营主体，引导企业做大做强。把道路客运接驳运输作为整合优势资源、优化运输组织、促进客运结构优化升级的重要措施，大力推进道路客运接驳发展。贯彻落实《长途客运接驳运输管理办法》，协调解决好部分地方通行受阻、

接驳点选取困难、单向试点线路对开企业之间的运营矛盾等问题，促进高速公路服务区功能和建设标准的完善。严格控制超长途客运尤其是长途卧铺客运的发展，适度控制与高铁线路平行的长途线路的发展。推进分段式接驳运输发展，开展分段式接驳运输试点，明确分段式接驳运输运行的管理要求，促进不同道路客运线路资源整合，提高运输效率。

（五）推进道路客运集约化发展，形成统一的道路客运市场格局

完善道路客运准入退出机制。通过完善质量信誉考核制度，对道路客运企业经营服务量化考评，考核指标涵盖企业管理、驾驶员技术、车况、安全生产、营运服务、社会责任、加分项目、减分项目等方面，对道路客运企业的服务质量进行全方位考核。将企业服务质量考核与企业准入退出、日常监管、奖优罚劣等管理措施有效结合，着重将考核结果作为资源配置和客运线路招投标的主要依据，加强对经营企业服务质量的动态监管，实行浮动定级制度。

进一步保障企业自主经营权，选择一批集约化程度高、网络覆盖面大、组织方式优的道路客运企业，给予其一定区域内自主调配运力的权力，使企业可根据客流出行差异，适时地调整优化客车类型及班次。鼓励企业自主进行资源整合，出台引导政策，鼓励企业采取兼并、重组、收购、合并、联合等方式整合资源、做强做大，实现集约化运营。

逐步完善道路客运价格机制，进一步扩大市场在道路客运定价中的作用，建立政府宏观调控、客运企业自主有限浮动、反映市场供求变化的道路客运价格形成机制，一方面，继续增加价格形成的市场化比重，将不该由国家直接管理和具有较强竞争性的旅客运价进一步放开，通过道路客运市场供求关系来有效调整道路客运价格水平，从而提高道路客运企业的自主定价能力；另一方面，继续完善已经初步建立的道路运价的结构和体系，对于市场化程度较低、竞争程度较差、不适宜实行市场调节价的道路客运领域，根据道路客运的社会平均成本、市场供求状况、社会承受能力等因素，合理确定基准价及浮动幅度。

（六）大力推广多元化的道路客运车型，推动道路客运可持续发展

随着新时代经济社会的发展，道路客运的需求发生了巨大变化，道路客运高频次、高时效性、“点到点”、“门到门”、高品质的需求明显增多。因此，要适应新时代道路客运客流特征，大力推广多元化的道路客运车型。一是要推进道路客运车型小型化。随着道路客运市场的萎缩，一些传统热门线路的客流不足以支撑大型道路客运车辆，因此，要推进道路客运车辆小型化，合理确定车辆大小，提高发车频次；二是大力推广应用新能源客车，在适宜的短途客运线路和城乡客运线路上推广应用新能源客车；三是在适宜的线路上推广使用城市公交车型，在一些客流需求较为旺盛、道路条件较好的线路上，开行城乡公交线路，使用城市公交车辆；四是探索推广应用 7 ~ 9 座小型客运车辆，在道路客运通行条件不具备、客流需求较小的农村地区，推广使用经济、适用的 7 ~ 9 座小型农村客运车辆。

（七）规范道路客运安全管理，减少事故安全隐患

加强综合治理，综合施策，进一步夯实道路运输安全管理的基础；加强安全技术管理，严格车辆动态监管，建立健全营运车辆动态监管机制；加强源头安全监管，认真落实汽车客运站安全生产管理规范，加强营运车辆安全技术管理；全面落实安全责任，建立和完善经理人制度、从业资格制度和企业安全生产评估制度，打牢安全管理基础；加强驾驶员素质教育，以培养安全驾驶、文明行车的高素质驾驶员为根本目标，加强和改进驾驶培训工作，把好安全管理的第一道关口，提升行业安全管理水平；同时加强对乘客的安全意识教育，使他们不乘坐无牌无证车、超载车、客货混装车及其他载客车辆。

B.8

2017年中国轻客市场回顾及2018年展望

廖琨　谢国平*

摘　要： 2017年轻客市场虽然在政策端仍旧受到453号文件的负面影响，但是载货需求的支撑、供给端欧系的良好表现以及新能源市场的回暖保证了轻客市场在2017年基本止跌，跌幅由-18.9%迅速收窄至-1.1%。2017年轻客市场总体呈现欧系取代日系，新能源和柴油取代汽油的趋势，区域上仍然以苏浙沪、粤、鲁豫等商业发达地区为主。预计2018年全年仍将呈现小幅下跌态势，但受到国家环保法规趋严以及新能源推广步伐加快的影响，新能源轻客将在未来几年成为轻客市场的重要增长点。

关键词： 轻型客车　新能源轻客　欧系轻客　日系轻客

一　2017年轻客市场销量回顾

（一）轻客销量低位徘徊，跌幅明显收窄

从年度走势看，2017年对于轻客市场而言是低位徘徊的一年，从中汽协数据口径看，全年轻客实现批发销量34.8万辆（见图1），虽然同比仍旧维持下滑态势，但跌幅由2016年的-18.9%迅速收窄至-1.1%。横向对比

* 廖琨，美国罗切斯特理工学院金融学硕士，现任国家信息中心商用车研究高级分析师；谢国平，北京师范大学心理测量与评价专业硕士，具有10余年汽车市场调查、分析、预测经验，现任国家信息中心信息化与产业发展部副处长，商用车研究组负责人。

看，商用车总体在2017年高速增长，增幅高达15.1%，轻客相较而言属于表现较差的细分市场。

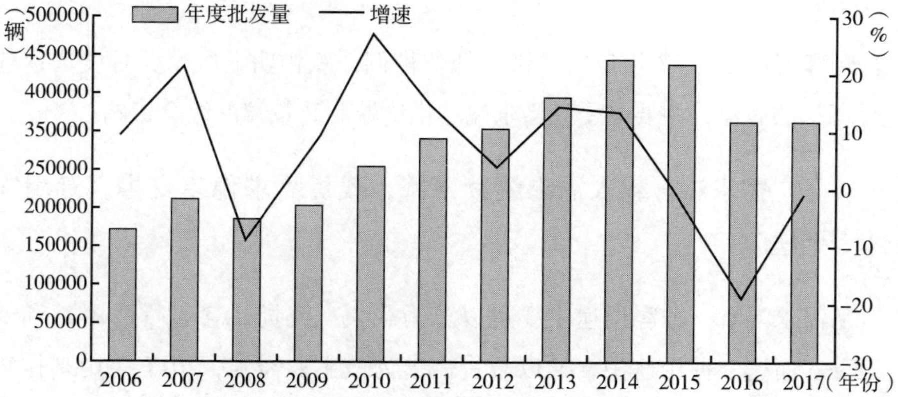

图1 2006~2017年轻客年度批发量及增速

资料来源：中国汽车工业协会。

（二）月度增速前低后高，12月以高速收官

从月度走势来看，2017年轻客市场增速走出了“前低后高”的态势，5~11月，月度同比增速基本维持在小幅正增长区间，12月受新能源补贴退坡传闻等因素影响销量大幅上升，远超2016年同期，增幅迅速扩大至20.8%（见图2）。

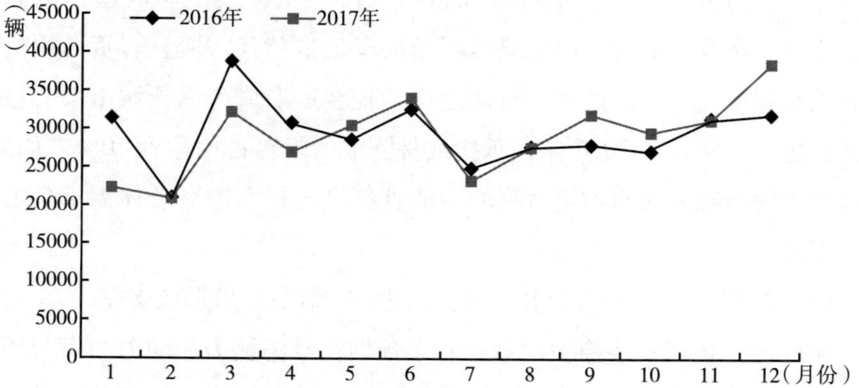

图2 2016~2017年轻客市场分月度批发量走势

资料来源：中国汽车工业协会。

二 2017年轻客市场驱动因素分析

轻客市场在2017年走出“销量低位徘徊，跌幅明显收窄，月度增速前低后高”的态势，主要是受到需求端、供给端和政策端的综合影响。

（一）需求端：载人需求继续下降，载货需求稳定支撑，专用需求有所回落

从需求端看，轻客用途主要可以分为载人、载货（含客货两用）和专用三种。而这三种用途中，又以载货需求为最主要需求，2017年用来拉货的轻客占总体市场的比重在70%左右。载人用途较为分散，包含城乡客运班车、中小企业的商旅通勤车、商务接待用车等，2017年总占比在15%左右。专用需求更为分散，主要包含工程抢险车、警务执法车、医疗救护车、城市功能服务车、房车、校车等，总占比在15%左右。从动态看，2017年三类需求“一升两降”，即载货需求提升，载人和专用需求下降。

1. 载货需求：2017年经济企稳回升对物流需求形成支撑

2002年5月，广州主城区开始限制卡车通行，随后限制卡车进城在全国各地迅速铺开，城市级别逐渐向二、三线城市扩张；已经限行卡车的城市，随着交通拥堵加剧，限行范围也由城市主城区逐渐向周边扩散和延伸。原本卡车承担的城市内物流需要新的车型来替代，适合客货两用的轻客和微客都成为可能的选择。自此之后，轻客逐渐成为白天城市中心城区物流的主力车型，到2017年，承担载货需求的轻客占比达到70%。因此，货运需求的增减和城市物流效率的高低直接决定轻客市场总体需求是上升还是下降。

（1）2017年宏观经济回升，结构优化，对载货需求形成支撑

2017年，国民经济稳中向好、好于预期，经济活力、动力和潜力不断释放，稳定性、协调性和可持续性明显增强，实现了平稳健康发展。2017年我国GDP总量超过82万亿元，增速达到6.9%，相比2016年提高了0.2

个百分点，实现了7年以来的首次提速（见图3），这也在一定程度上带来了货运总量的提升，利好轻客的载货需求。

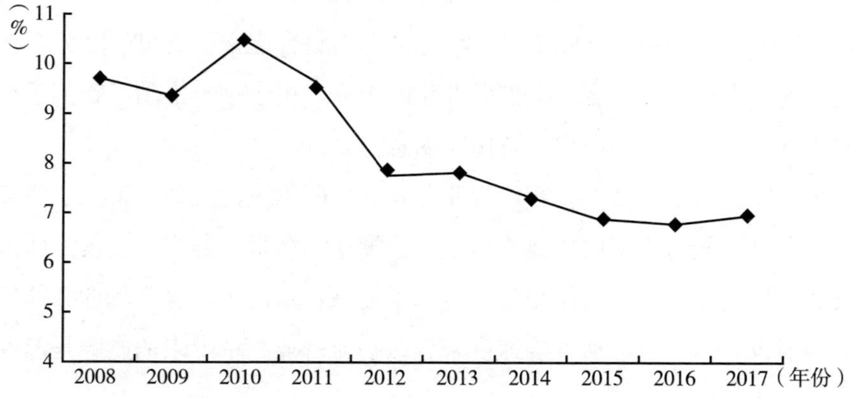

图3 2008～2017年GDP增速

资料来源：国家统计局。

随着我国经济结构持续转型，“三驾马车”中消费所占比重逐年上升，消费依然是经济增长主动力，最终消费支出对GDP增长的贡献率为58.8%，高于资本形成总额26.7个百分点。由于轻客的主体货物以消费品为主，因此经济结构的转型对于轻客市场存在一定的推动作用。

从城乡人口结构看，2017年城镇常住人口81347万人，比上年末增加2049万人，城镇人口占总人口的比重（城镇化率）为58.52%，比上年末提高1.17个百分点。随着城市化进程的推进，城市内中短途物流需求进一步提升，也在一定程度上利好轻客的载货需求。因此总体看，经济在2017年对于轻客的载货需求起到了较强的支撑和推动作用。

（2）物流行业变革推动组织效率提升，抑制载货车辆需求

从物流行业发展的角度看，城市配送正处于快速发展和变革的新时期。零售业态、物流模式均发生了较大变化，其对于载货需求的影响主要体现在以下几个方面：第一，零售渠道业态发生改变，线上和线下结合的“新零售”发展迅猛，终端零售点逐步转型为前置小仓库，使得城市物流向更加高效和敏捷的方向发展。第二，随着近几年来的持续试点和推进，我国共同

配送的比例虽然相比于发达国家仍有较大差距，但也在快速发展成熟。第三，物流运输的软硬件全面升级，城市配送向标准化、信息化、自动化的方向发展。第四，58速运、蓝犀牛、速派得、云鸟、易货滴等物流平台快速兴起，这类平台利用信息化手段，将零散运力整合起来，既可以服务零散的货运需求，也可以给大客户提供标准化的服务，更进一步推动了物流运输效率的提升，抑制了中小商户自备用车的意愿。

综合以上几个方面看，物流行业尤其是城配物流的发展，带来了物流效率的提升，城配物流正向快捷、高效、小批量、多批次的方向发展。而由于物流效率的提升，单车运能相应地得到了提高，从而对轻客市场的整体销量产生了消极影响。但是从影响速度来看，物流行业变革带来的影响是渐变的和较为温和的。

总体来看，2017年总体的货运需求还是保持了稳中有升的态势，这是需求端支撑轻客总体市场迅速止跌的主要因素。

2. 载人需求：受政策及其他车型替代影响，轻客已经持续多年下滑

2000年及以前，轻客的功能以载客为主，比重达到70%～80%，包含公商务接待和营运客运等。2000年以后，别克GL8、奥德赛等MPV上市，进入公商务载客市场，逐渐替代了轻客的载客功能，同时主要轻客厂家也推出阁瑞斯、蒙派克、瑞风等MPV来替代轻客用作公商务载客，轻客的公商务载客市场逐渐被MPV替代。在营运客运方面，受到一系列公交、客运政策的影响，大中型客车对轻客形成替代，轻客基本退出城际干线和支线客运市场，只留下县域农村客运市场。例如，2001年底，交通部《关于道路运输业结构调整的若干意见》明确提出引导城市间高速公路和国省干线客运采用高一级以上的大中型客车，轻客因此退出公路主干线客运市场；2004年，建设部“关于优先发展公交的意见”，鼓励城市公交用车向大中型客车转移；2004年，交通部《乡村公路营运客车结构和性能通用要求》，要求车长4.8～7.5米，给轻客从事乡村客运留了一席之地。

轻客载人功能被其他车型取代的趋势一直持续，其占比由2000年左右的70%～80%萎缩至2017年的15%～20%。近年来，轻客载人需求的下滑

主要受到三方面因素的影响：

第一，随着政府反腐倡廉工作的进行，政府部门人员因公出国（境）经费、公务车购置及运行费、公务招待费产生的“三公”经费逐年缩减，影响公商务用车需求。根据最新中央各部门晒出的2017年“三公”经费账单，2017年的“三公”经费进一步缩减，中央本级经费支出相比预算减少了17.8亿元。

第二，受原材料和人工成本上升、竞争加剧等因素影响，中小企业盈利能力持续下滑，购置自备公商务接待用车的意愿也随之下降。再加上地铁、公交车等线路延伸，公共交通、顺风车、专车、租赁等新兴出行方式的分担替代，轻客在中小企业商旅通勤方面的需求逐渐下降。

第三，在城乡客运方面，随着农村道路基础设施的逐渐完善，以及城乡客运一体化建设的顺利推进，城乡客运车辆需求也趋于饱和。而一些经济较为发达的区域，农民出行逐渐以私家车为主，城乡客运班车上座率较低，盈利能力主要靠财政补贴，进一步造成了城乡客运需求的萎缩。

3. 专用需求：类别多样，表现分化，总体需求有所回落

轻客的专用需求非常分散，主要包含工程抢险车、警务执法车、医疗救护车、城市功能服务车、休旅车、校车等多种类别，总占比在15%左右。2017年，不同的专用车型表现分化严重，有涨有跌，总体需求有所回落。

2017年政府在公共服务和民生领域财政投入进一步增长，救护车、检验检测车、冷藏车、旅居房车等轻客专用需求都得到较快发展。近几年来，我国着力于建立与经济发展和政府财力增长相适应的基本公共服务财政支出增长机制，切实提高各级财政特别是县级财政提供基本公共服务的保障能力。在财政支出结构上，从切实保障和改善民生出发，优先安排基本公共服务支出，增加医疗卫生、社会保障、就业、公共文化、城乡社区、生态环保等重点领域投入，这些均有利于相关领域的专用车需求增长。

但是，随着经济结构转型，轻客类的工程车需求在2017年有明显回落；地方上牌要求逐渐规范，曾经以“流动服务车”之名销售普通轻客的现象明显减少；校车市场运营问题凸显，轻客类校车需求在2017年也有明显下移。

（二）供给端：欧系轻客集中换代更新，新合资企业出现

2017 年的轻客市场供给端主要呈现以下两个特点：

1. 欧系产品集中换代更新，价格下探

轻客厂家尤其是欧系轻客厂家 2017 年集中对老旧的产品系列进行了更新。其中江铃于 2017 年第 2 季度上市江铃特顺和新全顺短轴中顶车型，第 4 季度上市新全顺自动挡车型。从江铃月度销量走势可以看出（见图 4），2017 年第 1 季度江铃进行产品线切换，出现真空期，销量相比 2016 年同期有着较为明显的下滑。进入第 2 季度以后，随着江铃特顺的上市，前期积累的需求得以释放，其销量明显开始回升，自 4 月份开始持续保持正增长的态势，年底增幅更是达到了 116.6% 的全年最高值。

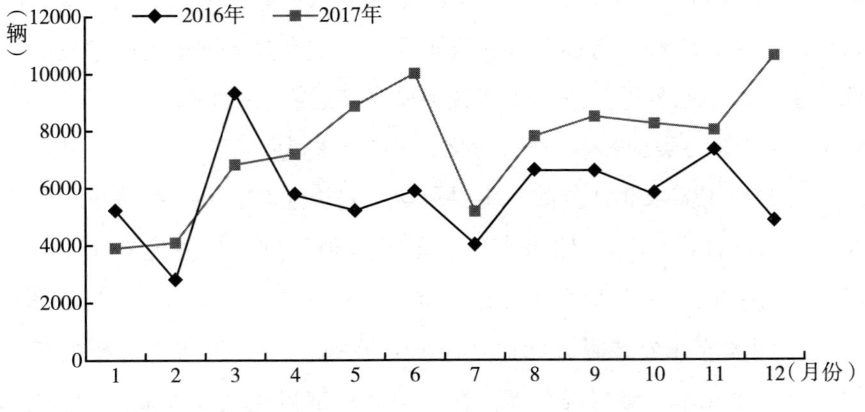

图 4　2016 ~ 2017 年江铃轻客分月度批发量走势

资料来源：中国汽车工业协会。

紧随江铃新产品的上市，其主要竞争对手依维柯、上汽大通及北汽福田也纷纷上市新的车型，其中包括了多款新能源车型。其中依维柯于 2017 年底上市了全新一代依维柯 Daily，上汽大通于 2017 年底推出首款燃料电池轻客 FCV80，北汽福田也于 2017 年底推出全新纯电动车型图雅诺 EV 物流车。

主流欧系轻客企业均在 2017 年不同程度地更新丰富了自身的产品线，

为轻客市场尤其是欧系轻客市场重新注入了活力，也使得欧系轻客的市场竞争强度进一步加大。相比于欧系轻客的热闹非凡，日系轻客企业在 2017 年就显得相对低落，新产品甚少，从而加剧了欧系宽体轻客对日系窄体轻客的替代。

然而，新产品集中上市并不是 2017 年供给端欧系加速替代日系的唯一原因，欧系轻客产品价格的下探同样对其抢占日系轻客市场起到了非常重要的作用。2017 年江铃特顺上市之初，其入门车型的售价就下探到 10 万元以下，而 10 万元以下这个区间正是以前日系轻客的主流价格区间。可以说，江铃特顺价格的下探是欧系从价格端挤压日系的第一声枪响。随后，在江铃特顺的刺激下，欧系轻客的其他厂家也纷纷加入低价路线的竞争。2017 年二季度，福田图雅诺推出了搭载五十铃 4JB1 型号发动机的车型，售价下探到 11 万元以内，这在 2017 年以前是不可想象的。2017 年第三季度，上汽大通也打响了价格反击战，多款车型增配的同时进行降价，自动挡车型的价格更是下调至 12. 98 万元，旨在吸引 12 万元以内的用户群体。

2. 新的合资公司出现，值得关注

2017 年轻客市场还发生了一件大事，在欧系快速取代日系的大环境下，日系主流企业华晨做出重大战略决定，希望通过和雷诺的合资，实现日系向欧系的转型，重新成为轻客市场的有力竞争者。

2017 年 7 月 5 日，华晨中国汽车公司（CBA）宣布与雷诺集团签订框架合作协议，致力于轻型商用车的消费与销售，成为雷诺集团与华晨中国汽车公司在合资企业成立与运营方面的准绳。为成立合资企业，雷诺集团将从华晨中国汽车公司手中收买沈阳华晨金杯汽车有限公司 49% 的股权，从而将沈阳华晨金杯汽车有限公司重组为由华晨中国汽车公司（占比 51%）和雷诺集团（占比 49%）共同具有的合资企业。雷诺集团表示，该项目将促进雷诺集团与华晨中国汽车公司轻型商用车业务在中国市场上共同开展。

2017 年 12 月 15 日，华晨中国汽车控股有限公司与雷诺集团正式成立合资公司，即华晨雷诺金杯汽车有限公司；计划以金杯、雷诺、华颂三个品牌生产销售轻型商用车，金杯旗下的三款产品（海狮、阁瑞斯、F50）将得以保留，雷诺品牌全新车型预计在2020年在中国上市，到2022年实现年销售15万辆的目标。

华晨与雷诺的联手，备受轻客行业关注。不论是对于旨在进入中国轻型商用车市场，但一直未能如愿的欧洲轻客老大雷诺，还是对于曾经依靠日系轻客成为轻客市场豪强，但是近年来受政策影响销量和利润大幅下滑的华晨金杯来说，都是一个巨大的利好。

虽然现在还处于华晨雷诺合作的前期阶段，我们还不好判断它们在未来的发展态势。但是作为潜在竞争者，雷诺的进入、金杯的转型必然会给较为稳定的欧系轻客三强（江铃、依维柯和大通）割据局面带来更大变数，使得欧系轻客市场的竞争强度进一步加大，对此我们拭目以待。

（三）政策端：453号文件的影响持续，新能源补贴政策再度调整

1. 453号文件对日系M1类轻客的打击影响仍在持续

453号文件《关于加强小微型面包车、摩托车生产和登记管理工作的通知》对日系M1类轻客车型的影响仍在持续并有所扩大，禁止发动机中置并且车长大于4500mm的日系轻客车型上牌的省市进一步增加，到2018年年初，轻客销售大省江苏和浙江也开始禁止此类车型上牌。如图5所示，华晨金杯受453号文件的影响损失惨重，其销量跌幅更是一路扩大，在2017年12月销量下降至410辆，跌幅则扩大至87.7%。可见，453号文件对于日系M1类轻客的毁灭性打击作用仍在持续。

2. 2017年新能源补贴政策再度调整，需求重回上升通道

轻客曾经作为新能源最主力的战场，在经历了“骗补”风波之后，2016年大幅下滑，但是随着补贴政策的回归及补贴退坡的提前，2017年新能源轻客市场出现反弹，2017年底销量甚至超越骗补前的高点，达到了历史新高。如图6所示，自2017年下半年开始，新能源轻客的销量开始快速增长，并在年底达到了历史高点9226辆，接近万辆的销量。

在“骗补”风波之前，企业为谋取更高的补贴，新能源轻客以6米以

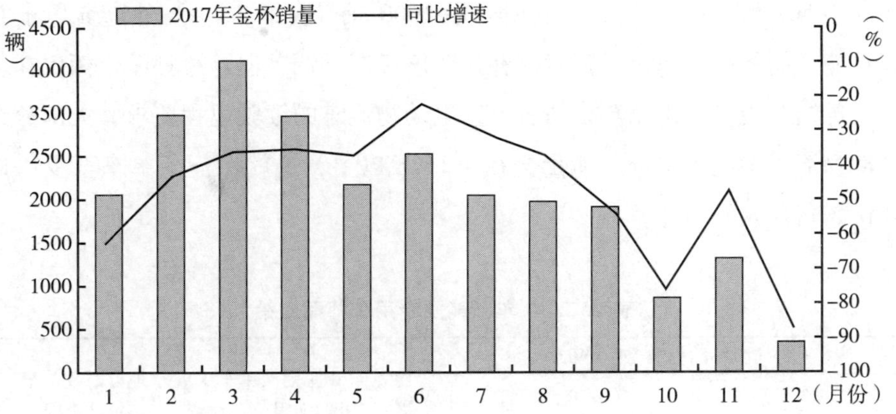

图5　华晨金杯2017年分月度销量及同比增速

资料来源：中国汽车工业协会。

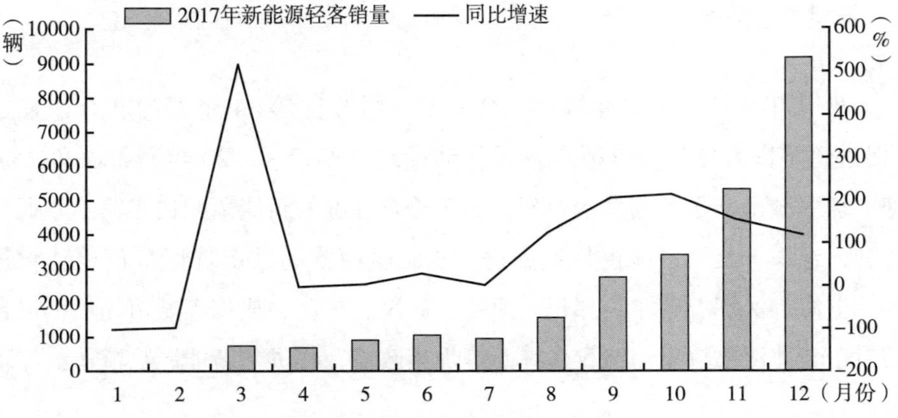

图6　2017年分月度新能源轻客销量及同比增速

资料来源：中国汽车工业协会。

上客车为主，骗补严查之后，新能源轻客则以城市内物流车和专用车为主，因为新能源专用车的补贴额度要高于6～8米的新能源客车。如表1所示，根据《财政部 科技部 工业和信息化部 发展改革委关于调整新能源汽车推广应用财政补贴政策的通知》（财建〔2016〕958号），2017年新能源专用车的补贴采用超额累退的形式，电池系统总能量低于30（含）kWh以下部分，每千瓦时补贴1500元；30～50（含）kWh的部分，每千瓦时补贴1200元；

而高于50kWh的部分，每千瓦时补贴1000元（见表1）。虽然随着电池系统总能量的提高，单位千瓦时的补贴额度逐渐下调，但是总补贴金额仍在上升，再结合现在城市物流公司对于纯电动物流车的续驶里程要求，大部分纯电动物流车的电池系统总能量会在40kWh以上，这就保证了单车至少可以获得57000元的国补。

表1　2017年新能源专用车补贴政策

补贴标准(元/kWh)			中央财政单车补贴上限(万元)	地方财政单车补贴上限
30(含)kWh以下部分	30～50(含)kWh部分	50kWh以上部分		
1500	1200	1000	15	不超过国补的50%

技术要求：（1）装载动力电池系统质量能量密度不低于90Wh/kg；（2）纯电动货车、运输类专用车单位载质量能量消耗量不高于0.5Wh/km·kg，其他类纯电动专用车吨百公里电耗不超过13kWh。

资料来源：工信部。

2017年9月，交通运输部、公安部、财政部等14个部门联合印发了《促进道路货运行业健康稳定发展行动计划（2017～2020年）》。文件中提到了加强城市配送车辆技术管理，对于符合标准的新能源配送车辆给予通行便利，组织开展城市绿色货运配送试点，全面推动城市货运车辆电动化进程。上海、深圳、天津、郑州、西安、武汉、重庆、成都等城市先后都出台了对于新能源物流车的路权、牌照等优惠政策，促进了新能源物流车的需求释放。

另外，从2017年9月份开始，2018年新能源补贴提前退坡的传闻就开始传播。虽然直到2017年底新的补贴政策仍没有正式出台，但是已经基本可以确定新能源补贴将在2018年提前退坡，因此在2017年底，新能源轻客再次迎来了销售高峰，单月销量创下历史新高。

当然，对于新能源轻客来说，新能源政策并不是完全利好的，也存在不利的一面，那就是对新能源城市物流车路权限制的放开。一直以来，轻客能够在城配物流领域和轻卡竞争的一大关键因素就是路权，轻卡在特定时间特定区域都是“限行”的。但是，现在由于政府推广新能源物流车的需要，多地完全放开了对于新能源物流车的路权限制，比如成都规定，将在三年内逐步取消燃油货车车辆入城证发放（除认定的特种货运车辆外），但是纯电动城市物流配送车入城不受限制；武汉规定，新能源货车不受尾号限行，新能源小型载货车不需要办理通行证。随着放开新能源轻卡路权的城市越来越多，轻客在路权方面的优势就受到冲击，这点从新能源轻卡和轻客的销量数据对比就能看出来，如图 7 所示，2017 年下半年新能源轻卡的销量明显要高于新能源轻客。

因此总体看，受新能源政策综合作用的影响，2017 年新能源轻客相比 2016 年出现回升，但是回升幅度受新能源轻卡的冲击而不如预期。

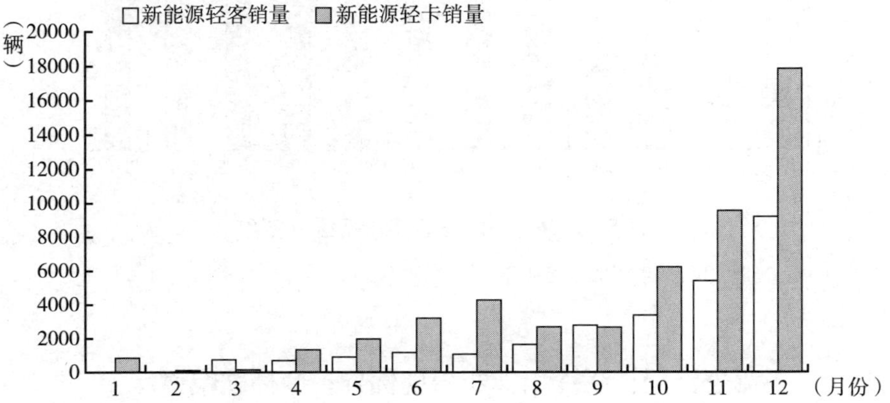

图 7　新能源轻卡及轻客 2017 年月度销量

资料来源：中国汽车工业协会。

三　2017年轻客市场特点

（一）产品格局：欧系 VAN 占比上升，BUS 和日系 VAN 占比下滑

分产品特征看，如图 8 所示，2017 年 BUS 类（载人用途）和日系 VAN（VAN，源自英文简写，意为“厢式运输车”）所占比重继续保持下滑态势，欧系 VAN 则有所增长。其原因如前面所分析，受需求端的影响，载人需求

下降，BUS 类轻客销量相应占比下滑；日系 VAN 的下滑主要由金杯的下滑带动，根本原因是受到 453 文件冲击和欧系挤压；欧系 VAN 则在供给增加且价格下探的综合作用下，进一步成长为轻客市场的中坚力量，支撑着轻客总体市场。

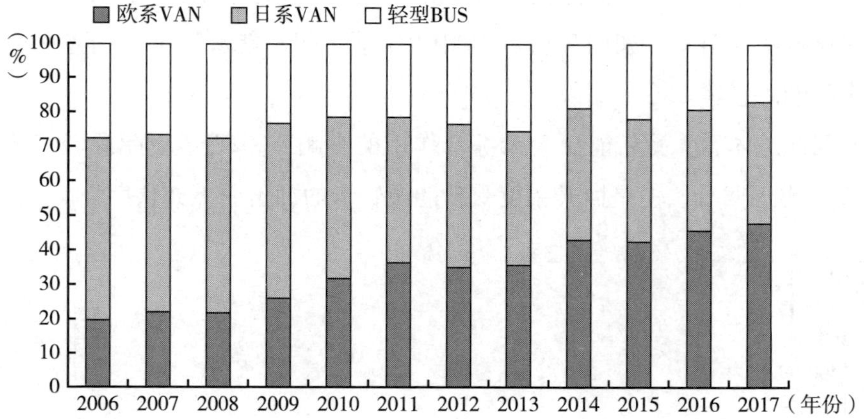

图 8　2006～2017 年轻客产品结构演变

资料来源：国家信息中心，数据不含出口。

（二）竞争格局：江铃和长安表现优异，金杯跌幅最深

分厂家销量看，2017 年，江铃一枝独秀，不仅销量最高，而且增速在前十名厂商中也仅次于保定长安，这主要得益于江铃特顺和江铃福特新全顺等新产品的卓越表现。保定长安凭借价格实惠的“长安睿行”系列产品表现良好，且推出发动机前置车型以应对 453 号文件的影响，实现了销量的跃升。金杯仍旧维持大幅下滑的态势，跌幅达到 47.6%，在前十名厂家中跌幅最高，并且销量排名也已经下滑至第五位（见表 2）。

（三）区域格局：仍然以苏浙沪、粤、鲁豫等商业发达地区为主

分区域看，由于轻客的主要用途是城市物流，且价格相对于其他城市物流车型要高，因此轻客的战场主要集中在东南沿海商贸流通比较发达的地

表 2　2017 年与 2016 年轻客制造厂商 Top10

制造厂商	2017 年销量(辆)	2016 年销量(辆)	同比增速(%)
江　铃	89509	70072	27.7
北汽福田	32254	30575	5.5
东　风	31613	28782	9.8
依维柯	31300	37057	-15.5
金　杯	27906	53255	-47.6
保定长安	27670	19232	43.9
上汽大通	27638	27142	1.8
厦门金旅	19846	20816	-4.7
安徽江淮	12110	11371	6.5
厦门金龙	10889	11632	-6.4
轻客总体	348392	352110	-1.1

资料来源：中国汽车工业协会。

区。如表 3 所示，2017 年销量居前三位的省份分别是江苏、浙江和广东，所占比重分别为 11.1%、8.9%和 8.5%。

表 3　2017 年轻客区域销量排名

省份	2017 年销量(辆)	销量占比(%)	省份	2017 年销量(辆)	销量占比(%)
江苏	29036	11.1	上海	15097	5.8
浙江	23183	8.9	湖北	12501	4.8
广东	22050	8.5	北京	10580	4.1
河南	18430	7.1	陕西	9776	3.7
山东	16291	6.2	湖南	9687	3.7

资料来源：保险数据，国家信息中心。

（四）燃油类型：汽油类下滑，柴油和新能源类上升

从燃料类型的角度看，由于柴油车多为欧系轻客，汽油车多为日系轻客，因此，随着近几年日系轻客市场被欧系轻客抢占，柴油车的比重也随之逐渐上升。如表 4 所示，2017 年汽油轻客所占比重下降至 19.2%，比 2016 年下降

7.2 个百分点，柴油轻客占比上升至 72.6%，比 2016 年上升 3.2 个百分点。另外，随着新能源推广步伐的加快，纯电动占比从 2016 年的 3.8% 上升至 2017 年的 7.7%，上升了 3.9 个百分点，其上升幅度甚至超过柴油轻客。

表 4　2015～2017 年轻客销量燃油类型分布

	年份	汽油车	柴油车	纯电动	天然气	普通混合动力	其他	总计
销量（辆）	2015	136609	262774	28767	5706	196	94	434146
	2016	92888	244344	13263	1548	81		352124
	2017	66988	252953	26736	1294	37	384	348392
份额（%）	2015	31.5	60.5	6.6	1.3	0.05	0.05	100
	2016	26.4	69.4	3.8	0.4	0.02		100
	2017	19.2	72.6	7.7	0.4	0.01	0.11	100

资料来源：中国汽车工业协会。

四　2018年轻客市场展望

（一）1～6月市场情况：同比小幅负增长，月度走势前高后低

2018 年上半年轻型客车销量为 16.1 万辆，比 2017 年同期小幅下滑 3.1%。从月度走势看，上半年轻客市场呈现明显的“前高后低”趋势，从图 9 可以看到，剔除春节因素的影响，1～4 月轻客市场同比基本维持正增长，但增幅逐渐收窄。进入 5 月份之后，轻客增速转为负增长，并且有逐渐扩大的趋势。

1～4 月的增长，与 2017 年同期江铃产品切换造成的低基数有关，进入 5 月份，随着江铃特顺产品上市满一年，其基数效应也随之由正转负。除了基数影响，2018 年上半年还有两大政策对轻客市场产生了一定的负面影响，这两大政策分别是 GB7258－2017《机动车运行安全技术条件》以及 2018 年新版新能源汽车补贴政策。

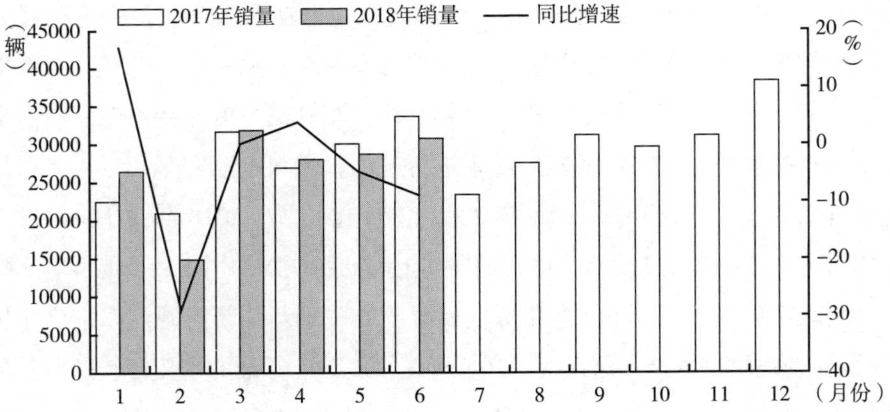

图9　2017～2018年月度轻客销量及同比增速

资料来源：中国汽车工业协会。

1. GB7258－2017《机动车运行安全技术条件》

GB7258－2017《机动车运行安全技术条件》于2018年1月1日起开始实施，对客车的安全性提出了更高的要求，例如：进一步严格了客车灭火防护要求，如对灭火装置配置、新能源车动力电池工作状态监测、客舱固定灭火系统均有要求；扩大强制应用的主动安全装置/安全管理装置种类及车型要求，如配装制动间隙自动调整装置、防抱制动装置、行驶记录仪、车内外视频监控录像系统、超速报警功能等，这些要求将会大幅提升BUS类轻客的成本，从而对BUS类轻客的销量产生不利影响。

另外，GB7258－2017《机动车运行安全技术条件》对客货混装车型也提出了更加严格的要求，压缩了客货混装车型的生存空间。其要求包括：载客车辆不应由于座椅的集中布置而形成和车辆设计功能不相适应的明显过大的行李区；客车不允许安装侧翻式座椅；最后一排后部空间不得超过整车的20%～25%。虽然目前各地车管部门对于这些要求的把控较为宽松，但仍然对轻客市场产生了一定的消极影响。

2. 调整完善新能源汽车推广应用财政补贴

2018年2月13日，财政部、工业和信息化部、科技部、国家发展改革委四部委联合发布的《关于调整完善新能源汽车推广应用财政补贴政策的通知》(财建〔2018〕18号)，进一步提高了纯电动乘用车能量密度门槛要求。根据成本变化等情况，调整优化新能源乘用车补贴标准，合理降低新能源客车和新能源专用车补贴标准。燃料电池汽车补贴力度保持不变，燃料电池乘用车按燃料电池系统的额定功率进行补贴，燃料电池客车和专用车采用定额补贴方式。该通知从2018年2月12日起实施，2018年2月12日至2018年6月11日为过渡期。过渡期期间上牌的新能源乘用车、新能源客车按照《财政部科技部工业和信息化部发展改革委关于调整新能源汽车推广应用财政补贴政策的通知》(财建〔2016〕958号)对应标准的0.7倍补贴，新能源货车和专用车按0.4倍补贴，燃料电池汽车补贴标准不变。以新能源货车和专用车为例进行测算(见表5)，30kWh以下部分，过渡期补贴比过渡期后低29.4%，30~50kWh部分低36%，50kWh以上部分低38.5%。总体来看过渡期补贴要明显低于过渡期后，再加上上半年各地的地补政策尚不明确，因此上半年的新能源轻客需求势必受到明显抑制。从图10可以看出，2018年3~6月新能源轻客的销量均低于上年同期，1~6月新能源轻客的销量为2294辆，同比下滑36%。预计从7月份开始，随着补贴标准的提高以及各地城市物流电动化进程加快，新能源物流轻客将得到快速发展。

表5　新能源货车和专用车过渡期及过渡期之后补贴标准对比

	30kWh以下(元/kWh)	30~50kWh(元/kWh)	50kWh以上(元/kWh)
2017年标准(财建〔2016〕958号)	1500	1200	1000
过渡期标准(2018年2月12日至2018年6月11日)	600	480	400
过渡期后标准(财建〔2018〕18号)	850	750	650
过渡期对比过渡期后(%)	低29.4	低36	低38.5

资料来源：工信部，国家信息中心。

(二)2018年全年市场展望：略有下滑，新能源将成为亮点

对于2018年轻客市场的展望，我们依然从需求端、供给端、政策端进行分析。

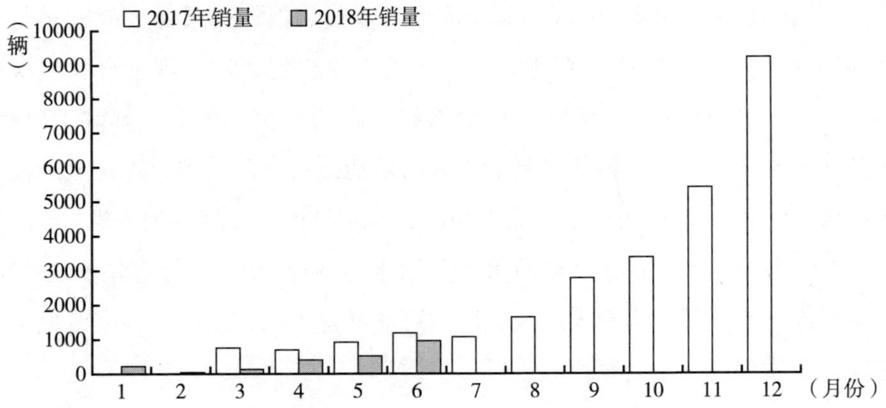

图 10　2017～2018 年月度新能源轻客销量

资料来源：中国汽车工业协会。

需求方面，2018 年下半年受中美贸易摩擦、环保攻坚战、防范金融风险等因素影响，GDP 增速预计将有所放缓，全年增长 6.5% 左右，经济对于轻客需求增长的支撑力有所减弱；城配物流行业变革持续，物流管理信息化水平进一步提升，推动组织效率提升，持续抑制载货车辆需求。然而，我国城市化进程仍然处在快速推进的阶段，围绕民生消费的城市物流类轻客市场和与公共服务相关的专用类轻客市场仍然具备增长潜力，是中长期内维持轻客市场需求的“稳定器”。

供给方面，2017 年以来，江铃、依维柯、上汽大通、福田图雅诺、江淮星锐等企业都纷纷推出新产品、改款产品或新能源产品，欧系轻客供给更加丰富，价格也有所下探，给 2017 年下半年带来了较大的增长动力。但 2018 年新产品供给明显减少，2017 年新产品效应也有所减弱，因此，供给端对于 2018 年轻客增长存在不利。

政策方面，453 号文件对日系轻客的影响仍在持续；有些地区对 GB7258—2017《机动车运行安全技术条件》实施要求日趋严格，对于座椅布置异常或拥有过大行李区的客车上牌存在制约，这一举措将对客货两用类的轻客市场造成长期不确定性压力。当然，利好的因素也仍然存在，且非常值得期待。2018 年 7 月 3 日，国务院印发《打赢蓝天保卫战三年行动计划》，将推动各地加快新能源物流车的推广步伐。根据蓝天保卫战三年行动计划的要求，到2020年，新能源汽车产销量要达到200万辆左右（包含乘用车）；要加快推进城市建成区新增加和更新的公交、环卫、邮政、出租、通勤、轻型物流配送车辆使用新能源或清洁能源汽车，其中重点区域的使用比例要达到80%，作为城市物流主力的轻客车型面临良好发展机遇。

综合考虑需求、供给和政策等多重因素，预计2018年轻客销量与2017年持平或略有下滑，出现大起或大落的可能性都不高，新能源轻客将成为支撑轻客总体市场的生力军。

B.9

新能源公交客车选型分析

于怀勇*

摘　要： 目前，我国的新能源客车行业以新能源公交为“主战场”。在新能源公交客车十余年的发展过程中，公交企业对于新能源公共汽车技术路线的深入研究，是促进新能源汽车产业健康发展，保障城市公交车安全、准点、持续等服务功能提升的关键。本文通过对新能源公交客车技术路线选型、动力电池选型、驱动电机选型和智能化设施选型等方面的分析，希冀为客车企业开发适销对路的车型以及公交企业选择适宜的新能源车型提供参考。

关键词： 公交客车　选型　电池　电机　智能化

一　新能源成就大公交

（一）新能源客车市场连续两年下降

2015 年，新能源客车市场呈现爆发式增长态势，2016 年继续快速增长。进入 2017 年之后，受财政补贴大幅退坡的影响，新能源客车市场开始“拐弯”，2017 年市场惨淡，产销量双双下滑。

2018 年的新能源客车市场，不同于以往，出现了“先扬后抑”的情况。

---

* 于怀勇，深圳市西湖新能源交通发展有限公司副总经理，高级工程师，原深圳市汽车维修行业协会副会长兼秘书长，拥有 48 年汽车运输从业经历。

由于2018年的新能源汽车补贴政策设置了四个月的过渡期，因此，各家整车企业和运营单位为了获得更多补贴，从政策发布之时就进入了“抢单”状态。直到2018年6月12日，2018年新能源汽车补贴政策正式实施，由于市场需求被提前透支，行业产销量连续多个月出现下跌态势。

我国的新能源汽车保有量截至2018年6月底已经有199万辆，位居世界第一。新能源客车在新能源汽车市场上的占比低于新能源乘用车，但在助力行业发展、推动公共交通绿色环保等方面起到了领头羊作用。不过，未来财政补贴取消后的新能源客车市场如何保持可持续发展，仍然是一大难题。新能源客车尤其是纯电动客车存在的造价较高、电池能量密度低、续驶里程短、电池报废处理等问题，急需尽快找到突破口，只有这样才能保证新能源客车获得又好又快的发展。

（二）新能源客车租赁是“蓝海”市场

在新能源客车的推广应用上，城市公交客车新能源化的步伐正在加快。自2009年“十城千辆工程”实施以来，城市公交车由新能源客车替代已经成为现代交通运输的发展潮流，新能源客车的市场份额也随之迅速扩大。在运营方面，新能源客车的租赁现象开始频繁出现。新能源客车租赁是近十年间才出现的创新性产业，前无古人，后有来者。它是共享经济的产物，就像共享单车那样，正在迅猛发展。

新能源客车租赁是一片“蓝海”市场，各家的“圈地运动”正在进行，竞争十分激烈。国有企业、民营企业、股份制企业、中外合资企业等各种经济成分的新能源汽车租赁公司纷至沓来。不过，新能源客车租赁市场目前依然处于起步阶段。一方面，新能源汽车本身造价昂贵，需要巨大的资金投入才能形成一定规模；另一方面，新能源客车租赁市场要发展起来，需要在全国各地租赁停车场，建立互联网平台，布局充电网络、服务网络、维修网络、应急网络等基础设施。

当前，新能源客车租赁的发展路线已经基本确定，即以插电式混合动力、纯电动车型为主，以租代购与合约租赁两种销售模式并存。新能源客车租赁公司可以为上游的整车和电池厂增加销售量，助其回收资金；也可以为下游的运营商提供整车、电池等产品的租赁，缓解运营单位一次性购车的资金压力，还能为车辆运营商和电池经营商提供金融支持，助其做大自身产业。未来，新能源客车租赁将朝着智能化的方向发展，新能源客车租赁业务对于新能源客车市场也将带来一定的降本增效和节能减排效果，有望获得一定的政策扶持。

二　新能源公交客车选型研究

在新能源城市公交客车的发展过程中，公交企业对于新能源公共汽车技术路线的深入研究，选择适宜的新能源公共汽车，是促进新能源汽车产业健康发展，保障城市公交车安全、准点、持续等服务功能提升的关键。

（一）新能源公共汽车技术路线研究

根据财政部、科技部、工信部和国家发改委四部委联合发布的《关于2016～2020年新能源汽车推广应用财政支持政策的通知》（财建〔2015〕134号），中央财政补贴对象为纳入《新能源汽车推广应用工程推荐车型目录》的纯电动汽车、插电式混合动力汽车和燃料电池汽车。其中纯电动汽车又分为快充类电动汽车和非快充类电动汽车。其中，纯电动汽车根据电池充电速度分为快充及非快充两类。快充类纯电动汽车的充电倍率大于3C（1小时充满电池额定容量的充电倍率记为1C，3C即20分钟充满电池额定容量），非快充类纯电动汽车的充电倍率小于或等于3C；插电式混合动力汽车对充电设施的依赖性较低，技术较为成熟，城市工况下运营稳定。但由于政策导向的影响，插电式混合动力车型目前占比不高。

（二）新能源车型技术路线对比

1. 燃料电池客车

燃料电池客车的技术目前还不够成熟，且未形成可靠稳定的氢供应链。

2. 换电式纯电动客车

早期在电池技术不成熟的情况下，为了提高车辆使用率，产生了换电式纯电动客车。该类客车对换电站等基础设施要求高，设施故障率较高，操作人员多，效率较低。随着电池性能的进步，该类客车基本上已无新项目投入。

3. 超级电容客车

该车型配置电容器，适合 10 公里左右的短线行驶；运行时，首末站充电，线路中途应急补电。超级电容客车续驶里程较短，价格高。目前，锂电池补电性能显著提升，快充类电动客车及高倍率非快充类纯电动客车已经可以代替超级电容客车运行模式。并且，由于现阶段超级电容客车未列入新能源车范畴，国内近期少有超级电容客车投入使用。

因此，当前新能源公共汽车选型在少量可选插电式混合动力外，主力技术路线选型仍为纯电动汽车技术路线。目前国内主要纯电动客车的主流产品为快充类和非快充类。快充类具有充电时间小于 20 分钟、电池衰减小、工作效率高等优点，但购车国补少，电池单价贵，谷电利用率低，一次充电续驶里程短。低倍率非快充类车型正好相反，购车国补相对较多，电池单价低，谷电利用率高，一次充电续驶里程长；但充电时间长，电池比快充类电池衰减快，工作效率相对较低，要求夜间停车场要具备充电功能。

（三）新能源公共汽车技术路线选型

1. 纯电动公共汽车

当前，新能源公共汽车技术路线选型重点考虑城市公交枢纽、首末站及停保场建设充电设施的条件，以及充分利用谷电降低运营成本等需求。城市公交场站能满足夜间充电需求的，可优先选择低倍率非快充技术路线车型；城市公交场站不能满足夜间充电需求的，可依托公交枢纽、首末站或临时租地选择快充或高倍率非快充技术路线车型。

同时，由于国内大多数城市的公交系统均处于公交场站不足的状态，因此，建议采用“高倍率非快充”与“低倍率非快充”兼有的新能源公共汽车技术路线。在满足夜间充电的线路投入低倍率非快充车型，提高车辆调度灵活性，并且利用夜间“谷期”电价提高运行经济性；在公交枢纽、首末站具备充电条件的线路，则投入高倍率非快充车型，提高公交服务的可靠性。另外，受车辆载电量限制，如果部分较长的线路使用低倍率非快充车型不能满足一天运行需求，可利用公交枢纽、首末站充电站为低倍率非快充客车进行营运期间快补。

2. 混合动力公共汽车

混合动力系统有串联、并联、混联等模式。混联和并联模式的冗余较大，串联系统冗余最小。在节能率上，混联模式在特定工况下采用直驱，节能率较高，建议优选混联模式。

三　新能源客车动力电池选型要求

（一）电池关键技术

动力电池为公共汽车运营提供源动力，是车辆行驶的“能量包”，选型上应重点把握以下要点：

1. 安全性

锂离子电池安全性主要取决于厂家的研发层次和工艺水平。锂离子电池的安全性分为滥用安全性与现场安全性（自发安全性）。滥用安全性指电池受外力破坏时的安全性；现场安全性（自发安全性）指电池生产工艺决定的安全性，这是由产品质量决定的，无法预防，无法杜绝。因此，电池制造商的研发技术水平、工艺水平、品质控制等直接决定了电池在使用中的安全。

2. 动力电池电量要求

财政部、科技部、工信部和国家发改委四部委联合发布的《关于调整完善新能源汽车推广应用财政补贴政策的通知》（财建〔2018〕18 号）对新能源客车的补贴标准做了规定（见表 1）。

其中对电池的技术要求为：一是单位载质量能量消耗量（E_{kg}）不高于

表 1　2018 年新能源客车补贴标准

车辆类型	中央财政补贴标准（元/kWh）	中央财政补贴调整系数			中央财政单车补贴上限（万元）		
					6 < L≤8m	8 < L≤10m	L > 10m
非快充类纯电动客车	1200	系统能量密度（Wh/kg）			5.5	12	18
		115 ~ 135（含）		135 以上			
		1		1.1			
快充类纯电动客车	2100	快充倍率			4	8	13
		3C ~ 5C（含）	5C ~ 15C（含）	15C 以上			
		0.8	1	1.1			
插电式混合动力（含增程式）客车	1500	节油率水平			2.2	4.5	7.5
		60% ~ 65%（含）	65% ~ 70%（含）	70% 以上			
		0.8	1	1.1			

注：单车补贴金额 = Min ｛车辆带电量 × 单位电量补贴标准；单车补贴上限｝ × 调整系数（包括：电池系统能量密度系数、单位载质量能量消耗量系数、快充倍率系数、节油率系数）。

0.21Wh/km · kg，0.15 ~ 0.21（含）Wh/km · kg 的车型按 1 倍补贴，0.15Wh/km · kg 及以下的车型按 1.1 倍补贴。计算 E_{kg} 值所需的附加质量按照《关于 2016 ~ 2020 年新能源汽车推广应用财政支持政策的通知》（财建〔2015〕134 号）执行，能量消耗率按《电动汽车能量消耗率和续驶里程试验方法》（GB/T 18386 - 2017）测试。二是纯电动客车（不含快充类纯电动客车）续驶里程不低于 200 公里（等速法），插电式混合动力（含增程式）客车纯电续驶里程不低于 50 公里（等速法）。三是非快充类纯电动客车电池系统能量密度要高于 115Wh/kg，快充类纯电动客车快充倍率要高于 3C，插电式混合动力（含增程式）客车节油率水平要高于 60%。

3. 动力电池电量衰减要求

电池都有性能衰减，目前的技术水平对电池衰减无法抗拒。但衰减有快有慢，比选指标一是电池单体衰减率，二是电池组各电池单体的衰减速率的一致性。

（二）动力电池选型

（1）应选择技术水平高、工艺好、产量大的产品，降低产品现场安全性（自发安全性）的风险。同时，动力电池的强度、安全、防护等级、预期使用寿命、热管理系统、冷却方式、维修便捷安全等因素决定了动力电池的使用安全性，选型时应予以考虑。

（2）动力电池储电量应根据使用经验来选择，且选择电池电量应为所投入线路夏季日运营用电量的 1.6 倍。对于电池衰减问题，合同应约定质量保证为 8 年衰减不大于 20%，由电池厂负责维保。

（3）插电式混合动力系统电池充放电频率高，充放电功率大，因此，应选择高倍率非快充电池或快充电池。

四　新能源公共汽车驱动电机选型研究

目前公交车常用的电机类型是永磁同步电机。这主要是基于永磁电机的效率高、高效区域宽和体积小，以及电耗低而且维护保养方便等特点。纯电动客车的驱动模式可以分为传统的集中式驱动和新兴的轮边驱动。

（一）驱动电机使用要求

驱动电机技术从单电机驱动发展到双电机驱动以及电机与减速器或自动变速器一体化集成，轻量、高速和高功率的小型电机与二挡自动变速器的总成正逐步在大型车辆上应用，也即通过高速比的一挡来实现车辆起步、爬坡和短时间超车等功能，车辆巡航车速下则采用直驱，以降低车辆电耗，提高车辆速度。

选择驱动电机主要依据以下原则：

1. 动力性

在考虑额定功率储备的基础上，针对高坡度、高速要求的路线，主要考量车辆巡航所需要的额定（连续）扭矩值和额定（连续）功率值。通常要求电机的额定（持续）转矩的扭矩密度（电机总重）≥4.0 牛米/公斤；电机的额定（持续）转矩与峰值转矩比值≥50%；电机的额定（持续）功率与峰值功率比值≥65%。

2. 经济性

主要评价的是 NEDC（New European Driving Cycle 欧洲新驾驶循环）或 CCBC（中国城市公交客车循环）工况下的 E_{kg}，简单来说就是吨车重电耗。同时，还需要考虑维护性成本。一般在车辆满载情况下，在 CCBC 工况下，每吨重量的百公里电耗指标（无空调及辅助设施负载情况下）≤4.0 度/吨百公里。

（二）驱动电机选型

当前国内驱动电机技术相对成熟，建议采用专业车用驱动电机产量靠前的品牌，并采用永磁同步电机，可优先考虑轮边驱动。对于有爬坡度要求的线路，可以采用带自动变速器的电机总成。

五　新能源公共汽车智能化设施选型要求及问题

新能源公共汽车投入是城市客车技术的一次革命。提高新能源公交客车的智能化设施应用率，可以切实提升市民的乘车体验感以及公交的智能化、信息化水平。

当前普遍采用的车载智能化终端及系统有：智能调度系统车载终端、视频监控系统、信息屏系统、车辆实时工况数据监测系统、动力电池数据监测系统、驾驶行为分析系统、辅助驾驶预警系统、电子后视盲区辅助系统等，有些还选装了 WiFi、盲人导乘、BRT 车辆到站提示、天气预警、智能驾驶辅助系统等。但是，在公交车车厢内安装诸多智能系统，特别是多个设备直接发射电磁信号，必须予以系统管理：智能系统根据用户需求由生产商制造，后期搭载在已取得国家工信部目录的公交客车上。但是，系统之间及与车辆原有电子设备和动力电线之间是否存在干扰，值得怀疑。在问题未全面实验及波频量化证实前，建议采用屏蔽线、盒等予以相互隔离；将各个智能设施分类并予以整合集成，对公交、交通、公安、气象及各设备厂智能终端等管理后台统一为一个信道出入口。

（中山市公共交通集团有限公司总经理、党委副书记郭洋；中山市公共交通集团有限公司技术部副部长钟子文对本文亦有贡献。）

企业发展报告

Enterprise Development Reports

B.10 宇通客车：当你能凝视世界时世界早已在你心中

王　旭*

摘　要：　精于工，匠于心，品于行。现如今，“匠心”几乎成为所有制造行业的立业之本。从技术到审美，从专注到坚守，在这个快速发展的社会，“匠心”从没有像现在这样被如此迫切地呼唤。

匠心精神，在于专注，更成于坚持。身处客车行业，更需要这样的心境和理念。

即便是常年位居客车市场第一“宝座”的宇通客车，也并没有被自己的成就蒙蔽了双眼，始终不断追逐和探索着匠心真谛。从年销量不足700辆的小厂，成长为全球最大的大

* 王旭，文学学士，方得网编辑。

中型客车生产企业，宇通客车从未乐享安逸。在每一个宇通人的思想和行为中，一直都传承着宇通客车董事长汤玉祥说过的一句话，“老老实实做人，踏踏实实做事”。

2017~2018年，客车市场迎来“多事之秋”，遭遇了新能源补贴政策切换带来的起伏。当不少企业忙于寻找突破市场的“出口”时，专注和坚持让宇通客车更显从容，在市场洞察力、领先技术和优秀产品的支持下，仍旧立于不败之地。

2017年，宇通客车累计销售客车67268辆，继续稳居销量冠军，其中，大中型客车累计销售59396辆，总体市场占有率35.4%，同比提升2.9个百分点。2017年宇通客车累计销售新能源客车24865辆，占其全部销量的37%，稳居行业首位，市场份额继续扩大。进入2018年，宇通客车仍旧保持向上态势，上半年占据了超过30%的大客车市场份额。

关键词： 新能源客车　CL6　小宇睿联　校车

工匠，在很多人眼里只不过是重复一种机械动作的工作者。其实，这是一种误读。工匠代表的不仅是一个时代的气质，也代表了一种信仰和担当。虽然工匠不一定都是企业家，但在大多数企业家或者企业身上，都能找到工匠精神的影子。

有着二十多年历史的宇通客车便是最好的代言人。从一家名不见经传的小厂，到现在享誉全球的大型生产企业，宇通客车一直都在用“崇德、协同、鼎新”的价值观精心雕琢和客车有关的每一件事。

从2003年开始，宇通客车一直稳坐市场头把交椅，头顶大中型客车和新能源客车年销量“双料冠军”的光环。不过，即使是有成绩“傍身”，宇通客车也始终没有被外界所扰，心无旁骛地把精力和专注力都用在实业上。

2017～2018 年，新能源客车市场进入后补贴时代。和其他客车生产企业一样，宇通客车同样面临未来该如何蜕变的问题。不过，蜕变其实只是表象。不管是过去、现在还是未来，宇通客车始终都在坚持“以匠人之心，琢时光之影”。

一　择一事而终一生

自 2017 年开始，新能源客车市场就显得越来越“不平凡”。由于补贴的变动和政策的切换，让本来于 2013 年开始抬头进入上升期的市场又拐了个弯。这种突如其来，让众多车企意识到想要长久立于市场不败之地，必须要找到适合自己独立成长的途径。

新能源客车市场正在“退烧”。一时间，市场硝烟四起，各企业在技术、资源、战略等方面展开了一轮又一轮的较量。对于宇通客车而言，早于行业十年他们便开始了新能源客车研发，在多年的市场摸爬滚打中不仅见惯了“风风雨雨”，更无惧每一个挑战。

2017 年，宇通客车累计销售客车 67268 辆，继续稳居销量冠军，其中，大中型客车累计销售 59396 辆，总体市场占有率 35.4%，同比提升 2.9 个百分点。2017 年宇通客车累计销售新能源客车 24865 辆，占其全部销量的 37%，稳居行业首位，市场份额继续扩大。

有人曾说，昨天的辉煌，抵不过岁月的沧桑，也证明不了今天的价值。

宇通客车却用行动和持续成长挑战了这一说法。进入 2018 年，宇通客车仍旧保持向上态势，上半年稳居新能源客车市场销量第一名，且独食了超 30% 的大客车市场份额。

是什么造就了宇通客车的基业长青？拥有强大、坚实的产业基础，这个原因固然不能回避；但最重要的还是宇通客车紧紧抓住客户需求的本质并与政策进行了有效结合。

（一）“棋快一招”成就王者地位

数据显示，2017 年新能源客车占宇通客车整体销售量的比例超过 37%，其中纯电动产品在新能源产品中的占比超过 81%。而宇通新能源客车 2017 年国内市场占有率为 24.5%。新能源车型已经成为宇通客车的主营业务之一，也正是因为在新能源细分领域的成功，让宇通客车坐稳了客车市场的头把交椅。

成功眷顾的一直都是有所准备的人。

在新能源客车的基础研发上，宇通客车始终坚持自主研发与创新，并且从不吝啬。2017 年宇通年报显示，宇通投入研发支出 15 亿元，占到全年营业收入的 3%。

自 2009 年组建新能源技术开发团队，截至目前，宇通客车已经拥有涵盖 25 名博士、221 名硕士的一个 600 余人的技术开发团队；具备混合动力系统、纯电动系统、燃料电池系统、车载能源、电机系统、电控系统、电附件系统、道路模拟、整车转鼓及环境模拟等九大专业试验室，形成零部件、动力系统、整车三级测试验证体系，组建了国家电动客车电控与安全工程技术研究中心。

培根曾说过，“只有愚者才等待机会，而智者会创造机遇。”如果你做好了准备，并有足够的勇气、独到的慧眼，只要在等待的过程中不断地加强学习，不遗余力地认真刻画更好的自己，机遇就可以被牢牢抓住。

纵观宇通客车近几年的发展轨迹，不难发现，一向低调的宇通客车总是能找到合适时机，先于行业捕捉到市场大势，在关键技术上获得领先优势。这源于宇通客车研发的“前瞻性原则”：所有的技术开发项目要有前瞻性，在方向上要和国家政策及技术发展趋势保持一致，不仅要提早布局，而且要持续投入，提前验证，要比政策实施和市场需求启动领先一步。

1999 年，宇通客车推出纯电动客车产品，2005 年完成第一辆混合动力产品。2009 年，国家发布“十城千辆节能与新能源汽车示范推广应用工程”，开始为新能源客车市场按下“加速键”。彼时，宇通客车已经先于业内拥有了成熟的产品，赢在了起跑线上。

宇通客车第二次踩对市场步点，是在插电式混合动力车型的发展上。

2011 年，宇通客车插电式混合动力城市客车（PHEB）产业化技术攻关项目成为“十二五”规划中第一批获得国家“863”计划重点支持的新能源客车项目。2012 年 8 月，财政部发文对推广的 3000 ~ 5000 辆节油率超过 10% 的混合动力公交车进行补贴，传统混合动力满足需求。

进入 2017 年，新能源客车市场正在从“政策市”逐渐迈入“技术为王”的时代，宇通客车又一次通过“主动升级”的方式成功绸缪了未来。2017 年 2 月，宇通客车将睿控技术全新升级为 4.0 版本；针对已上升为国家电动客车安全技术条件的“3S 安全技术”要求，宇通客车在防火、防水、防触电的基础上实现了“3S + 安全升级”，涵盖监控、涉水以及碰撞安全升级等，确保了新能源客车的运营安全。同时，结合补贴新政对电池能量密度的新要求，睿控 4.0 技术不仅提高了能量密度，实现了节油率的升级，在国内典型城市工况下的节油率最高可达 60%，并且进一步提升了对高寒工况的适应性。

2018 年 2 月，财政部等四部委联合发布《关于调整完善新能源汽车推广应用财政补贴政策的通知》，将新能源客车等车型的补贴降低了 40%，还提高了对电池能量密度的技术标准要求。升级后的睿控技术不但体现了宇通客车的综合实力，也因为能给客户带来更大价值，而成为宇通客车在后补贴时代决胜市场的最强“撒手锏”。

（二）坚守初心并不是“闭门造车”

2009 年以来，新能源客车市场日渐繁华，不但新技术、新理念层出不穷，新资本、新面孔也屡有出现。然而，能够立足市场一定是“有颜（有技术），有钱（有资源）”，而且懂得自己想要什么的企业。

简而言之，就是想要做一个好的匠人，必须要回归本真，始终坚持自己的初心。

宇通客车在业内堪称“工匠精神”的最佳代言人。一直以来，宇通客车都在走以新能源、智能网联化及轻量化为核心的发展路线，坚持以新能源细分领域为发力重点，实施纯电动、插电式及燃料电池“三管齐下”的战略。在产品的塑造上，宇通客车更是一直坚守底线，以“为客户创造价值”和“断奶也要生存”的标准约束自己。2018 年 5 月 18 日，赶在 2018 版新能源汽车补贴政策还未正式实施前，宇通客车重磅发布了 2018 年新能源全系产品。在发布的诸多新产品中，包括 E6、E8 及 E8 - Plus、E10、E12 等公交产品，以及 8 米、8.2 米、9 米、10.7 米和 11.3 米等客运旅团产品。其独有的高效电驱动技术、电池智能加热技术、睿控 4.0 技术等特质，可实现整车最大电量增加 15%，续驶里程较此前产品延长 30 公里。有测试数据显示，宇通纯电动客车目前可实现 LCC（产品全生命周期成本）较传统车节约 10% ~65%，插电式混合动力客车的节油率可达 60%。

逆境中才能看出谁是弄潮儿。在不少整车生产企业正在忙于寻找市场突破口的时候，宇通客车再一次站在了创新的最前端。

在《汽车制造中长期产业规划》和《中国制造 2025》的推动下，电动、网联、智能、共享的“新四化”成为汽车业公认的未来趋势。客车领域亦是如此。为此，在全系新能源客车亮相的同时，宇通客车还将自动驾驶技术与纯电动技术完美结合，向业界展示了搭载最新技术的纯电动自动驾驶客车的试运营情况。宇通的自动驾驶纯电动客车具备 L3 级别自动驾驶能力，实现了在高速结构化道路和园区开放通勤道路上的运行；突破了环境感知、决策控制、执行机构、超算平台四大关键技术，兼具巡线行驶、路口通行、精确进站、车路协同、自主避障、超车、会车、换道、跟车等功能。从 2015 年 8 月实现全球首例自动驾驶客车在开放道路行驶，到 2017 年底完成超百天路测并实现在厂区运行，再到此次公开展示实验运营情况，宇通自动驾驶客车技术迈出了坚实的三大步。

此外，随着智能网联技术的飞速发展，车联网进入了生产企业、运营企业、研发人员等越来越多企业和从业者的视线。宇通客车的车联网团队自 2009 年组建至今已有 9 年，截至 2017 年末，已服务于全国 31 个省份近万家运输企业，装车数量居行业首位；拥有涉及安全、节能、舒适、辅助、便利性等专利90余项，软件著作权10余项。“Vecile +”平台和“iCard”车载终端均是宇通客车在车联网领域创新研发的高性能产品。

一份耕耘，一份收获。一个时代的开创代表着社会进步，一个脱颖而出的品牌则代表着行业水平的不断提升。宇通客车将这个道理诠释得淋漓尽致。

（三）严于律己才能亮出“真功夫”

在新能源各条技术路线上，宇通客车从来都有条不紊，在纯电动、插电式混合动力、氢燃料电池每一个领域都稳步布局。尤其是在氢燃料电池客车这个“蓝海”市场，宇通客车更是领先政策、行业一步。

2017年12月，宇通客车获批组建行业首个燃料电池与氢能工程技术研究中心，研究中心设立了整车开发、系统工程、技术开发和氢能开发4个方向，形成了40多人的专职研发团队。目前，该研究中心已完成60KW系统样机开发，完成了累计超过15万公里的样车可靠性验证。

2018年5月28日，在第十四届国际交通技术与设备展览会上，宇通客车首次公开展示了10.5米氢燃料电池客车新品——F10。该车加氢时间小于10分钟，工况续驶里程超过500km，并可实现－30℃低温启动，此外还引入了环境感知、决策控制等智能驾驶技术。据宇通客车相关人员介绍，宇通氢燃料电池客车采用活性再生自动控制物理化学一体化空气过滤技术，过滤大气中的污染物和PM2.5颗粒物，并排放出纯净的水和清洁空气。以10.5米氢燃料电池客车的首发为里程碑，宇通客车自此在氢燃料电池车型领域覆盖8～12米多个米段，涉及公交客车和公路客车等各个细分市场。

任何创新和前瞻的技术或产品，只有走向市场，才能获得持久的生命力。而真正的行业引领者，总是能够抢占先机。氢燃料电池客车的商业化运营，一直被行业视为“步履艰难”。如今，在以宇通客车为首的国内不少先进客车制造企业的努力下，这一梦想离实现又更近了一步。

据了解，为了充分保证车辆运营无忧，15万公里已经成为宇通氢燃料电池客车全新产品可靠性试验的普遍标准，这是当前国内氢燃料电池客车实测最长里程。除了15万公里的实测里程外，宇通客车还要求产品的续驶里程达到500公里以上。以宇通客车的第三代燃料电池客车为例，该车截至目前已累计进行15万多公里的实际道路测试，系统稳定运行超过3000小时。如此严苛的要求，也就不难理解宇通客车为何能在氢燃料电池车型的商业化运作上先人一步。2017年11月，宇通客车中标由全球环境基金（GEF）、联合国开发计划署（UNDP）支持，我国科技部组织实施的“促进中国燃料电池汽车商业化发展”项目三期。2018年2月，冬奥会举办城市张家口12米燃料电池客车订单被宇通客车斩获，25辆宇通12米氢燃料电池客车目前已交付客户。2018年8月，2辆宇通12米燃料电池公交车F12已投入郑州727路公交线开展示范运营。据当地的公交车司机介绍，在F12运营半个月的时间里，每天的运营里程都在200公里左右，没有发生任何故障，其良好的试运行效果必将带动后期批量车的投放。

《中国制造2025》提出：“到2025年，燃料电池堆系统可靠性和经济性大幅提高，和传统汽车、电动汽车相比具有一定的市场竞争力，实现批量生产和市场化推广。”在推动氢燃料电池客车产业化发展的道路上，宇通客车，一直都在前行。

二 上一刻的蜕变是下一刻故事的开始

“转型”不是“转行”，而是要转变思维方式，主动创新管理和经营模式；“升级”是指在“转型”的基础上将原有业务进行变革提升，变得更强更好。

中国客车市场目前正处在“大浪淘沙”的阶段，面对不断变化的生存环境，转型不一定能站上“浪尖”，但不转型就一定会被波涛吞噬。如果能够稳住阵脚并超越环境创造价值，可以说就成功了一半。

一个“高增长企业”具备的素质，除了“崇德、协同、鼎新”的价值观，还一定会拥有消耗不完的激情和如鹰眼般的敏锐目光。只有这样，才能完成每一次有质量的转型升级。从技术到产品，从服务模式到营销策略，作为行业龙头企业，宇通客车的每一次蜕变，始终都在以满足客户需求为目标。下一个五年，宇通客车仍将致力于由客车产品供应商向整体方案解决商转变，实现基于客户的产品、系统、设计和服务的整体交付，为用户创造更大价值。

（一）“心”可谋市、可制胜

对于制造企业而言，为用户创造更大价值就意味着要重新思考用户的诉求，然后触发变革。同样，对于当前的客车行业而言，要解决的核心问题已经从原来的产品质量“好不好”逐渐转向价值服务“到不到位”。

借用 IBM 商业价值研究院的表述就是，这将是一场从卖产品到卖服务的变革；也将是一场从一次性销售收益到贯穿整个产品生命周期且长期而持续的服务式赢利模式的变革；还将是一场顾客关系从片面了解到全面了解，从有限互动到充分沟通的变革。

宇通客车在研发的过程中，以客户现在和未来的需求为核心，最大限度地将产品的全周期使用成本降到最低，让用户获得更多的利益。2018 年，宇通客车应需而变，推出了一款战略新品——CL6。这是一款瞄准中短途客运 10～19 座、5.5～6 米细分市场的车型，该市场被认为是一片“蓝海市场”。

在车身设计方面，宇通 CL6 实现了“舱储大不同”，以超大舱储容积，致力于为客户创造更大价值。宇通客车创新性地将三段式结构首次应用在 CL6 上，实现了舱储容积的最大化。两侧贯通式行李舱及车内行李架，可轻松放置 16 个 24 寸拉杆箱及乘客随身行李。为确保乘客轻松取放行李，宇通客车还按毫米级的精度要求，准确定位舱门铰链位置及结构，从而实现行李舱门最大开启度可达 150°。这样的设计，还可以满足小件快捷物流等服务需求，为客户发展多元化经营，更好地转型升级提供助力。

在“安全大不同”方面，宇通 CL6 继承了宇通客车“安全高于一切”的设计准则和品质基因，不仅采用了大客车专属的安全骨架结构，大幅提升车辆的安全系数；而且采用了骨架四道金刚封闭环结构，进一步提升了车身强度；同时，整车侧翻后车身变形量仅为50毫米，远远高于国家标准和行业的平均水平；整车空载侧倾角度40.2°，远大于国标35°的要求，最大限度地减少了车辆侧翻的安全风险。

此外，CL6具备六大核心优势，体现了车辆加宽加高、乘坐空间更大的大空间特性；47厘米的宽体商务座椅、NVH静音技术、双温区智能空调等确保了高舒适性；配备博世车身电子稳定系统（ESP），确保高安全性；搭载大屏集成中控，可选装Carlife智能互联所体现的高智能属性以及高达80万公里免维护轮边的全维保承诺；具备13+1和16+1两种座位布局，车辆油耗和路桥费更低，B照即可驾驶，宜商、宜旅、宜客的特质，非常适合旅游通勤、商务接待等正在崛起的市场。这些优势帮助CL6实现了两大“价值”的提升，契合了宇通客车提出的关于“客户价值”的公式。

市场需求是产品研发的第一向导。这句话的精髓在CL6身上体现得淋漓尽致。在平衡创新发展与满足用户需求过程中，宇通客车推出CL6成为行业的里程碑式事件，CL6也成为宇通客车“用心造车”的最好体现。

（二）守护是能力也是责任和担当

在国内，宇通客车不忘初心，彰显了自主品牌汽车企业强烈的责任感和民族情怀。不仅企业发展和行业进步是宇通客车孜孜以求的目标，社会民生和国家荣誉也是宇通客车为之奋斗的动力。

在这一点上，一向低调的宇通客车却一直非常“高调”，从不缺席展现中国汽车工业实力的重大场合。2018年9月3日，中非合作论坛北京峰会隆重举行。这是继博鳌亚洲论坛2018年会、上合组织青岛峰会之后，中国2018年四大主场外交的第三场，也是2018年最大的主场外交盛会。宇通T7作为中国自主品牌公商务用车，穿梭于会场之间，承担非洲各代表团的交通接待任务，充分展现了我国自主品牌高端公商务客车的实力，成为中国制造“工匠精神”的最好证明。

不仅是中非合作论坛，中国2018年的前两场主场外交——博鳌亚洲论坛2018年会和上合组织青岛峰会上，宇通T7同样没有“缺席”。如今，宇通 T7 已逐步成为国家重大会议、国际性活动的标配用车，全国“两会”、G20 杭州峰会、澜湄会议、中共十九大等重大场合中，宇通 T7 获得一致好评，提升了“中国制造”的影响力。

提到宇通客车的责任和担当，就不能不提校车市场。中国校车市场起步较晚，并且至今仍在“迷茫”中探索前行。但是，多年来，宇通客车一直坚持深耕，并成为市场上的“老大”。截至目前，宇通校车已涵盖从 5 米到 11 米、从 19 座到 56 座的所有车型，连续多年稳居国内 5 米以上专用校车销量榜首，市场占有率始终保持行业第一。可以说，市场上每两辆校车中就有一辆是宇通校车。对于宇通客车而言，最注重的并不是校车市场的销量或者地位，而是校车能够为孩子带来什么。

2017 年底，宇通客车发布了第三代系列校车产品，在安全性方面进行了全新升级。“三层防护圈 + 四大安全系统”构建了有效的安全防护体系。其中，“三层防护圈”指的是，车内、车外和远程监控三层防护圈；“四大安全系统”指的是，乘客安全保障系统、结构安全防护系统、视野辅助增强系统、智能信息管理系统四大系统。在可靠性上，宇通客车也是不断追求进步。宇通客车所有校车车型均在国家试验场开展了 10000 公里以上的可靠性、耐久性试验验证，涵盖石子路、搓板路、扭曲路等恶劣路况，试验强度是普通路面的 17 倍；每一辆校车的下线，都要经过 38 项环环相扣的工序。

从第一代校车到第三代校车，作为国内最早开始进入校车市场的品牌，宇通客车在引领校车市场的同时，一直在不断追求校车行业的发展。从安全可靠校车的推出，到国家校车安全标准的起草，再到校车运营模式的不断探索，以及在全国范围内推出“袋鼠行动——校车安全大讲堂”大型公益活动，宇通客车在校车领域既是号召者、先行者，也是践行者。

在宇通客车价值观的引领下，宇通客车同样致力于校车文化的普及，注重安全理念的树立。2018 年 4 月 22 日，宇通交通安全教育馆在郑州市中小学体验式安全教育基地内正式开幕。2018 年 7 月 19 日，在一年一度的中国校车行业高峰论坛上，宇通客车重磅发布了“安芯”校车智能管理系统 3.0 版本，正式启动了宇通神奇校车全国巡演。

（三）授人以鱼不如授人以渔

2003 年，宇通客车第一次登上国内客车销量第一的宝座，之后便扛起了中国客车走向世界的大旗。在海外，宇通客车在行动和担当上，均体现了“中国制造”的精神和风范。

在“走出去”的道路上，宇通客车依然坚持以客户为中心的经营理念，认定客户的成功才是自己的成功，并把这一理念贯穿到整个价值链流程中，希望在为用户提供高品质客车的同时，也为其实现价值提供助力。从 2005 年拓展海外市场的第一天起，宇通客车就将“狩猎者”的角色改变为“耕田者”，坚持一步一个脚印地“走出去”。随着越来越多的“中国制造”在国际市场散发光芒，宇通客车血脉里渗透的使命感、责任和担当更是表现得一览无余。在“崇德、协同、鼎新”的价值观指导下，每一个宇通人都有同样的使命感——宇通人不是在制造客车，而是在带领中国客车产业“走出去”。

宇通客车在走向全球的道路上，定义了属于自己特点的“宇通模式”。这种模式不但贴合当地环境、政策和客户需求，提供集培训、售后于一体的运营方案和系统支持，更致力于与合作伙伴共同面对未来，一起解决困难，分享喜悦。在俄罗斯市场，截至 2018 年上半年，宇通客车累计销售 3300 辆，是“宇通模式”的最佳诠释。2018 年，宇通客车斩获了俄罗斯市场 300 辆批量订单，为世界杯提供运输保障服务。为了保证车辆运营，“俄罗斯版”宇通客车应运而生。它拥有大功率独立水暖、整体电泳涂装……它是中国的宇通客车，更是具有俄罗斯特色的宇通客车。

引人关注的不仅是服务世界杯的 300 辆高端客车，还有宇通客车在俄罗斯市场获得的品牌影响力。世界杯期间，在两家与宇通客车合作的俄罗斯运营商中，BBus 还成为宇通客车在当地的合作经销商。2018 年，BBus 不但在宇通客车的协助下建立了宇通专用维修车间和配件中心库，还获得了宇通客车“年度最佳经销商”的称号，并且在短短一年多的时间里，已经对外销售了 120 多辆宇通客车。

宇通客车俄罗斯片区总经理曾哲曾表示，宇通客车在海外市场从不做一次性买卖，而是希望与合作伙伴共同前行。在提供优质客车产品的同时，宇通客车还将提供车辆运营管理、服务、物流交付及金融支持等一揽子解决方案，实现产品销售、品牌溢价的同时提升。这就是宇通客车的品牌模式，也即“宇通模式”。

品质过硬的产品、因地制宜的措施、全面覆盖的服务、标准完善的管理、授人以渔的耐心——凭借这套娴熟的“组合拳”，在过去的一年中，宇通客车获得了不少重要订单。例如，2017 年底至 2018 年初获得法国市场的 40 多辆 12 米纯电动城间客车订单，投放地点为巴黎等主要城市；2018 年正在履行销往埃塞俄比亚的 750 台 KD 组装订单。

目前，宇通客车的海外市场已经覆盖欧洲、亚洲、非洲、大洋洲、美洲五大洲，产品批量出口法国、英国、俄罗斯、以色列、智利、古巴、委内瑞拉、澳大利亚、菲律宾等 30 多个国家和地区。2017 年，宇通客车累计海外出口客车 8412 辆，同比增长 18.1%，连续七年位居世界第一，成为全球大中型客车销售量最大的客车企业；2018 年上半年出口 3059 辆。

品牌有国界，但精益求精的“工匠精神”无国界。真正的践行者，一定是“工匠精神”的受益者。用修行的价值观代替浮躁功利的工作观，用一生去专注做一件事情，那是一种纯粹的伟大。对海外市场的塑造，便是宇通客车践行“工匠精神”的成果。

一份责任传始终，在中国客车制造领域，宇通客车一直在探索，从未放弃过。

后　记

时代需要工匠精神，以一种做人做事敬天畏人的态度，对抗日渐盛行的浮躁之风。

宇通客车的“坚守之路”告诉我们，专注做点东西，至少对得起光阴和岁月。

B.11

假如客车行业没有金龙

姚　蔚*

摘　要：　中国客车行业，因为金龙汽车集团旗下的三条金龙而变得精彩纷呈，耐人寻味。三条金龙的创新，创造了中国客车行业很多第一；三条金龙的合作和竞争，打造出独特的“三龙一通”竞争格局；三条金龙也与其他客车企业一起，共同塑造了中国客车行业在全球的竞争优势。

中国客车行业因为三条龙，而成为一个有故事的行业。

本文通过设想“中国客车行业没有金龙”，来阐述成立三十年的金龙汽车对客车行业的影响。

关键词：　金龙汽车　金龙客车　金旅客车　海格客车　“三龙一通”

假如客车行业没有金龙汽车，没有其旗下的金龙客车、金旅客车和海格客车这三条龙，那么客车行业会走出怎样的轨迹呢？

假如客车行业没有金龙汽车，那就不会有客车行业第一梯队的三大品牌：金龙、金旅、海格；也不会有十几年来客车行业独特的、朗朗上口的竞争格局：三龙一通。

假如客车行业没有金龙汽车，那么，中国客车的历史可能会被改写，中

---

* 姚蔚，经济学硕士，理学学士，中国注册会计师协会和中国数量经济学会会员。师从经济学家、中国工程院院士、中国社科院学部委员李京文。曾任中国汽车报社《商用汽车新闻》和中国汽车报网总编辑。现任方得网总编辑。

国自主品牌统治客车行业可能会推迟数年；或许不会有数个客车巨头上市；或许中国客车也做不到半年就推出一款车型；或许中国客车出口海外的时间会被推后，出口发达国家的时间同样被推后。

假如客车行业没有金龙汽车，或许直销这种销售方式就不会成为客车行业占据主流地位的销售模式；或许客车主要靠行销的营销模式不会成为这个行业的标志；或许客车行业邮寄内刊的营销模式不会发生；或许上门巡展的体验式营销不会在这个行业大行其道；或许汽车行业的品牌建设依然是乘用车板块一枝独秀。

假如没有金龙汽车的“三条龙”，那么客车行业就不会有如此多的经典车型；不会有如此多可以让人总结、反思的商业案例；也不会有那么多跌宕起伏的分分合合，那么多的传奇与故事。

近30年来，整个客车行业都深深烙上了“金龙”的印记。

一　金龙向国外品牌客车开战

假如，厦门金龙汽车集团股份有限公司（以下简称“金龙汽车”）的前身——厦门汽车工业公司没有在1988年成立，其后，或许没有中国自主品牌“金龙”客车的热销。中国的客车，是否也会步乘用车的后尘，走上合资企业成为主流、国外品牌统治客车行业的道路呢？

1997年，中国客车连续7年的销量冠军——亚星客车牵手世界最大的商用车企业德国奔驰，成立了亚星奔驰。

这一年前后，是乘用车合资企业成立的高峰：上海通用、广州本田接连成立，上海大众、一汽大众、东风雪铁龙、长安铃木也销量大涨。当时，客车行业的合资公司，也如雨后春笋般层出不穷：西安沃尔沃、桂林大宇、常州依维柯、沈飞日野、广州五十铃、上海沃尔沃、天津伊利萨尔……

彼时，无论是乘用车还是豪华大客车市场，合资企业的国外品牌产品几乎垄断了中国的市场，世界巨头们纷纷以“股份和市场换技术”的合作方式开始大举进入中国，“洋品牌”客车在国内达到了空前繁荣。

不过，自从一个叫作“金龙”的客车企业诞生并且“野蛮”生长后，中国客车和乘用车的发展轨迹便开始分道扬镳。此后，乘用车的发展接着走合资生产国外品牌的“阳关道”，而客车的发展则逐渐走上了自主品牌造客车的“独木桥”。

1988 年 12 月 3 日，“厦门金龙联合汽车工业有限公司”（以下简称金龙客车）在厦门成立，这就是此后大名鼎鼎的“金龙客车”。1989 年，金龙客车以 SKD 组装形式引进了德国奔驰公司的客车车型和车身制造技术，开始生产豪华客车。彼时，这个叫“金龙”的客车公司，是一个在租赁水泥管厂车间的基础上成立的企业，只有一个试制车间和一个烤漆房，员工不超过 200 人。职工几乎都没有接触过客车制造，资金也只有四家股东凑的少得可怜的 2000 万元（四家股东分别是厦门汽车工业公司、东风汽车、华能公司和香港法亚洋行）。

就是这个没有任何背景，没有厂房、资金和人才的企业，在 2000 年推出了一辆自主研发的金龙品牌 XMQ6700 客车。这辆国产客车带空调、电视机、录像机、便捷冰箱、导游话筒、高靠背可调式的航空座椅等，远比当时的国产客车要“豪华”很多。

这辆金龙客车，虽然是模仿奔驰而来，不过还是让行业“耳目一新”，毕竟这是中国人自己造出的“豪华客车”，而且价格合适。要知道，当时一辆进口品牌的客车售价都在百万元以上，而一辆金龙客车只要四五十万元。

豪华，高性价比，而且能够根据客户的需求快速改进。就这样，越来越多的金龙客车走进旅游客车市场，“金龙”这个品牌开始在客车行业声名鹊起。

1993 年，厦门汽车股份有限公司在上海证券交易所挂牌上市（2006 年更名为厦门金龙汽车集团股份有限公司），成为国内客车行业第一家上市公司。从这一年开始，金龙客车的销量和利润一路上涨。

1994 年，金龙客车推出的 XMQ6702B 受到了蓬勃发展的中国旅游行业的青睐。这一年，金龙客车 XMQ6700 产品销量从 1990 年的 5 辆提升到 614 辆。同年，金龙客车推出国内首款自主设计的大型豪华客车 XMQ6110。

2000 年，金龙客车销售额达到 19.28 亿元。这意味着金龙客车超越亚星客车，首次登上中国客车行业榜首的位置。

榜样的力量是无穷的。金龙客车的成功，让很多客车企业不再迷信合资。自从 1993 年金龙汽车上市后，一大批中国本土客车企业也纷纷上市，其中包括宇通客车、中通客车、安凯客车等。

伴随着金龙客车赢得越来越多旅游客车市场的订单，越来越多的中国自主品牌客车企业也相继推出了更多适合中国国情的客车。中国品牌客车逐渐形成了高性价比的优势，国外品牌客车在中国的份额不断减少。

二 “八国联军造中国客车”

假如，没有金龙客车开中国制造“豪华客车”之先河，没有用中国品牌客车跟合资客车相抗衡，并且一路业绩上扬；或许更多客车企业会像轿车一样，走上合资之路，最后让合资企业成为市场的主体。

那么，没有技术、资金和背景的金龙客车，是以什么样的方式造客车，从而打败了国外品牌的客车呢？

这也许要归功于金龙客车“敢想敢做”的精神：用中国的方法，解决中国的需求。

首先，金龙客车是以市场为导向，这比从国外直接引进的产品更加贴近用户的需求。金龙客车从起步之日起，其每款客车都是根据客户需求来开发，根据客户需求来改进的。

其次，借用外部资源。金龙客车成立之初，在开发产品的时候就决心要造一流客车，跟国外品牌客车相抗衡。因此，金龙客车在采购零部件时，采购的都是国际知名品牌。正是因为大量零部件都来自客车领域的国外顶尖供应商，因此，金龙客车的零部件品牌来自很多国家。“模仿创新 + 国际配套”的方式，由此在客车业诞生。

美国康明斯发动机、法国 TELMA 缓速器、德国采埃孚变速器等国际名牌产品，开始与国产零部件一起混装在金龙客车上。这与中国轿车行业引进一个国外品牌，进口零部件也基本都是这个国家的情况完全不同。可以说，与中国轿车市场的“八国联军”轿车相比，金龙客车在中国开创了一种造客车的模式——“八国联军造客车”。

除了零部件采购的创新，金龙客车在生产工艺方面也结合自己的特点进行了创新。金龙客车起步时的硬件条件很差，既无像样的厂房，也没有大量资金去购入大型设备；不过，正是因为受到场地、资金的限制，金龙客车摒弃了传统车身制造的“钢板、模具、冲压”生产方式，开创了“铝板 + 前后围玻璃钢 + 顶盖钢板焊接”的方式。这种看起来“省钱、省地方”的客车生产方式，既缩短了开发生产周期，又顺应了客车“小批量、多品种”的市场特点，同时还大大减少了厂房设备的折旧成本。

金龙客车依靠模仿创新起步，瞄准市场，又依靠国内外优秀的零部件，还自创了全新的生产方式。相比合资企业，金龙客车最大的优势就在于能够持续改进，不会固守一个车型和一种生产方式。

正是因为创新，金龙客车迄今为止已经创造了至少 17 项国内客车第一：第一家采用 ABS 制动系统、ASR 防侧滑装置；第一家使用电涡流缓速器；第一家拥有全铝全承载式客车技术；第一家开发出超低地板公交车；第一家提出同一平台制造的造型理念；第一家在大型客车产品上统一加装脉冲超细干粉自动灭火装置；第一家采用 CAN 总线仪表；等等。正是伴随着产品的快速迭代，管理方式、营销方式的持续改进，金龙客车的产品从最初的模仿、追随，逐渐发展成为市场的领跑者和风向标。

三　假如没有金龙，直销会成为客车的主要销售模式吗？

有了好的产品，就能有好的销量吗？当然不是。特别是在客车行业，营销能力对于销量的贡献很大。

金龙客车能够快速从无到有，从白手起家到 2000 年的行业第一，其营销创新和产品开发创新同样居功至伟。直销，是客车行业主流的销售模式，而金龙正是这一销售方式的首创者。

不过，在30年前，客车销售却不是直销。客车企业销售几乎都是“坐商”，坐等用户上门购买。直到金龙客车首创“行销”模式后，厂家主动上门找用户，“直销”才逐渐成为客车行业最重要的销售方式。

金龙客车成立初期，只有十多个销售人员，市场以被动销售为主：坐在办公室里打打电话，寄寄资料，并不经常出差。1995年，金龙客车的营销方式发生了巨大变化：划地域销售，销售部门和售后服务部门独立运作，实行任务考核，费用包干，奖惩分明。以直销为主，辅以经销，同时加强对销售人员和经销商的定期培训，内容涉及营销策略、技巧以及产品知识。

从“坐商”变成“行商”的同时，金龙客车在销售考核上也转向了“结果导向”：考核的标准是先看结果，再看过程，并将销售指标和市场份额作为第一杠杆。比如，一名销售员因为某种机缘，可能只付出了其他人80%的劳动，但结果却达到了150%，金龙客车就按照150%进行考核，兑现奖励。

“当别人都在睡觉时，金龙人就打着哈欠起床了。”这就是金龙销售人员当时的生活状态。而金龙销售人员开拓市场时，有着“四千销售精神”：“千辛万苦、千言万语、千方百计、千山万水。”

正是在营销上1%的创新+99%的努力，使得金龙客车的销量从1995年起大幅提升，盈利也如滚雪球般的翻番。

当金龙客车在1997年首创客车巡展方式时，可能连它自己都想不到会有这么好的效果——其受客户欢迎的程度超乎想象。将产品近距离地送到客户门口，供其品鉴和试乘试驾的体验式营销的精髓早早就被金龙人抓住，巡展车所到之处都能掀起一个个订单高潮。而产品规划人员和技术人员在巡展过程中随时听取客户的反馈和使用意见，及时应用到后续产品的改进和优化，则是巡展带给金龙的第二个礼物。2000年，在率先迎来新世纪第一缕阳光的浙江温州，金龙客车“千禧之旅”首站活动拉开了金龙第四个年头的巡展，金龙也在当年取代亚星，成为这个行业新的“王者”。

除了“行销”，金龙客车在营销的其他方面也不断推陈出新，带给行业新的理念和方法。1999年，金龙客车的很多客户都收到从厦门寄来的一张彩印纸，主要介绍一些市场信息和新产品以及售后服务常识，这就是客车行业第一份 DM（直投）读物——《金龙月报》。随后几年，这份简单的刊物逐渐发展成精美的铜版纸杂志——《大金龙 . COM》。此后，其他主流客车企业也开始制作企业内刊，通过直投的方式邮寄给用户。

直销、直投，这些现在看起来很简单的销售模式，却开了客车行业一个又一个先河，并被其他客车企业效仿。直到现在，这些方式和方法仍然是客车营销的核心内容。

同样，在客车企业的品牌建设上，金龙客车也引领了行业。从金龙客车最初提出的品牌主张“时时领先　处处关怀”，到 2007 年至 2012 年的“细微之处　专业之道”，再到 2012 年至 2015 年的“科技金龙　无限可能”，直至如今的“创新前行　因你而动”，金龙客车在业内首创以“品牌主张”强化品牌使命之举，引领了客车行业品牌推广的潮流。

此外，金龙汽车集团旗下的三龙始终积极参加国际车展，不断提升品牌国际知名度。作为中国客车行业的领先企业，金龙汽车频繁亮相世界各地车展，在国际客车舞台上树立了良好的品牌知名度，为中国客车长期稳固拓展国外市场打下了坚实基础。自 2005 年以来，金龙汽车连续多次参加英国伯明翰车展、比利时车展、德国汉诺威车展等，与来自英国本土及欧洲大陆的知名客车厂商同台竞技，一展中国客车的“国车”风采。

经年的品牌投入，回报也十分丰厚。2018 年 6 月，世界品牌实验室（World Brand Lab）发布了《中国 500 最具价值品牌》排行榜。金龙汽车集团旗下的金龙客车、苏州金龙、金旅客车分别以品牌价值 378.15 亿元、358.35 亿元、203.28 亿元，同列客车行业前茅。

四　假如没有金龙，中国客车换型速度会有多快?

中国客车在全球客车产业中具有强大的竞争优势，这与中国的轿车不太一样。其中原因，除了中国客车在性价比方面的优势外，还有一个其他国家客车品牌都无法比拟的优势，那就是交货周期快，产品根据用户要求改进快。这一特点，可以说发源于金龙客车成立之初，为了生存而发展出的“快”之道。

俗话说，天下武功，唯快不破。金龙客车也正是得益于其独门秘籍——“快”，才能从一些老牌客车企业、合资客车企业手里抢到订单。

金龙客车“快”到什么程度呢？每半年就推出一款新车型。金龙客车为何能如此快地推出新车型呢？

首先在于决策快。金龙客车决策开发一款车型，只要这款车是市场需要的，那么就立刻决策开发。比如，新中巴 6798 产品的开发决策只用了一天。2005 年年初的一个夜晚，金龙客车商品企划课课长向公司高层建议开发 6798 产品。公司高层让商品企划课课长用 40 分钟讲解市场调研情况，用 20 分钟进行分析。听完讲解分析后，这位公司高层当场给上级领导打电话汇报此事；第二天，公司便决定立项开发 6798 车型。2006 年，金龙客车这款车的销量达到 860 辆，同比增长 313%，成为当年金龙客车中巴车型系列中最大的亮点。

通过“快”的方式，金龙客车不断满足用户更多的需求，逐渐成为用户追捧的对象。而金龙快速推出的新车型，也成为市场上引领消费的风向标。到了 2000 年左右，金龙客车每推出一款新产品，就成为被模仿与追逐的对象。金龙客车在旅游客车市场也成为“金字招牌”，很多旅行社都会标明是“金龙客车”来招揽旅客。那个时候，天安门广场等许多著名旅游景点都可以看到拿着金龙客车照片的人，不断喊着“长城，十三陵，金龙客车”。

五　同一个金龙，同一样气质

金龙客车对于中国客车行业，已经是神奇的存在；不过，客车行业中最为神奇的地方就是，竟然有三条金龙。这三条金龙同属于金龙汽车集团，不过，却是三个不同的品牌。这三条金龙同样都是客车行业的一线品牌，并且在客车行业十几年的第一梯队——“三龙一通”的四席中就占据三席。为何能有三条金龙，三条金龙都是独立品牌，而这三条金龙又同时都位列客车行业的第一梯队呢？也许就在于“同一个血脉，同样的气质”。

金龙汽车发源于金龙客车，2018 年是金龙汽车成立 30 年，也是金龙客车成立 30 年。金龙客车起家于大型客车。其后，金龙客车旅行车（厦门金旅）成立，同属于金龙汽车集团。最初，这两条金龙共同使用“双人商标”，金龙客车主攻大型客车，因此，业内又称其为“大金龙”；厦门金旅主攻 6 米的轻型客车，因此又称其为“小金龙”。而 1998 年成立的金龙联合汽车工业（苏州）有限公司（苏州金龙），本来是金龙客车与苏州市政府成立的子公司，成立时定位为中型客车，之后独立发展出“海格客车”这一产品品牌。

金龙客车、厦门金旅和苏州金龙在成立之初分别定位于大型客车、轻型商务客车和中型客车，这三家企业也都先后在大型客车、轻型商务客车和中型客车领域拔得头筹。

很多人不能理解的是，为何三条龙都能先后腾飞，成为客车行业主流企业，在客车行业第一梯队“三龙一通”里占据三席；而放眼整个客车行业，在 2000 年左右成立的客车企业有很多，此前的老牌客车企业也大量存在，为什么除了宇通这一家企业外，其他比金龙汽车条件更好的企业却没能成功呢？

这也许就在于，三条龙虽然是三个不同的企业，使用不同的客车品牌，但却是“血脉紧相连”。三条龙的骨子里都有一股不服输的气质，都有一种不走循规蹈矩路，敢想敢做，敢为人先，敢于打拼的精神。正是有同样的这种精神，让三条龙都能在客车行业芸芸众生中脱颖而出，成为佼佼者。

金龙客车，第一条金龙，在成立之初就创造了中国大型客车的奇迹，并且成为国产大型客车的 NO. 1；厦门金旅在成立之初，就以“考斯特”创造了轻型客车的奇迹，成为国产商务车的 NO. 1；苏州金龙在成立后，也以“满天星”畅销车型，一举夺下中型客车的 NO. 1。

三条龙的出生、成长并没有什么特殊的资源禀赋：没有雄厚的资金，没有客车行业的人才，也没有像样的厂房。实际上，“一穷二白”，几乎是三条龙的共同特点。

三条龙，既有股份上的联系，在人员上也相互往来。厦门金旅和金龙客车同属一个集团，又同在厦门，因此，厦门金旅有不少员工来自金龙客车。苏州金龙在成立时就是金龙客车的子公司，因此最初的管理层和骨干也都来自金龙客车。因此，三条龙无论是“兄弟”关系还是“父子”关系，都可以说是血脉紧相连，自然在气质、价值观以及做事方法上有很多相似之处。

三条龙，都同样贴近客户，同样从最开始就以市场为导向，产品也力求不断满足客户的需求；在市场上胆大敢拼；在方法上敢于创新。

尽管三条龙在起家时主攻领域各不相同，但最后都走上了“轻、中、大”全系列客车发展之路，并最终在客车行业“三龙一通”的四强格局中占据了三强的位置。

也正是因为这三条龙既同属金龙汽车，又相互独立；既相互协同，又相互竞争；既相爱也相杀，不断分分合合，因此，才让客车行业无论是在汽车领域还是在整个制造业，都充满了故事，充满了跌宕起伏。

六　假如没有金龙，中国客车出口从何时开始？

俗话说，打虎亲兄弟，上阵父子兵。三条金龙虽然是三个品牌，不过，到了国外，却都代表着中国客车。

金龙汽车“家族”，既开了中国客车出口之先河，同时，现在也是中国客车对外贸易的一支中坚力量。三条金龙拥有最多的海外 CKD 工厂，创造了中国客车行业最大的出口数量和最多样化的贸易形式。

2000 年，金龙客车一次就向伊拉克出口了 30 辆豪华客车；2000～2001 年，金龙客车利用英国亚历山大公司的技术，陆续为香港提供了 200 多辆豪华双层客车。

2002 年，是中国入世后的第一年。当汽车行业都担心是否会受到进口汽车冲击时，金龙客车却做出了一件令行业惊讶的事情，那就是把中国汽车出口到国外。

2003年伊始，金龙客车获得了出口马耳他58辆批量订单；这一年，金龙客车首次通过VCA认证，并成为国内第一家把中国客车卖到欧洲的客车企业。还是这一年，厦门金旅第一批豪华旅游客车进入菲律宾，正式打开了菲律宾市场的大门。

苏州金龙的国际化、国际产能合作则始于2006年与泰国、马来西亚的KD生产合作。后来陆续在美国、中国台湾、伊朗、委内瑞拉等市场开展业务。

此后，中国客车便源源不断地出口到世界各地。如今，中国客车已经出口到全球160多个国家和地区。不只是发展中国家，就连发达国家，甚至欧美日韩这样的汽车强国，也有了中国客车的身影。世界上各种重大赛事和活动，也随处可见中国客车的身影。中国的客车在全世界都拥有很强的竞争优势，这一点从服务2018年俄罗斯世界杯的大量中国品牌客车就可以看出。

毫无疑问，在中国客车最初的海外探索之旅中，金龙客车一直都发挥着引领作用。2002年11月，金龙客车在国内客车企业中率先通过“ISO9001：2000”质量体系认证，主持认证方为SGS公司，由其完成认证的公司也同时获得UKAS（英国认可委）证书，并公布在英国工贸部的网站上，向全世界的贸易商免费开放。

目前，金龙汽车约三分之一的产品销往海外五大洲167个国家和地区，并已在菲律宾、马来西亚、越南、委内瑞拉等地开设了SKD/CKD工厂。来自海关的统计数据表明，金龙汽车连续十多年位列我国客车出口销量第一名。2017年，金龙客车出口客车8048辆；厦门金旅出口2943辆；苏州金龙出口2633辆，整个金龙汽车出口量位居行业第一（见表1）。

表1　2017年金龙汽车集团出口量统计

单位：辆

金龙客车联合汽车工业有限公司	8048
金龙客车旅行车有限公司	2943
金龙联合汽车工业（苏州）有限公司	2633

七 假如没有金龙，中国客车行业少了多少经典车型?

在金龙汽车成长的30年时间里，三条金龙为行业贡献了大量的经典车型。

实际上，只要是乘坐过大中型客车的人，几乎都坐过“金龙家族”的客车。在中国客车30年的历史中，三条金龙的经典客车，不但承载着中国客车的发展历程，也是无数人的深刻记忆。

1. XMQ6700——第一代中型豪华旅游客车

1989年，金龙公司以SKD组装形式引进了德国奔驰当时先进的客车车型和车身制造技术，开始专业从事豪华客车的生产。自1990年起，金龙客车开始了走自我开发的道路。金龙客车针对国内市场需求特点，自主开发设计出第一代中型豪华旅游客车产品XMQ6700。这款产品配备了空调、电视机、录像机、便捷冰箱、导游话筒、高靠背可调式航空座椅等豪华配置。XMQ6700，可以看作中国自主设计豪华旅游客车的起点。

2. XMQ6110——国内首款自主设计的大型豪华客车

1994年，金龙客车设计开发的XMQ6110，成为国内首款自主设计的大型豪华客车。

XMQ6110，在成渝高速、沪宁高速公路上对“洋品牌”沃尔沃、凯斯鲍尔形成了正面竞争，其较高的性价比，逐渐受到众多中国客运、旅游公司的青睐。

此后十几年里，金龙客车在XMQ6110的基础上，又不断开发出多款同类车型，不仅满足了团体市场需要，也适合城郊客运、卫星城镇、远郊社区、郊区旅游的发展需求。这一系列车型给客运企业带来了全新机遇，也奠定了金龙客车在客车市场的地位。

3. XMQ6100G——首款低地板豪华城市公交车

1997年，金龙客车推出国内首款低地板豪华城市公交车XMQ6100G。这款公交车很快就打入了北京、上海、深圳等一线城市公交市场。

4. 厦门金旅考斯特

考斯特是厦门金旅起家和赖以成名的一款中巴，从1997年上市至今的20年中，它以稳定的市场表现和良好的用户口碑，为厦门金旅赢得了行业地位。

1992年成立的厦门金旅，从1997年开始以CKD的方式组装丰田考斯特中巴。1998年，厦门金旅逐步实现了该车型的国产化，厦门金旅生产的国产考斯特比进口考斯特更符合国情，性价比更高，很快成为商务中巴的NO. 1。

1998年，厦门金旅考斯特中巴首次服务全国“两会”，被喻为“国宾车队的专用车”，至今已连续多年承担“两会”代表委员的运输接待工作。

5. XMQ6115——为国车代言

1999年，金龙客车推出XMQ6115奔腾系列产品，其一度成为“国车”品质代言车型。XMQ6115客车，一改往昔国产大中型客车的老造型，加入了许多新的设计元素。比如，过去的车灯是方方正正的设计，而改进的车灯采用柔性的弧形圆灯设计。不仅如此，欧洲许多先进的造型和技术开始同步出现在金龙客车上。一时间，金龙客车成为中国客车界的样板。

金龙客车XMQ6115这款车型不但外观亮丽，性能也过硬，创造过300万公里无大修的纪录。

2000年，北京60%的高档旅游客车市场都被金龙客车占领，金龙客车也成为经常承办各种国家级活动用车的北京首汽集团的主力车队用车，一次次以代表国家形象的面貌出现在人们的视线里，有“国车”之称。金龙XMQ6115车型的畅销，使金龙客车在2001年的销售额突破30亿元，在中国客车行业排行第一。此后十几年时间里，金龙客车XMQ6115一直都是客车市场的“明星产品”。

6. 满天星

2001年，苏州金龙结合国情，借助引进日本三菱罗莎成熟的中型客车技术，成功开发出“小行星”和“满天星”系列中型客车。刚刚入行的苏州金龙，在2002年便创造了“满天星”单一产品销量超5000辆的奇迹，至今这一“销售神话”还鲜有企业能打破。

7. XMQ6106G 批量出口马耳他

2002 年，金龙客车 XMQ6106G 车型亮相，并于 2003 年批量出口马耳他。这款公交车在全球市场的保有量已过万辆。

8. XMQ6120G——低地板无障碍公交客车

2003 年，金龙客车推出了低地板无障碍公交客车 XMQ6120G。这款低地板无障碍公交客车标志着国内公交无障碍化的开始，成为后来者模仿的模板。这款超低地板公交车，人性化的设计不仅包括高度仅有 350mm 的一级踏步和专为残疾人设计的通道，还包括空气悬挂、车身高度调节与倾斜装置等。

9. XMQ6127欧洲之星

2004 年，金龙客车打造的“欧洲之星”XMQ6127/XMQ6118 上市，其代表了当时中国客车界的高制造水平。2005 年，“欧洲之星”XMQ6127 在英国拿到了中国客车在欧洲的第一张认证——英国 VCA 认证，于 2008 年服务北京奥运会，并于 2012 年成为英国伦敦奥运会全球合作伙伴“三星公司”的特许服务车辆。该车型至今仍在国内外客车市场上占有举足轻重的地位。

10. 龙威一代 XMQ6129Y

2007 年，金龙客车推出“龙威一代”XMQ6129Y。这款车型一经推出便广受认可，被业内评为“中国客车设计革新里程碑”，它标志着中国客车设计走出模仿外国车型的阴影，开始形成中国客车车型独特的视觉特征。“龙威一代”上市 10 年至今销量已过万辆，缔造了中国客车工业的传奇。

11. 斯堪尼亚 · 海格 A90

2007 年，苏州金龙与斯堪尼亚联合推出斯堪尼亚 · 海格 A90 公路客车。该车是中国高端公路客运和旅游市场的顶级客车，它吸取世界豪华客车的优点，融入了居家的理念，采用承载式车身设计，整车性能和配置达到营运客车大型高三级标准，在豪华舒适性、技术、环保等方面都达到了行业领先水平。

此外，这款车还开了中外合作研发制造客车、同时使用中外双方商标的先河。

12. “城市之光”XMQ6106G

2008 年，金龙客车打造出“城市之光”XMQ6106G 系列公交车。自 2008 年面世以来，金龙客车“城市之光”XMQ6106G 实现累计销售 1.1 万辆，成为国内首款销量破万辆的公交车系列车型。

30 年时间里，三条金龙创造了一个又一个经典车型，其中还包括金龙客车的捷冠，厦门金旅的海狮、凯歌和最新的领航者，以及苏州金龙的斯堪尼亚·海格统领等。

八　九九八十一难，金龙“取经”之路有多难？

金龙汽车在客车行业既然是传奇，当然就不仅仅只有成功和鲜花。在金龙汽车三十年的发展历程中，充满了曲折、反复，充满了坎坷和艰辛。金龙汽车的三十年，也充分说明了事物发展的客观规律：波浪式前进，螺旋式上升。

回望每条龙的发展历程，无一不像《西游记》里的孙悟空，似乎以横空出世的方式现身，经常表现出神通广大的能力，却又时不时被紧箍咒约束；在三条龙前进的道路上，各种“艰难险阻、妖魔鬼怪”层出不穷；其间也不乏惊心动魄、濒临危险的时刻。最终，又都能够战胜困难，继续前行。

1. 神通广大的“孙猴子”

如果把“金龙”比作“孙猴子”，也许有几分相似。金龙客车面世，有点从“石头缝里蹦出来”的味道，彼时，相比很多客车行业的“正规军”来说，横空出世的金龙不被世人重视，甚至被称为“野狗”。

跟“孙猴子”具有强大的“七十二变”能力类似，金龙似乎也具有“变变变”的能力。

金龙客车是在水泥管厂的一个车间里成立的，既没有像样的厂房，也没有像样的设备，技术人才也没有。然而，就是在这种“上无片瓦，下无寸土”的环境下，金龙客车却从 1990 年开始不断推出豪华客车——从 8 米车到 10 米车再到 12 米车，从豪华旅游车到低地板公交车再到机场摆渡车，不断推陈出新。

车卖出去了，钱自然就赚回来了。从 1993 年 1 月 1 日到 2000 年 12 月 31 日的 8 年间，四家股东共分得红利近 1. 146 亿元，这是当初投资的 11 倍。

同样，此后成立的厦门金旅和苏州金龙，也具有这样的气质，那就是像“从石头缝里蹦出来”一样出现在行业面前，又突然在某个领域拔得头筹，时不时就“变”出一款爆款产品，或者取得了一个前所未有的创新成果。

2. 该不该戴紧箍咒?

既然是孙猴子，就有紧箍咒。金龙客车在最初的成长过程中，股权问题就像一个紧箍咒一样，时不时就会让“金龙客车”疼一下。

成立之初，金龙客车由厦门汽车、东风汽车、华能公司和香港法亚洋行各持 25% 的股权。在此后数年金龙客车的发展历程中，四家股东每家都说了算，但每家又都说了不算。

金龙客车自 1988 年底成立开始，一直就苦于没有像样的厂房，没有大型的设备。伴随着金龙客车销量和利润的连年上涨，股东们分得的利润越来越多，但却没有后续的投入。股权的均衡常常造成股东表决上的各执已见，这种势均力敌的股权矛盾在 2000 年开始激化，最终导致香港法亚洋行退出，并将 25% 的股权转让给创兴国际有限公司。2002 年，金龙客车实现净利润 10169 万元，2003 年净利润下滑到 3777 万元，2004 年净利润仅有 2460 万元。

2004 年，厦门市政府出资调整金龙客车资本结构，理顺股权，打破了多年来制约企业发展的桎梏。解决了股权问题之后的金龙客车冲险破隘，逐渐走出了事业低谷。

2006 年，金龙客车自建的客车生产基地投产并下线第一辆客车，创业 18 年的金龙客车，终于结束了“上无片瓦，下无寸土”、没有生产基地的历史。在这里，金龙客车刷新了行业内的一个纪录——第十万辆金龙客车成功下线。

股权理顺后的金龙客车发展又走上了正轨，其销售收入连年增长：2005 年 28 亿元、2006 年 36 亿元、2007 年 45 亿元、2008 年 52 亿元、2009 年 50 亿元、2010 年达到 65 亿元。

同样，苏州金龙在成立后，也一直面临股权困扰。因为股权的“官司”，也一度影响了苏州金龙的正常发展。2001 年前后，苏州金龙发生了“增资扩股风波”。直到2006 各方和解结束纷争，才算尘埃落定。自此后苏州金龙快速发展，成为行业内第二家突破百亿元销售额的企业。

3. 一路上有多少艰难险阻?

金龙汽车旗下三条龙的发展之路，就像《西游记》中唐僧师徒西天取经之路一样，充满了艰难险阻。

可以说，几乎每隔几年，就有各种各样突如其来的“意外”发生。而这三条龙，每次面对各种变化、变故，都能坚强地挺下来。经历过种种磨难的三条金龙，可以称为“打不倒的金龙汽车”。三条金龙也都像唐僧师徒取经一样，每次都能度过危难时刻，然后又开始下一段旅程。

九　迎头赶上客车新能源浪潮

斗转星移，岁月变迁，面对汽车行业滚滚而来的新能源浪潮，金龙汽车正在迎头赶上。

金龙汽车不但是新能源客车浪潮中的弄潮儿，更是先行者。回顾我国新能源客车发展史，将城市公交带入新能源时代的车型，少不了金龙客车的“一路同行”“城市之光”系列。只不过，在新能源汽车场的发展历程中，金龙汽车也并非一帆风顺。幸好，只要“初心”还在，就能“方得始终”。2018 年上半年，三条金龙合计销售新能源汽车 5860 辆，同比增长 549.67%。问渠那得清如许？2018 年金龙汽车在新能源客车领域的爆发式增长，并非偶然，而是金龙汽车多年来在新能源技术开发和新能源客车市场持续耕耘的结果。

1. 17年积淀，厚积薄发

2018 年，金龙汽车新能源客车销量大幅增长，是金龙汽车多年厚积薄发的结果。

1997 年，金龙客车就与清华大学联合研发出我国最早的混合动力客车。

截至目前，金龙客车已经积累了大量关于电控、电机、电池三电系统关键技术的研发经验和成果，还获得了其申请的新能源客车电控与安全技术国家地方联合工程实验室的国家级认定。为了更好地推动新能源客车网联技术的发展，金龙客车还将新能源整车控制技术与远程监控平台技术进行兼容设计，同时采用大数据云计算分析，从而更好地解决了新能源汽车系统匹配的可靠性、稳定性、可适用性等关键问题，并为进一步智能化控制管理奠定了基础。近年来，金龙客车还积极推进燃料电池、轮毂电机、AMT 控制技术等应用技术的研究，率先完成燃料电池客车整车设计、轮毂电机技术方案以及 AMT 控制技术系统仿真模拟验证等工作。

2015 年，厦门金旅与荷兰客车制造商 EBUSCO 公司合作开发推出的全铝合金车身纯电动公交车，在 Busworld“世界客车周”评选中击败众多欧洲品牌，一举斩获“Ecology Label 2015 最佳生态奖”。

经过多年坚持不懈的努力，金龙汽车已拥有从轻客到大客的全系列新能源产品，涵盖公路、公交、团体、商务等各个细分市场，截至 2017 年，公司共拥有新能源车型公告 388 个。

2. 市场基础好

在新能源客车领域，金龙汽车不但具备雄厚的研发实力，而且拥有国内外良好的市场基础。

在国内客车行业，三条龙始终位列第一梯队，金龙汽车本身就代表了品质与品牌。在海外，金龙汽车是中国最早实现批量出口的企业，拥有完善的海外销售渠道，出口销量始终保持龙头地位。随着全球对于节能环保车辆的需求日益迫切，三条龙的新能源客车产品已出口到泰国、新加坡、塞尔维亚、保加利亚、以色列等“一带一路”沿线国家以及法国、芬兰、西班牙、奥地利等欧洲发达国家。

3. 未来之路更宽广

2018 年，金龙新能源客车销量的猛涨，也许仅仅只是个开始。不久的将来，随着龙海新能源产业基地的建成，金龙汽车将形成更为完善的新能源产业配套集群。同时，金龙汽车还将加大对国际知名零部件企业的招商力度和技术引进力度，通过产业整合、产业联盟等模式，尽快培育一批关键零部件和核心材料等龙头骨干企业。在客车行业积淀深厚、拥有广泛客户群体的金龙汽车，一旦以“新能源”为抓手，未来或将进入一个新的增长期。

十　智能驾驶客车，金龙汽车一马当先

如果说，客车行业即将进入智能驾驶新时代，那么，金龙汽车则是当之无愧的智能驾驶客车新时代的领跑者。

1. 金龙阿波龙，最早量产的智能驾驶客车

2018 年 7 月 4 日，金龙智能驾驶客车——阿波龙实现量产，第 100 辆金龙阿波龙正式下线（见图 1）。这是中国最早实现量产的无人驾驶客车。

金龙阿波龙，是中国首款 L4 级别无人驾驶微循环电动巴士，属于特定场景低速无人驾驶客车，适合于在园区、景区等封闭区域和固定线路运行。量产下线的金龙阿波龙将发往北京、雄安、平潭、广州、深圳等地封闭园区投入示范运营，同时还拿到了日本软银集团的商业订单，将用于东京地区一些高龄化社区的穿梭接驳，实现了我国自动驾驶电动车的首次“出海”。

图 1　第 100 辆金龙阿波龙下线

实际上，早在2017年10月金龙客车与百度签订战略合作协议时，就已经吸引了全世界关注的目光。随后，金龙阿波龙先后亮相百度世界大会、2018年央视春晚以及“数字中国”建设峰会，更是让其成为客车中的“明星”。

此外，2018年9月17日，2018世界人工智能大会在上海召开，以“人工智能赋能新时代”为主题的本次大会，是世界顶尖的人工智能合作交流平台。会上，工信部正式公布2018年人工智能与实体经济深度融合创新项目名单，金龙客车智能网联汽车从2428个申报项目中脱颖而出成功入围，成为福建省仅有的三家获奖企业之一。

2. 第二代金旅“星辰”落地测试

“金龙阿波龙”量产的同一年，厦门金旅第二代无人驾驶客车“星辰”开展落地运营测试：2018年4月17日，“星辰”在国家智能网联汽车（上海）试点示范区亮相。

图2　厦门金旅第二代无人驾驶客车“星辰”

金旅第二代无人驾驶客车“星辰”，是金旅无人驾驶技术的一个集成平台，今后将通过进一步植入 L4、L5 系统，实现真正的车辆与车辆、道路、交通以及云端的交互。

3. 海格无人驾驶电动客车亮相2018世界人工智能大会

2018 世界人工智能大会期间，在“AI + 交通”体验区，苏州金龙海格无人驾驶客车成为会议的一大热点。海格无人驾驶客车承担了整个大会期间无人驾驶区应用体验 70% 以上的乘客接待量，日均接待体验乘客 200 余人，最高日体验量超过 500 人次。

图 3　苏州金龙海格无人驾驶电动客车

苏州金龙海格无人驾驶电动客车长 8.3 米，可以实现自动起步、刹车、加速、转弯、识别红绿灯等操作，驾驶座上的安全员全程无干预。在这款海格无人驾驶电动客车上，拥有包括感知决策系统在内的十三项发明专利。

可以说，在智能驾驶客车领域，三条金龙都一马当先，走在客车行业前列，特别是金龙阿波龙，更是开量产无人驾驶客车的先河。有专家预计，自动驾驶到 2030 年将会产生万亿元级的市场规模，毫无疑问，金龙汽车有望成为这一目标市场的先锋力量。

十一　海外投资：金龙汽车从整车出口走向技术出口

随着金龙汽车海外工厂的相继建成投产，中国客车出口已经从整车出口的第一阶段，走向技术出口的第二阶段。

1. 金龙的埃及工厂

很难想象，假如没有金龙汽车，埃及的街头将是什么样子？要知道，金龙轻客已经成为埃及街头不可或缺的一道风景线：如果伫立在埃及首都开罗街头，平均每分钟会有10辆金龙轻客呼啸而过。

实际上，数年前，埃及的轻客市场几乎看不到中国品牌，是金龙轻客逐步改变了埃及人的购车习惯。2012年，金龙客车在埃及启动轻客CKD项目，成为最早在埃及开始CKD生产的中国品牌。埃及的CKD产品“原汁原味”地还原了金龙轻客。正是因为埃及产的金龙客车的优秀品质，让金龙轻客成为该国轻客市场最重要的品牌，截至2018年7月，金龙轻客在埃及的保有量已达26456辆。

2. 俄罗斯的海格工厂

从炎热的埃及来到寒冷的俄罗斯，一样随处可见金龙汽车。如果在2018年7月的世界杯期间来俄罗斯观赛，那么，在莫斯科或者圣彼得堡的大街小巷随处都可以看到金龙系的客车。在俄罗斯，金龙系客车累计销量超过5700辆，占到出口俄罗斯的中国客车数量的70%以上。而在俄罗斯的金龙系客车中，苏州金龙海格客车又占了大多数，累计销量共计有4000多辆。

随着俄罗斯对中国客车出口的贸易壁垒和非贸易壁垒越来越高，2017年6月，苏州金龙开始在俄罗斯工厂以CKD模式生产，成功实现了技术和品牌的输出。目前已经出口KD散件近400台，为当地提供了大量就业机会，并有效提升了当地的客车制造水平。苏州金龙在俄建有38家服务站，分布在莫斯科、喀山、圣彼得堡、萨马拉、罗斯托夫、索契等地，有效保障了服务需求的及时响应，获得了客户的高度认可。

3. 菲律宾的金旅工厂

厦门金旅从2003年进入菲律宾市场，目前的市场保有量已经接近两千辆。金旅在菲律宾建厂以前，菲律宾汽车工业并不发达，客车产品主要依赖日韩系二手车的进口，中国产品“便宜但质量不好”的印象亦根深蒂固。为了改变当地人对“中国制造”的偏见，厦门金旅自进入菲律宾市场后，并没有走低价路线，而是从调研入手，为当地量身定制产品和售后服务方案。

2009年，金旅菲律宾经销商联合厦门金旅在当地投资建厂，通过进口散件的方式组装金旅客车。这是菲律宾唯一的中国客车组装项目，也是金旅客车首个海外散件组装项目。这个项目标志着金旅客车由一般贸易向产品和技术输出的跨越，为后续多个市场的散件合作项目提供了标准预案。

可以说，在不同的海外市场，三条龙各自都创造了不同的精彩。目前，金龙汽车已陆续在东南亚的越南、菲律宾、马来西亚，非洲的埃及、阿尔及利亚、尼日利亚，中东的卡塔尔，独联体的俄罗斯等国家和地区开展产能合作，取得了良好的业绩。

伴随着世界贸易战愈演愈烈，各国的贸易和非贸易壁垒越来越高，中国客车海外贸易也从整车出口的第一阶段向品牌、技术和资本输出的第二阶段转变。可以说，当年，金龙汽车开启了中国客车整车出口的序幕，现在，金龙汽车成为技术出口和对外合资合作建厂的排头兵。2018年上半年，三条金龙合计出口各类汽车8189辆，同比增长31.19%；合计出口收入22.53亿元，同比增长50.60%。

截至目前，金龙汽车集团的客车已经出口到160多个国家和地区，出口量始终位居我国客车出口第一名。特别是在“一带一路”沿线国家，金龙产品更是被冠以“东方红玫瑰”“客车中的奔驰”等美誉。

随着国际化进程的加快，金龙汽车的市场开拓模式逐步由“广撒网”向“细打捞”转型，从“走出去”向“走进去”转变。金龙汽车在出口模式不断升级的同时，也带领着中国客车从整车出口向技术出口升级。

十二　加速度，往前冲

2018 年，金龙汽车的发展进入第 30 个年头。俗话说“三十而立”，“而立”的金龙汽车表现出更加旺盛的生命力。

2018 年上半年，金龙汽车旗下三条龙以更快的加速度向前冲，增幅远超行业平均水平：5 米以上客车合计销量为 84335 辆，同比增长 12.9%。金龙客车的销售收入为 37.7 亿元，位居客车行业第二；5 米以上客车销量为 5451 辆，同比大幅增长 41%。厦门金旅的销售收入为 37.5 亿元，5 米以上客车销量为 5673 辆，同比增长 33%。苏州金龙海格客车的销售收入为 21.3 亿元，5 米以上客车销量为 4598 辆，同比增长 41.7%。

不忘初心，方得始终。从保持初心到创新升级，金龙汽车目标明确，步伐稳健，揭开了下一个三十年的新篇章。

1. 创新继续引领金龙发展

创新，是金龙汽车的立命之本，也是金龙汽车的发展之道。金龙汽车的崛起离不开创新；三十而立的金龙继续创造奇迹，同样需要创新。

面对当前新一轮科技革命和产业变革愈演愈烈，汽车产业生态和竞争格局面临重构，产品形态和生产方式深度变革，汽车与互联网深度融合，消费者需求和多元化特征日趋明显，智能交通、共享出行、个性化服务成为重要方向，金龙汽车更是加大了创新驱动的马力。目前，金龙汽车每年研发经费投入均占营业收入的 3% 以上。截至 2017 年底，公司共拥有有效授权专利 566 项，其中发明专利 55 项，软件著作权 59 项；共参与制定、修订行业标准 87 项。

创新，将为金龙的未来发展提供强大的引擎。

2. 三龙整合，齐心向前

俗话说，兄弟齐心，其利断金。三龙的资源共享与协同，将为三条金龙的可持续发展保驾护航。

近年来，三龙整合稳步推进，一方面，金龙汽车在集团层面搭建起供应链管理平台、市场营销平台、技术创新平台、资金管理平台、品质管控平台、人力资源管理平台及信息化管理平台等七大统一平台，整合优势资源；另一方面则是从更深层面推动“三龙”整合。2018 年 7 月 25 日，金龙汽车发布公告称，受让创兴国际有限公司所持有的金龙客车 25% 股权已于 7 月 23 日完成工商变更登记。至此，金龙汽车持有金龙客车 76% 的股权，金龙汽车全资子公司厦门创程环保科技有限公司持有金龙客车 24% 的股权，金龙汽车由此实现了对金龙客车的全面掌控。

对金龙客车 25% 股权的收购，是“三龙”深度整合的第一步。它一方面将解决金龙客车决策链条较长的问题；另一方面，金龙汽车目前通过金龙客车间接持股苏州金龙，在解决了金龙客车少数股权问题之后，金龙汽车将通过金龙客车这一整车企业平台，有力推进厦门金旅和苏州金龙等子公司之间的资源整合和产业协同，推动企业建立市场化的决策机制，提高运营效率，共同实现提质降本增效。最终目标，是彻底改变过去三龙各自为营的境地，真正消除内耗，实现金龙汽车的高质量、高速度、高效率发展。

三十而立的金龙汽车，正站在一个新的起点，秉承着敢为人先的勇气和自主创新的特质，向着下一个目标进发。

后　记

2018 年，金龙汽车旗下三条龙在市场上的强势表现，让客车界看到了“王者归来”。2018 年，30 岁的金龙汽车正从青年走向壮年。三条金龙在成长的道路上披荆斩棘，舞出了精彩，也舞出了成熟。

站在这样一个“三十而立”的台阶上，金龙汽车将以更快的加速度往前冲，继续在客车行业书写新的传奇。

B.12

等风来不如逐风去　风吹花开香自来

——中通客车“三次创业”的低调与高调

王　旭*

摘　要：　有人说，人生中有两场最艰难的考验，一个是等待时机到来的耐心，一个是面对一切际遇的勇气。

这样的定律同样适合中国的客车市场。近些年，客车市场风云变幻，尤其是新能源客车市场，不但出现了一波波造车新势力，还有不少老牌企业被市场的发展所湮没。尤其是2017年，客车市场整体跌入了低谷，一直没有“爬”出来。在这样的情况下，无论是老牌客车生产企业，还是“新进入者”，都需要勇于面对眼前，把握时机，找到未来发展的突破点。

如今的客车市场，不乏来也匆匆去也匆匆的出入局者。“高手”往往是那些能够沉住气，号准市场脉搏的企业。在这其中，有一家企业似乎可以将其归为“隐世高手”。

它，就是中通客车。

在中通客车的成长经历里，没有投资换市场，没有外资、风投，只有对客车制造的无限“专注”。即使这样，“高增长+可持续”依旧成了它标志性的代名词。目前，中通客车已经揭开了“三次创业”的大幕。有理由相信，它将带给我们的不只是惊叹，更多是深刻的启示和值得借鉴的经验。

* 王旭，文学学士，方得网编辑。

关键词：　一优多强　氢燃料　三次创业　高端客车　研发体系

作为一家将近“50 岁”的客车企业，中通客车与处于行业前列的一些企业相比，一不具有地域优势和雄厚家底，二没有吸收大笔风投，三没有外资项目引进。然而，即使在这样的条件下，中通客车仍旧可以“驰骋”市场，并彻底颠覆了持续多年的“一通三龙”市场格局。

从这个角度来看，中通客车的“老树开新花”，显然比客车“新一代”的化茧成蝶更加不容小觑。尤其是近一年来，在纷繁动荡的客车市场，中通客车更像一位“隐世”的高手，从不随便“炫技”，而是始终坚持将新能源客车做好做优的初心，看准每一个时机，并一击即中。

一件事情的偶然性中总存在必然性。从 2010 年的行业第六跃升至如今的前三强，中通客车获得成功，不只是因为总能踩对市场步点这么简单。

一　不忘初心，方得始终

身处风云变幻的新能源客车市场，站在风口不一定能飞起来，但是不向风口攀爬，就一定会被湮没。对于中通客车而言，在不占据天时地利人和的情况下，要想在“新理念、新资本、新技术”层出不穷的市场上站稳脚跟，不止要面对来自“新生代”企业崛起的压力，还要时刻注意不能被“大佬”企业所吞并。

成功并不是一蹴而就的事情。如果说，2011 年是中通客车开启新能源客车转型大门的一年；那么，2017 年之后，则预示着中通客车进入了等待“新生”的时代。不随波逐流，不甘于平庸，调整到自己最合适的“姿势”，正在等风来。

（一）是画地为牢还是先发制人？

对于中通客车而言，生存在“动荡”的客车市场，虽然没有天时地利的帮助，新能源却为它开启了另一扇大门。

早在2004年，中通客车就开始了新能源客车产品的研发工作。2011年，当“二次创业”征程开始的时候，中通客车更是走上了以新能源客车为方向和依托的绿色转型之路。2016年，“二次创业”收官，新能源产品已经成为中通客车的核心“主力”。当年，中通客车实现销售额108亿元，位列行业前三强；新能源产品销量更是超14000辆，占其总销量的近70%。

如果说，2011年先于新能源汽车补贴政策的出台，中通客车就将新能源列为发展方向并取得成功，源于其敏锐地嗅到了市场走势，先发制人；那么，2017年，中通客车仍旧专注新能源客车市场，并取得了逆市整体增长17%的成绩，则源于其能够保持一份初心，紧跟市场形势，适时调整了产品结构和发展策略。

2016年，国内新能源客车市场实现了117851辆的总销量，同比涨幅高达35.96%。然而，进入2017年，由于政策调整、门槛提升、市场乏力等多重因素叠加，整个市场出现了断崖式下滑，全年销量仅为86767辆，同比下降26.4%。牵一发而动全身。新能源一直是客车市场最大的影响因素。新能源细分市场的下跌，给整个客车市场浇了一盆“冷水”。加上财政补贴的大幅退坡，迫使包括中通客车在内的各家车企开始寻找突破增长瓶颈的方法。

转型是必由之路。从2015年起，转型就成为缔造“中通速度”的主要动力。也正是因为中通客车实现了从传统客车到新能源客车的转型，才使得“二次创业”在短短五年时间内就实现了目标。但是，转型并不是“一锤子买卖”。当新能源市场开始由“政策市”变为“政策+市场”市之后，不做出改变就意味着要“画地为牢”。

是开启“投资换市场”模式，还是跨领域造车？

2017年，中通客车提出了“转型、强基、启征程”新工作主题，并提出了“一优多强”的经营方针。“一优”指的是新能源客车，在中通客车看来，新能源市场仍是未来三五年客车市场的重要增长极。接下来，中通客车将以新能源为总纲领，持续在新能源品牌、车型、技术、市场上精耕细作，优化发展；而“多强”则有了产品谱系多元化的内涵和外延，意味着中通客车将在物流车、旅游团体车、传统公路客车、校车、高端商务车等细分市场全覆盖，形成“多点突破”。

（二）“偏科”生愁，“均衡”生喜

“一优多强”的核心仍旧是新能源，中通客车的转型从何而来？

首先，虽然新能源市场在“挤泡沫”，有不少企业出现了“昙花一现”，但未来的客车市场一定属于新能源，“一优”的核心毋庸置疑；其次，自2009年“十城千辆工程”实施以来，很多客车生产企业都出现了向新能源市场严重偏科的现象。和那些“新生代”车企相比，中通客车最大的不同就是虽然以“要做新能源客车的未来”为奋斗目标，但并没有完全放弃传统客车市场。所以，定下五大细分市场为“多强”，看似想要在除新能源客车以外的所有领域“全面开花”，其实是希望把新能源方面的优势延伸至其他细分市场。

“做国内最好的新能源客车产品，做国际最优的新能源客车产品。”这不仅是中通客车总经理孙庆民的希望，也是中通客车的未来愿景。不过，在客车市场，中通客车要做的是以新能源为“专长”的全科优秀生，“一优多强”的最终目的就是要实现新能源和传统市场的协同。

事实也证明，“一优多强”战略是成功的，帮助中通客车在2017年市场爆冷的情况下交出了一份完美答卷。2017年，在整体市场爆冷的情况下，中通客车成为为数不多的实现逆势增长的企业，其全年累计销售新能源客车17000辆，市场占比近18%，稳居前三强。从新能源细分市场来看，中通10米纯电动公路客车一次性收获了600辆大单，新能源物流车签订了价值31.4亿元的买卖合同；在传统动力市场上，中标北京地区500辆旅团客车订单，获得德耀百辆校车订单……可以说，2017年成为中通客车的蓄势之年，一张张刷新细分市场纪录的订单，不仅诠释了什么叫“中通速度”，也告诉我们，一个“高增长企业”的背后，一定永远充满着消耗不完的创业激情和如鹰眼般的敏锐目光。

2018年，中通客车再一次揭开了“逐梦”的大幕。在年初的中通客车科技创新大会上，山东交工集团董事长谭旭光向中通客车提出了“迈向高端，挑战第一，打造中国领先、全球知名的客车品牌”的总要求，制定了未来冲刺4万辆和200亿元的中长期规划，中通客车正式宣布开启“三次创业”新征程。根据规划，创业要分三步走，首先是在2018年再次跨上百亿元平台；到2020年，产值达到130亿元；到2023年，产值突破200亿元。

用五年时间将产值推上200亿元大关，这就意味着要再造一个新“中通”。2018年，不仅是“三次创业”的开局之年，也是新能源补贴大幅退坡的年份。对于中通客车而言，不仅要考虑如何“爬坡”，还要考虑如何“攻坚”市场。

一场“啃硬骨头”战役已经开始。

二　心无旁骛攻主业

中通客车将如何打好这场战役?

一切离开技术谈产品的行为都是“空想”，一切离开产品谈竞争的战略都是“务虚”。中通客车能在传统动力和新能源市场之间游刃有余，离不开其能够平衡产品创新升级与满足市场需求之间的关系；在竞争中，中通客车并非完全被市场“牵着鼻子”走，而是在自我提升中寻找机遇。

所谓保持初心，就是要回归产品，从强根基做起。开启“三次创业”，“攻坚”的第一战无疑是紧贴2018版新能源补贴政策，分析市场需求，进行产品结构调整。同时，用创新将人才和技术贯穿起来，将“做最好的新能源客车”的理念践行到底。

（一）永远别忽视“工匠”力量

在商用车市场，自主品牌车企的研发能力，越来越被认为是直接决定企业兴衰的重要因素，尤其在客车领域更是如此。客车生产企业之间的竞争终究是技术与研发实力的竞争，领先的技术与优秀的产品品质是通吃市场的绝对“硬通货”。

中通客车之所以能够创造高速发展的业界传奇，原因之一也是其在新能源客车核心技术与关键技术方面的前瞻性布局和持续加码的创新研发。孙庆民也曾在不同场合多次强调：一定要联合整个新能源产业链的供应商，深入加强沟通合作，通过技术的创新与融合，最大限度地优化产品性能，降低产品成本。这是中通客车在新能源客车领域保持领先地位的先决条件，也为中通客车应对“后补贴”时代奠定了基础。

事实上，中通客车也确实一直遵循着这样的原则。从2004年开启新能源客车研发项目至今，依托国家级技术中心、国家级实验室和博士后科研工作站，中通客车先后承担了插电式混合动力与纯电动商用车技术开发项目、双源无轨纯电动客车开发与产业化核心技术研究项目等三项国家863计划项目，以及科技部“十二五”和“十三五”多项国家级新能源汽车重点科研项目（项目具体名称——“十二五”期间：新能源客车先进动力平台关键技术及其产业化应用项目、新能源客车整车电控系统关键技术与产业化应用项目、十万辆新能源客车远程监控与安全管理项目；“十三五”期间：新能源汽车专项“高效纯电动客车动力平台及整车集成关键技术”项目），参与制修订国家和行业标准28项；获得发明专利35项，新能源汽车专利97项，共有授权专利266项。目前，中通客车是国家863计划和CIMS项目示范企业之一，率先通过了ISO9001标准质量体系认证和“3C”认证。

如今，中通客车每年投入的研发资金占到了销售收入的4%以上，科研人员人数相较于五年前增加了3倍多，已经达到531名。中通客车也因此享受到技术革新与产品优化带来的红利效应。例如，在关键零部件领域，中通客车“新能源客车整车电控系统关键技术与产业化应用项目”正是其中的杰出代表。通过该项目开发的多能源管理系统，可依靠各类传感器、CAN总线、驱动模块等来准确“感受”驾驶员意图，控制车辆运行，并对电池、电机、发动机等系统关键零部件进行合理的能量分配、行车安全保护、故障处理等。目前，作为业界领先的中通客车的当家技术，“新能源整车电控系统”已成功应用于其插电式混合动力、纯电动及双源快充客车等主力产品上，运行数量超过 30000 辆，总里程超过 26 亿公里，首次故障里程超过 10000 公里，并且未发生一起因动力系统、高压系统故障造成的车辆停运及安全事故。

再比如，在大数据的应用上，中通远程智能监控平台的很多标准都优于国标要求。国标要求平台重要部件实时数据的采集频次至少为 1 次/S，而中通远程监控车载终端最快可达到 100 次/S，大部分数据采集频次则为 10 次/S；终端向服务器上报车辆信息的周期，国标要求为 30S，而中通监控平台则为 10S；国标要求对 18 项故障进行报警，而中通目前已设置自定义故障 2400 余条；同时，该系统还有手机 App 客户端版，可实现信息的实时同步，保证一线服务人员及时接收相关信息……

对研发进行创新投入，不一定能成功；但是不研发、不创新，一定不能成功。不得不说，中通客车对关键技术的执着与专注，已经超越对“数量”的追求。

（二）仰望星空与脚踏实地都要做

有人说，“技术就是品质”，但技术却并不能代表市场。想要立足后补贴时代的新能源市场，产品不但需要具有先进的科技实力，还需要不断进行优化、完善，提升满足客户需求的实力。对于中通客车而言，产品研发不仅要全，更要精。

目前，中通客车不仅实现了燃料电池、纯电动、插电式混合动力等车型的全覆盖，还走上了一条“落地化”的研发之路；根据市场实际需求和政策导向，打造了针对各自细分市场的“明星产品”。在新能源市场，中通客车在 8 米纯电动车型上的精雕细琢，成为其在客车制造上执着追求极致的一个力证。截至目前，中通 8 米纯电动客车共进行了 21 轮以用户立场为主要视角的 AUDIT 评审。而且，在每一轮的评审中，出现的所有问题均保证当轮解决，绝不拖延。正是这种专注且负责的态度，最终让 8 米纯电动客车成为 2016 ~ 2017 年市场的“冠军车型”。毫不客气地说，从 2009 年的“十城千辆工程”开始，新能源客车市场一直存在大面积的“滥觞”。但是，从中通客车的每一款明星产品身上，我们都丝毫看不到“滥觞”的影子，反而看到了更多的“心无旁骛”。

在传统动力市场，中通校车也是一个不容忽视的存在。从2008年第一辆平头校车下线到2018年发布第四代校车，中通客车在校车市场耕耘了十年。在保证产品安全、可靠的同时，中通客车一直在如何让客户价值最大化上努力。自首辆校车推出以来，中通校车便遵从差异化产品策略，从6米至11米，从19座至56座，形成了完善的校车产品型谱，多样化的产品可满足不同市场需求。2018年5月底，中通客车成功发布了第四代校车产品；仅仅过了半个月，6月12日，中通第四代校车产品便在江苏兴化斩获了80辆订单。

面对竞争越来越激烈的客车行业，如何用高品质产品来迎接机遇和挑战？

基于对产品品质和客户价值的追求，中通客车对研发模式进行了创新性变革。2018年5月，中通客车创新产品研发模式，先后确立了12个优势产品发展项目和14个科技创新提升项目，同时，聘任了12位产品经理和14位专业技术带头人。14位专业技术带头人实际负责专项技术项目，平衡关键技术和市场需求之间的关系；12位产品经理负责核算项目成本，提出市场需求和解决方案；这些产品经理每个月都要走向市场，进行计划调研。他们的工作一头连着市场，需要配合销售团队进行市场分析，有针对性地提出客户需求；一头又连着规划部，协同梳理产品体系和开发流程，提升产品开发的价值。产品经理和专业技术带头人一起形成了矩阵式的研发团队，力求将产品研发的前端做稳，推进产品开发的进程，提升项目与市场需求的结合度。

如今，每时每刻，都有一个以产品经理负责制为基础的专业研发团队，在协助中通客车紧盯市场和用户需求，了解最新技术发展动向，满足产品各方面的性能提升。作为2018年发布的新品，中通客车的12米高端旅游车——“新世嘉”就是研发体系创新后的优秀产物。“新世嘉”是中通客车根据当前旅游客车市场发展的最新方向研发而成，采用了潍柴—法士特—汉德“黄金动力链”，进一步提升了车辆驾乘体验，主被动安全系数配置更加完善，成为中通客车突破旅游景区车的拳头产品。

谈到产品经理和专业技术带头人结合的研发体系，孙庆民认为，这样的研发体系是中通客车在“三次创业”中的最大创新，而“明星产品”和创新研发体系的协同，则成为中通客车连接市场与客户的关键。

三　每一次成功都不具有偶然性

企业想要在市场上取得真正成功，最关键的是要有一个明确而清晰的战略，而这个战略所能回答的问题应该是企业持续成长的根源从何而来。面对不断变化的环境，能够稳住阵脚并超越环境创造价值，这就是成功的开端。

正是基于客户价值的不断升级，2018 年以来，中通客车进一步延伸了产品系列，确定了高端化的发展路线，开始从三四线城市进军一二线城市，并在一线城市逐渐崭露头角。2018 年上半年，中通客车的“一优多强”战略再显功效，在各个细分市场创造了多个佳绩。2018 年 1～6 月，中通新能源客车销售同比增长达到 82.75%，中通常规动力产品实现销售近 3000 辆。

（一）拴住心才能留住人

在新能源汽车的后补贴时代，客户需要的不仅仅是产品本身，他们更想知道的是使用过程中如何解决“痛点”，怎样才能创造和提升产品的价值，以及是否有人帮助他们解决使用中的困难。

从创业初期的市值不到 30 亿元，到现在定下迈向 200 亿元的目标，中通客车日益洞悉到，要实现“迈向高端，挑战第一，打造中国领先、全球知名的客车品牌”的愿景，仅仅依靠产品力是不够的，还得抓住用户的心。

2018 年，新能源汽车补贴政策进入过渡期，中通新能源客车业务也紧随市场形势，实现大幅增长，并牢牢占据着行业前列的位置。其间，中通新能源公交车继续保持产业优势，成为“开疆扩土”的利器。5 月份，122 辆电动公交车再次进入北京，巩固提升了在北京公交市场的占有率。6 月份，200 辆电动公交车交付许昌，扩大了中通客车在河南市场的版图……

在新能源公交车市场趋于饱和的情况下，中通客车仍然能取得如此成绩，得益于客户对其的信赖。在 122 辆电动公交车再次进入北京的过程中，由于该批车承担的是密云地区的城郊线路，该地区工况复杂，对车辆的爬坡能力和续驶里程的要求都比较高。因此，中通客车专门调来了一辆同等配置的 8 米纯电动公交车，进行了半个多月的路试。在路试过程中，车辆模拟满载路况，平均载重 3.5 吨，单次来回路程近 200 公里。在途经站点时，正常停车，正常开关车门……所有情况，都完全按照正常行驶来模拟。在十几天的路试过程中，中通 8 米纯电动公交车的稳定性、故障率、续驶里程以及爬坡能力等，都得到了用户的高度认可。最后，中通客车顺理成章地获得了该批次的全部订单。

该批订单交付后，中通客车在密云地区的公交车保有量达到 178 辆，成为当地主要的公交客车品牌。另据了解，2017 年交付密云的中通客车 56 辆订单，不仅故障率低，在电池损耗、节能率以及无忧售后服务上，都让用户拍手称赞。据用户反馈，其车辆每公里耗电不到 0.5 度，使用成本大大降低。用户的高度认可，成为此次订单达成的有力背书，为今后持续的合作打下了良好的基础。

（二）“热豆腐”要一口一口吃

品牌高端化，是中通客车 2018 年的一个重要市场规划。如今，中通人正慢慢将它变成现实。

近年来，在景区旅游车市场的开拓上，纯电动高端车型成为推动市场发展的另一个增长点。2018 年，在五台山、尼山、三峡等景区中，中通客车的纯电动旅游大巴均已正式运营。尤其是 5 月份，113 辆世轩系列 11 米段高端旅游大巴，中标了深圳巴士旅游公司的招标项目。这次中标可以说是中通客车发展旅游团体车市场的一个标志性事件，为9~12米段旅游车走向高端化打响了“头炮”。另外，在陕西、北京、河北、山东、贵州等地市场，中通高端旅游团体客车产品也均已打开了市场。

除了在国内市场大展拳脚外，中通客车在国际市场也取得了不小的突破，尤其是在产品竞争力上取得了不小的成果。近年来，中通客车通过的国际认证包括：欧盟（ECE）认证（包括最严苛的欧盟ESP测试）、北美CMVSS认证、俄罗斯GOSTR认证、中东GCC认证、澳大利亚ADR认证、尼日利亚SONCAP认证等，涉及多款整车及零部件认证项目；不但打破了海外市场的技术壁垒，产品品质也获得了国际市场的肯定。

2018年2月，200辆中通客车分批次发往俄罗斯市场，揭开了2018年中通客车布局海外市场的大幕。此后，600余辆中通客车出口沙特，近百辆中通客车出口南美洲，在菲律宾、泰国、新西兰及非洲市场，中通客车均有百余辆订单的新突破。

值得一提的是，在沙特市场，中通客车出口的600余辆车中，有500多辆都是中通世嘉高端旅游客车。在南美洲市场，近年来成为出口主力的中通NAVIGATOR豪华大巴，早已成为当地豪华车的“代言人”。在中东市场，2018年5月底，中通客车赢得了以色列80辆高端客车订单，以高端系列产品成功进入这个完全对标欧美标准的中东经济强国。在俄罗斯市场，中通客车早在2005年就已成功进入，且从未缺席过俄罗斯大型赛事，2014年的索契冬奥会、2018年的世界杯，都有中通客车的身影出现。在海外业务上，据孙庆民透露，“2018年，中通客车将始终坚持大市场、大项目、大订单、大客户、大型高档车的营销策略。海外市场将成为中通客车‘三次创业’的一个重要突破口。”

2018年上半年，中通客车在国际市场取得了6亿元的销售成绩，全年将朝着15亿元的目标挺进。未来几年，中通客车将依托研发投入、服务投入和金融支持，在海外市场重点培育智利、菲律宾、以色列、韩国和厄瓜多尔等几个“过亿元”市场，使品牌走向高端。

（三）关键时刻必须敢担当

中通客车董事长李树朋曾经说过："新旧动能转换就是要企业补短板，客车企业的价值短板在哪里，动能转换的空间就在哪里。中通客车的竞争优势，就是在为客户提供基础价值需求的同时，还提供增值价值服务。"

所谓增值价值服务，就是全生命周期服务和售后服务。在这一点上，中通客车从未落下脚步。早在几年前，中通客车就未雨绸缪推出了"5+3"运营新模式，为纯电动客车的全生命周期服务。这是国内首个针对全生命周期的定制化运营新模式，具体包括"五大核心定制"和"三项服务承诺"，从售前的选购、融资，到终端的售后、配件供应、应急处理等，均有相关的解决方案。这不但能够增强用户选购并运营新能源客车的信心和基础能力，也为用户提供了高效运营的新思路，让用户用得起车、明白用车、放心用车；不但为用户解决了"全产业链"问题，也为中通新能源客车畅销市场塑造了差异化的优势。专业机构曾经测算过中通新能源公交车的全生命周期成本。在采购、能耗、维护、运营补贴等多方面因素的考量下，中通8米纯电动公交车要比同长度段常规动力公交车节省成本33万~41万元，8米混动公交车则比常规公交车节省成本13万~23万元；中通10.5米纯电动公交车要比同长度的常规公交车节省成本70万~81万元，混合动力公交车节省成本25万~40万元；中通12米纯电动公交车要比同长度的常规公交车节省成本约60万元，混合动力公交车节省成本则约为30万元。

除了全生命周期价值服务，中通客车还建立了无忧售后服务体系。目前，中通客车拥有一个稳固且完善的产品售后服务系统，该系统以中通客车服务中心为主干、112家驻外服务办事处为分支，同时以60个中心服务站、24个新能源服务站以及488多家特约服务站为触点，遍布全国各个市场，确保了重点市场的服务半径小于30公里，普通市场的服务半径小于100公里。中通客车每年都会在四五月份，针对市场上符合条件的中通新能源客车进行全面安全排查，确保车辆能够在即将到来的暑期炎热、多雨季节，100%无忧安全运营。这样的安全排查自2016年正式启动，被称为“绿盾”行动。按照规定，每辆车的排查项目包括电池、电机、电控、仪表台、抵押蓄电池仓、高压线束、顶置风道在内的 8 大项，共 80 余小项。四个人合作，一辆车全部排查下来需要两个多小时的工作时间。

值得一提的是，“绿盾”行动不是用户要求，也非任何一起安全事故的促发，而完全是中通客车本着为用户和产品负责的态度所实行的主动服务。以 2017 年“绿盾”行动为例，中通客车共动用两千余人次的排查力量，范围涉及全国三十余个省、区、市的近 300 家用户，排查车辆总数近 2 万辆，为用户节省潜在资金支出近千万元。

在全生命周期价值服务、销售服务一体的无忧售后服务的综合作用下，中通客车创造了不少经典的运营案例。最耀眼的莫过于中通纯电动公交车在齐齐哈尔创造的超低温地区大规模批量运行纪录。这批车共有近 400 辆，自 2017 年购入至今，单车最长运营里程已达 4 万多公里。

如今，在中通客车，无论是“营销服务一体化”的管理模式，还是以产品经理和技术带头人为核心的研发生产体系，“主动”都是其最大的特色。每个生产人员都要为自己的每一个操作步骤负责，每个市场营销人员都要为自己卖出的每一辆车负责，每一个维修服务人员也要为每个有困难的用户负责；从而争取在客车全产业链上做到生产、销售、服务三方的无障碍沟通。

结束语

在茶道中，红茶不同于其他茶种，越是复焙越是浓香。

现在，中通客车虽然已经“人到中年”，但却没有中年的虚妄，而是低调地开启了“复焙”的旅程。后补贴时代，有着历史沉淀的中通客车正在为三次创业的成功，一遍又一遍地重塑自我。

B.13
从0起步到“NO.1”为何比亚迪电动大巴上位这么快?

舒慕虞*

摘　要:　作为跨界者，比亚迪用不到十年光阴，成长为全球生产、销售规模最大的纯电动大巴制造企业。截至目前，比亚迪已累计向全球合作伙伴交付纯电动客车超过4万辆，2014～2017年连续四年位居纯电动大客车全球销量第一，并占据美国80%以上的纯电动巴士市场份额和英国50%以上的纯电动巴士市场份额。

在比亚迪不同凡响的快速增长背后，是什么力量在推动其“从无到有、从小到强”的进化？本文将通过比亚迪的定位、技术、产品、业绩等方面，来剖析其成长要素、价值观、核心竞争力、产品创新等关键的企业因子，分析其形成快速增长能力并在全球取得霸主地位的原因。

关键词:　比亚迪　客车　纯电动　海外

在整个客车领域，比亚迪的发展模式及成长速度，可以说是最独特，也是最值得研究的。

---

* 舒慕虞，法学学士，方得网资深编辑，自2012年起供职于商用车行业媒体至今，曾参与编写《中国客车产业发展报告（2013）》和《中国客车产业发展报告（2015～2016）》，早年供职于《中国对外贸易》杂志社和《东方企业文化》杂志社并担任主编。

不同于其他客车企业，比亚迪纯电动客车的核心三大电——电池、电机、电控全部由自己研发，并自主生产，再进一步建厂造客车，这样的垂直整合能力在全球是独一无二的，这也注定了其不一般的成长速度。

从 0 起步到“NO. 1”，比亚迪电动大巴用了不到十年时间。自 2010 年首辆纯电动客车下线以来，历经风雨，比亚迪成长为全球生产、销售规模最大的纯电动大巴制造企业。在国内市场，比亚迪连续四年夺得纯电动大客销量冠军；在海外市场，其足迹遍布美国、英国、日本、韩国等海外汽车强国，登上全球第一宝座。

这些成绩的背后，是比亚迪强大的动力电池技术、产业垂直整合能力以及客车整车研发能力的体现，也折射出创新型企业具有颠覆传统行业的力量。

一　跨界缘由

比亚迪从 2008 年开始进行电动客车的研发，2009 年正式对外宣布进军纯电动客车领域，2010 年首辆 K9 纯电动客车于湖南长沙基地下线。从研发到产品下线，比亚迪仅仅花了两三年的时间，速度非常快。

作为客车“新秀”，比亚迪为什么一开始以纯电动客车来开局？而不是选择相对简单的传统燃油客车或混合动力客车？其发展战略当初是如何确定的？

比亚迪首辆下线的 K9 纯电动客车，车长 12 米，采用低地板结构设计，属于客车产业中技术难度较高的大型客车。比亚迪此前从来没有生产过客车，为什么一开始要选择技术难度较高的 12 米大型客车，而不是 10 米以下的中型车？

这一切的疑问都要从源头寻找。

1. 整合产业链

2009 年 1 月，科技部、财政部、国家发改委、工信部四部委共同发布“十城千辆节能与新能源汽车示范推广应用工程”（以下简称“十城千辆工程”），计划通过提供财政补贴，在三年内每年发展10个城市，每个城市推出1000辆新能源汽车开展示范运行。

在“十城千辆工程”的推进过程中，国家对新能源汽车的发展实行渐进路线，即由混合动力汽车过渡到纯电动汽车，而不是直接跳跃到纯电动汽车。由于政策的导向作用，在2013年之前，多数城市及客车企业推广的都是混合动力客车，直接一步到位推广纯电动客车的企业寥寥无几。

不过，比亚迪却是一个例外。

2009年，比亚迪正式对外宣布进军纯电动客车领域。事实上，在比亚迪进入客车市场当年的乘用车业务中，既有传统燃油车、插电式混合动力车，又有纯电动车，也就是说，其掌握着多类汽车技术。但其进入客车领域后，既不做传统燃油客车也不做混合动力客车，而是一步到位直接进军纯电动客车市场。

这样的选择，皆因比亚迪具有独特的垂直整合能力。

在进军客车领域之前，比亚迪拥有汽车制造、锂电池及手机零部件等业务板块，并掌握了纯电动汽车中最核心的三大电——电池、电机、电控的核心技术，这些核心技术决定着整车品质的高低。与此同时，当时国内客车行业内却没有一家企业，掌握着三大电的核心技术。

作为一家创新型企业，比亚迪必须把握住“十城千辆工程”的历史机遇，将产业链不断实现纵向延伸、横向拓展。2009年，结合强大的动力电池技术、整车研发能力和产业垂直整合能力，比亚迪宣布正式进军纯电动客车领域。2010年，在沃伦·巴菲特、查理·芒格、比尔·盖茨见证下，首辆K9纯电动客车在湖南长沙基地下线。

此外，比亚迪跨过混合动力客车直接走纯电动客车道路，还与“技术改变世界”的绿色梦想有关。从涉足电动车那一刻起，比亚迪股份有限公司董事长兼总裁王传福就坚定信心，“比亚迪要将电动化进行到底，用创新科技让生态环境变得更美好，成就全人类的绿色梦想。”

2. 从全球定位出发

在研发车型的选择上，选择从技术较难的12米车开局，则与比亚迪的全球发展定位有关。

作为自主汽车品牌，比亚迪坚持以“打造民族的世界级汽车品牌”为产业目标，立志于全球化发展，因此在规划客车产品发展时要求做全球最主流的产品。12 米车，恰好是全球都需要的产品，无论是在中国还是在欧洲、美国等发达市场，其都是主流产品。

比亚迪还考虑到两点：一是公司位于深圳，其纯电动客车做出来后，会优先在深圳试运行及投放，而深圳需要的是 12 米大运力公交车，所以选 12 米车型更适合后期推广；二是 12 米客车是技术含量较高的产品，一旦攻破 12 米车车型，再把它做长或者做短，或者再做其他车型可顺理成章。

在目标设定后，比亚迪前行的道路并不平坦。比亚迪的业务人才几乎都是内部培养而成的，从应届毕业生中培养中高级岗位人才，很少引入外部人才。在这样的人才培养体系下，比亚迪商用车事业群客车研究院院长彭旺当年组建的 20 多人的客车研发团队中，没有一个人有做客车的经验，只有部分人员有做乘用车的经验。虽然比亚迪于 2009 年 7 月收购了湖南美的客车，但其从美的客车移交过来的部分技术资料是中型客车资料，没有 12 米大型客车的相关技术资料，这让研发团队只能自力更生。

当然，自力更生，并不是说拒绝一切外援。比亚迪虽然不去挖其他客车企业的技术人才，但也懂得寻找外援。在客车研发之初，比亚迪聘请了几位客车行业的技术专家加入，解决了客车研发中骨架设计等传统技术问题，而纯电动方面的技术难题仍需要比亚迪团队自行攻克。

可以说，十年前，比亚迪造纯电动客车，一切从零出发，既没有造客车的经验，也没有相关的技术人才，但其仍选择了技术含量较高的 12 米产品，作为进入市场的起点。

二　高标准造客车

比亚迪造纯电动客车完全是一个“从无到有”的过程，当初既没有相关经验，也没有相关的专业人才，更没有行业里关于纯电动客车核心零部件的配套技术。当一切从零出发造客车时，比亚迪反而比传统企业更容易打破常规，用新技术去推动产业变革，以更高标准来造客车，比如，轮边驱动系统、全铝车身、双向逆变充放电技术等。

此外，比亚迪从一开始就计划将客车推广到全球，因此在研发中直接对标发达国家的产品，这也同样需要用高标准来做客车。

同时，比亚迪始终心怀“技术为王、创新为本”的企业理念，视核心技术为第一竞争力。仅从研发团队来看，比亚迪2008年立项电动大巴项目时，整个研发团队只有20多人，但到2018年，其后来正式成立的比亚迪客车研究院人数已超过2000人（零部件研发及检测团队人数未计算在内），这样的百倍式增长足以看出比亚迪对研发力量的重视。

1. 轮边驱动系统

在高标准要求下，比亚迪研发客车从最难的地方入手，一举突破轮边驱动技术难关，实现全系车型轮边驱动形式——车内省去变速器、离合器及其他传统动力系统侵占的空间，通过两个强劲的轮边电机驱动车辆。这是一场客车驱动形式上的重要技术革命，也是推动整个客车行业的革命。

不少传统客车企业投身纯电动领域后，往往只把发动机换成大电机，采用电机和传统桥直连方案，并没有去做电器和底盘总布置的重新设计。在研究欧美发达国家的公交车时，比亚迪发现，大多数城市公交车辆都采用低地板设计，这样有利于提高乘客上下车的流动速度。如果纯电动公交车要实现低地板设计，轮边驱动模式将更加适用，从技术趋势来看这也将是一个长远方向。

不过，比起传统驱动方式，轮边驱动模式存在诸多技术难点。在轮边驱动模式中，电机、减速器、电枢轴、定子、转子、散热设备都被集中安装在驱动轮的轮毂中，这带来了布置空间、驱动效率、重量等方面的难题。因此，无论是在国内还是海外市场，以轮边驱动为主要动力驱动模式的客车企业几乎没有。当时能真正装车、上路跑的轮边驱动技术，全球只有采埃孚这一家企业能够做到，但是其并没有大规模商业化推广。

全球没有一家客车企业能攻克的难题，比亚迪作为“新秀”如何来破解呢?

在彭旺的回忆中，当年，比亚迪将这件事视为头等大事，王传福总裁亲自过问项目进程，并将公司内部的减速箱、底盘等零部件专家抽调到客车研究项目中。诸多领域的技术专家一起来讨论，如何用不同的方式实现轮边驱动模式，如何在如此小的空间内布置好诸多零部件。

经过一年的努力，公司最终突破了轮边驱动技术，利用双轮驱动的结构省去了传统客车的驱动桥（包含差速器）和传动轴，腾出了大量空间用于降低地板高度。同时，比亚迪在国内外申请了诸多与轮边驱动技术相关的专利，轮边驱动技术最终成为比亚迪纯电动客车的一个核心技术。

即使过去十年，时至今日，轮边驱动仍是客车行业的一个技术难题，目前全系车型采用轮边驱动技术的客车企业，在全球也仅有比亚迪一家。

2. 全铝车身技术

除了变革驱动形式外，比亚迪还在产品的改良升级中采用全铝车身，并实现了全系车型全铝车身设计。对于整个客车乃至汽车制造工艺而言，这同样是一个特别重要的变革。

事实上，比亚迪初期推出的产品并没有采用全铝车身设计。2011 年，在深圳投放的第一代比亚迪 K9，由于早期电池能量密度及容量相比如今较低，电池组被设计成四个大立柱立于车内，既影响了车内视野也降低了载客空间。这虽然保证了首批车辆运营的安全性和可靠性，但也成为与燃油车相比明显不足的地方。

在启动下一代车型——第二代 K9 的设计时，比亚迪要改变第一代产品的不足。一是在电池布置上取消大立柱的设计，将部分电池移到地板下和车顶上，并提高电池能量密度；二是在整车轻量化上做文章，并因此提出了铝合金车身的设计方案。

比亚迪算了一笔账：以 12 米客车来计算，如果全车身用铝合金材料来代替传统合金钢材料，一是可以轻至少 500 公斤以上，行驶里程可以增加 20 ~ 30 公里；二是可以提高车身的防腐性能，可省掉车身涂装前的电泳工序。

铝合金车身的优势颇多，但也存在两方面关键技术难点：一是铝合金骨架与蒙皮连接起来，既要轻又要能符合车辆对结构的要求；二是在可能会遇到碰撞的车身位置上，要保证硬度，不会出现变形等情况。

为解决技术难点，比亚迪攻克一个个难关，最终设计出一个全新的铝合金车身方案，通过将多种工艺手段相结合，达到比合金钢车身结构更强韧的效果。在大量的海内外安全性测试中，采用全铝车身结构的比亚迪都没有败下阵来，甚至通过了全球最严酷的结构完整性测试——美国 Altoona 测试。

在全铝车身结构设计成功后，比亚迪纯电动客车具有了更强的竞争优势，车身轻量化的设计带来更低的整车能耗，同时提升了整车的性能指标，为用户的车辆使用带来很多便利性。

3. “自主三电”成金字招牌

比亚迪不但以高标准起步来造客车，还在“技术为王、创新为本”的发展理念下，自主掌握“三大电”核心技术，将“电池、电机、电控”作为其技术核心竞争力，这成为比亚迪进军全球纯电动客车市场的金字招牌。

新能源客车的核心技术是什么？当然是“三大电”技术——电机、电池、电控。其中，动力电池是电动车的“动力源”，是影响电动车大规模普及的关键；电机是电动车的“心脏”，决定了车辆动力性能的好坏；电控是电动车的“大脑”，决定着车辆的操作性能。

在动力电池的竞争力对比中，比亚迪的优势尤为明显。比亚迪本身是一家由电池起家的企业，自 1995 年至今，比亚迪在电池领域已拥有超过 24 年的研发、设计、生产、应用经验，其开发的高度安全的磷酸铁锂电池和高能量密度的三元电池，多年应用于电动商用车和电动乘用车领域，在动力电池领域建立了全球领先的技术优势和成本优势。

在电机的优势上，比亚迪同样走在行业的前沿。在驱动电机方面，比亚迪起步很早，拥有国内第一条永磁同步电机机械化定子生产线和国内第一台永磁电机转子整体充磁设备；其研发的永磁同步电机，具有效率高、体积小、响应速度快、调速范围广等特点，目前已应用于自产的乘用车、商用车、轨道交通等产品上。

作为纯电动客车“大脑”，比亚迪研发的电控系统相当“聪明”。不同于市场上多数电控系统，比亚迪没有采用逆向研发思路，而是在自主研发设计、正向研发的平台上打造出成熟可靠、持久耐用的电控系统。同时，其在客车行业首创的全新动力电池热管理系统，能自动将电池电芯的温度稳定在设定范围内，以保证电池在不同的环境温度下均能够发挥最优性能。

可以说，国内大部分客车企业目前仅掌握整车电控部分，对电机、电池、电机控制器与电池管理系统则采用外供模式。比亚迪则是全国唯一一家拥有电池技术的客车制造企业，也是唯一一家全部掌握电池、电机、电控等全产业链新能源核心技术及整车技术的客车制造企业，在纯电动客车领域形成了强大的体系竞争力。

三　严格检验产品

作为一家技术创新型企业，在纯电动客车的研发中，比亚迪将诸多的新技术融入产品中，这就需要大量的技术验证。为此，比亚迪斥资数亿元自建了三大核心实验室，所有产品在上市前都要进行严格的实验验证，同时参与海外多类严苛的汽车认证测试，以确保产品可靠性和先进性。

1. 自建三大实验室

即使在全球范围内，比亚迪在纯电动客车领域的投入无疑也是最大的。其在深圳总部自建了世界一流的三大实验室——碰撞安全实验室、NVH 实验室和 EMC 实验室，拥有 800 多名专业检测技术人员，主要设备投资超过 10 亿元，占地总面积超过 23 万平方米，具备 3000 多项检测能力。

比亚迪建造的被动安全实验室，包括整车碰撞实验室、模拟碰撞实验室和行人保护实验室，除整车正面、偏置、侧面碰撞试验外，还可提供 25% 小重叠碰撞以及追尾碰撞、翻滚、撞柱等美标、欧标的试验。2013 年，比亚迪碰撞实验室被国际汽车权威杂志 ATTI 授予“年度最佳碰撞实验室”大奖，击败同在该奖项竞争之列的美国克莱斯勒公司、德国 IAV Gifhorn 公司及英国 Thatcham 公司等知名企业。

基于公司电动化和电子化战略，比亚迪还自建了 EMC（Electro Magnetic Compatibility 电磁兼容性）实验室，专注于汽车整车及零部件的电磁兼容测试，以及电磁兼容的试验研究和设计分析。其下设传导实验室、射频 EMC 实验室、整车 EMC 实验室和 EMC 设计评价室，具备完善的汽车整车及电子零部件的电磁骚扰及抗干扰测试能力，满足国家 EMC 标准、欧盟 EMC 法规、美国 EMC 行业标准，是全国车企中最大的一个 EMC 实验室。

NVH 实验室于 2013 年投入使用，占地面积约 6000 平方米，目前包含整车四驱半消声室、整车两驱半消声室、整车半消声室、零部件吸隔音室、模态实验室、听音室、整车异响实验室、零部件异响实验室等实验室。NVH 是指 Noise（噪声）、Vibration（振动）和 Harshness（声振粗糙度）。由于以上三者在汽车等机械振动中是同时出现且密不可分的，因此常把它们放在一起进行研究。简单地说，乘员在汽车中的一切触觉和听觉感受都属于 NVH 研究的范畴，此外还包括汽车零部件由于振动引起的强度和寿命等问题的研究。

由于三大核心实验室得到国内外不少机构的认可，其实验室所出的报告也得到了官方认可，具有权威性。这样比亚迪纯电动客车的不少测试就不需要到其他实验室去做，在比亚迪实验室做就能得到认证报告，可有效减少新产品测试时间，同时能更快解决各类问题。

2. 到海外闯关

除了自建一流实验室以外，比亚迪还将产品运到海外做各类测试，尽管很多发达国家的汽车测试认证非常严格，但这样能带来三方面好处：一是可以充分了解到发达国家的标准；二是可以持续不断地改进与提升产品质量；三是可以获得进入全球市场的通行证。

自产品下线近十年以来，比亚迪纯电动客车通过了欧盟、美国、巴西、韩国等汽车强国和组织的认证。可以说，比亚迪纯电动客车如今已经拥有“全球通行证”，在全球获得无限制自由销售权。其中，有两个海外认证测试被认为是全球最为严苛的实验测试，而比亚迪成为为数不多“过关者”中的一员。

（1）通过欧盟整车认证

2013 年，比亚迪 K9 纯电动大巴获得欧盟整车认证，即 WVTA 认证，标志着比亚迪电动大巴拿到了进入欧盟国家的“入场券”和无限制自由销售权，这对于正在欧洲急速上升的比亚迪电动客车业务具有十分重要的意义。

WVTA 认证被公认为国际上审查最为严格的认证体系之一，与美国认证、日本认证一起构成了世界汽车三大认证体系，其包含 25 项整车评审项目（不含零部件测试），从申请认证到正式拿到认证证书需要经历一个复杂和严格的评审过程，不仅要严格评审大巴整车质量，更要对产品管理体系、企业生产一致性等进行综合考评。

截至目前，拿到欧盟整车认证的中国纯电动客车企业寥寥无几。在产品下线不到 5 年时间，比亚迪就顺利通过了欧盟认证，也表明其在技术、质量、安全、生产一致性和产品管理体系等方面都满足了欧盟标准要求，达到了国际水准。

（2）通过美国 Altoona 测试

为证明产品品质，比亚迪还向美国联邦交通管理局（FTA）申请接受最严苛的 Altoona 测试。2014 年 5 月，在经历 116 天完整的结构耐久测试后，比亚迪纯电动大巴 K9 顺利通过测试，成为全球首辆通过该测试的 12 米纯电动客车。

这套被美国联邦交通管理局称为“魔鬼测试”的 Altoona 测试包含了整车安全性、结构完整性、耐久性、动力性、经济性能等关键指标测试，同时要求车辆在颠簸路面持续行驶约 2.4 万公里，时间跨度长达数月，通过一系列的坏路来模拟测试车辆 12 年/80 万公里的寿命。

在通过 Altoona 测试后，比亚迪纯电动客车获得了美国联邦交通管理局颁发的整车生产资质，相当于获得了在美生产和销售大巴的许可证，此外还有资格参与美国联邦交通管理局专项资金支持的项目。

在一系列测试的过程中，比亚迪的工程师们也在不断地学习，发现问题，找到解决办法。这使比亚迪客车产品品质得到持续不断的改进与提升，也使比亚迪全铝车身的产品在结构完整性上做得更好。

很多国家由于没有纯电动客车推广应用经验，其纯电动公交车标准都是参照比亚迪标准来制定，“中国标准”成为全球通用的“世界标准”。此外，中国为WP29（世界法规协调论坛）框架下EVS工作组的副主席国家，其中比亚迪是商用车工作组（TF8）组长单位，负责商用车部分法规协调和制定工作。

四 打开全球市场

从心怀梦想到高标准造客车，再到严格验证，这一系列动作完成后，比亚迪纯电动客车产品完全达到国际化水准，其销路“水到渠成”，顺利打开了全球市场，成为全球纯电动大巴销量最高的企业。

近年来，比亚迪在海内外取得了骄人战绩，不但在国内客车行业创造了奇迹，还彻底改变了发达国家对中国汽车品牌的印象，连世界上最难突破的欧洲、美国、日本、韩国四大汽车发达市场，比亚迪也尽揽囊中。

（一）国内战绩

1. 夺得四连冠

在纯电动大型客车（10米以上）市场，比亚迪连续四年登上国内销量榜首，年销售量持续爬坡，并以绝对优势夺得四连冠。这也使比亚迪从0起步到“NO. 1”用了不到10年时间，创造了客车行业的奇迹。

数据显示，2014～2017年，比亚迪纯电动大客（10米以上）销量分别为0.25万辆、0.52万辆、1.06万辆、1.22万辆，连续四年位居国内纯电动大型客车销量第一。即使在2017年国内纯电动客车整体销量大幅下滑的环境下，比亚迪仍然实现了纯电动大客销量的逆势增长。

进入2018年，纯电动客车补贴大幅退坡，比亚迪继续以高增长来稳守冠军宝座。2018年1～7月，比亚迪纯电动大客销售4008辆，在纯电动大客市场再次夺冠。

从目前形势来看，如果不出意外，比亚迪无疑能继续摘得2018年度纯电动大客市场销量冠军，届时其将获得纯电动大客市场销量五连冠，也将进一步彰显其在纯电动大客市场的龙头地位。

2. 助推城市公交电动化

现阶段，大部分城市想实现公交车全面电动化还存在不少障碍，例如购车成本高、充电设施不足、土地资源稀缺等。作为全球新能源整体解决方案的开创者，比亚迪帮助国内诸多城市建立了完善的公交电动化体系，成为多个城市公交电动化的有力推动者。

在深圳，比亚迪助力深圳公交实现100%纯电动化，全市1.6万辆公交车全部为纯电动车型。作为深圳纯电动公交队伍的主力军，比亚迪目前在深圳投放的纯电动客车数量突破1.4万辆，涵盖从单层到双层，从6米到12米的不同类型纯电动客车，单车最高行驶里程已突破46万公里——深圳M398线路运营的粤BN4520，行驶总里程已达461056公里。

在长沙，比亚迪助力长沙加快公交全面新能源化进程，打造“长沙蓝”常态。早在2011年，长沙率先引进一批比亚迪K9纯电动公交车展开示范运营，并于2013年实现了批量投放。迄今为止，长沙的比亚迪纯电动公交车累计数量超过2000辆，其单车最高行驶里程达27万公里。

在西安，继2016年底投放1100辆比亚迪纯电动公交车之后，西安市于2018年再次投放1900辆比亚迪纯电动公交车。至此，西安累计推广比亚迪公交车突破3000辆，成为西北地区运营纯电动公交车最多的城市。

在杭州，比亚迪成为“绿色交通”代名词。作为成功举办G20峰会的城市，杭州近年来在公交电动化方面表现不俗，其中比亚迪功不可没。目前，在杭州运营的比亚迪纯电动公交车数量达2000辆，这些车辆在杭州118条主城区公交线路上运营，占纯电动客车总量的八成左右。

在北京，2017年，北京通州区政府采购比亚迪350辆纯电动新能源大巴，将所有通州区所属的公交车辆全部替换为清洁能源和新能源车辆，加快了北京公交电动化的步伐。

除了上述城市外，比亚迪纯电动公交产品还在广州、汕头、桂林、南京、武汉、青岛、天津、大连、承德、太原、银川、包头等众多城市大规模投入运营，且整体运营情况良好，助力众多城市打赢保卫蓝天攻坚战，推动多地公交电动化快速发展。

（二）海外战绩

在海外市场，比亚迪电动大巴更呈现遍布全球的趋势。尤其是进入2018年后，比亚迪海外市场新能源车发展进入快车道，在订单规模和市场开拓等方面均迈上全新台阶。

截至目前，比亚迪纯电动客车已获得包括海外的伦敦交通局、洛杉矶公交公司、悉尼机场、斯坦福大学、Facebook等国内外顶级客户的高度认可，足迹遍布全球6大洲、50多个国家和地区，200多个城市，在美国、英国、日本、澳大利亚、法国、韩国等海外汽车强国，屡次创造行业纪录。

从销量来看，比亚迪已累计向全球合作伙伴交付超过4万辆纯电动客车，2014～2017年连续四年位居纯电动大客车全球销量第一，并占据美国80%以上的纯电动巴士市场份额和英国50%以上的纯电动巴士市场份额。

1. 欧洲市场

在欧洲市场，比亚迪持续发力。

尤其是2018年以来，除了在英国接二连三斩获电动大巴订单外，比亚迪还助力葡萄牙打造了首个12米纯电动大巴车队，同时在西班牙、瑞典、意大利等国家的多个城市赢得订单。截至2018年7月，比亚迪在欧洲纯电动大巴市场的占有率超过20%，排名第一。

在英国，2018年2月，11辆10.8米比亚迪ADL Enviro200EV纯电动单层大巴交付运营商Go-Ahead，投放在伦敦繁忙的153号线路上。2018年6月，比亚迪与英国巴士制造商亚历山大·丹尼斯（ADL）联手斩获伦敦首个大规模纯电动双层大巴订单中的37辆。

在挪威，2018年1月，比亚迪欧洲首批纯电动铰接大巴在挪威奥斯陆正式投入运营。2018年7月，比亚迪赢得挪威首都奥斯陆42辆18米纯电动铰接大巴订单，加上此前在奥斯陆已投入运营的两辆纯电动铰接大巴，这是迄今为止北欧最大规模的纯电动铰接大巴车队。

在意大利，2018年1月，意大利皮埃蒙特大区宣布，将向比亚迪采购13辆纯电动中巴。2018年8月，比亚迪再次获得意大利帕多瓦6辆12米纯电动大巴订单。这也是意大利北部文化艺术名城首批纯电动大巴车队。

在瑞典，2018年7月，比亚迪在瑞典斩获24辆12米纯电动大巴订单。这批纯电动大巴将由北欧最大的公交运营商Nobina运营，预计于2019年夏季在瑞典东南沿海省份南曼兰投入使用。

此外，比亚迪2018年还在葡萄牙、西班牙等国家的多个城市，赢得12米纯电动大巴的订单，助力多个国家打造首支12米纯电动大巴车队。

2. 美洲市场

在美洲市场，比亚迪取得了霸主地位。

自2014年起，比亚迪纯电动客车在美国迅速打开市场，并先后收获美洲多个国家及区域的重量级订单，尤其是2018年斩获美洲史上最大的纯电动大巴订单（巴西200辆）。截至目前，比亚迪纯电动客车已经遍布美国、加拿大、巴西、智利等多个国家及区域，成为美洲纯电动客车市场知名品牌。

在美国，比亚迪目前已占据当地纯电动大巴80%以上的市场份额，积累了包括长滩运输局、斯坦福大学、加州大学洛杉矶分校、Facebook等在内的40多个优质客户，在美国累计交付700多辆大巴，足迹遍布30多个州。不仅如此，比亚迪还于2013年在美国加利福尼亚州兰卡斯特市建立了纯电动客车工厂，年产能达到1500辆。2018年，比亚迪北美分公司与美国旧金山投资公司Generate Capital成立合资公司，推出全美首个纯电动大巴租赁项目。合资公司计划投资2亿美元用于采购比亚迪纯电动大巴，向美国多个城市、大学以及公交公司提供大巴租赁服务。

在加拿大，比亚迪纯电动客车自2016年进入当地市场以来获得多家客户订单，2018年更是斩获一笔纯电动大巴订单，购买方是加拿大最大的交通运营商多伦多交通委员会。目前，比亚迪已成为加拿大实现2040年全面建成100%零排放公共交通的合作伙伴。

在巴西，2018年5月，比亚迪与巴西废弃物品管理公司Corpus Saneamento e

Obras Ltda 签署200 辆纯电动卡车订单，并首批交付20 辆。这是迄今为止拉美地区最大的纯电动卡车订单，也是比亚迪在海外市场斩获的最大卡车订单。

3. 亚太市场

在亚太市场，比亚迪征服了日韩汽车强国。

与欧洲、美国市场一样，日本、韩国也是汽车强国，其本土汽车品牌份额占据九成左右，又因准入标准非常严苛，外国汽车品牌少有立足之地。在亚太市场，比亚迪纯电动客车不但顺利进入马来西亚、泰国等国家，还在日本、韩国两个汽车强国市场得以销售，其产品竞争力不言而喻。

在日本，2015 年初，Princess line 公司购入 5 辆比亚迪 K9 作为公交车，运行在京都站八条口至京都女子大学路段，运营效果良好。2017 年，比亚迪再一次将 10 辆电动大巴卖到了日本冲绳，在冲绳建立了首支纯电动巴士车队。

在韩国，2018 年 4 月，20 辆比亚迪 eBus - 7 纯电动巴士在韩国济州岛正式投入运营，这是济州岛知名景区牛岛的首支纯电动巴士车队，也是韩国规模最大的一支中型电动巴士车队，更是东北亚国家单批最大规模的电动客车交付。

一直以来，中国汽车品牌的海外市场目的地一般集中在亚非拉等欠发达地区，很少有在成熟的发达国家市场成功运作的经验，更没有形成规模优势和强势品牌效应。但是，比亚迪打破了这一传统，其在发达国家市场的成功运作，塑造了“中国制造”的新标杆。

结束语

回首十年时光，比亚迪遵循“技术为王、创新为本”的基本信条，坚持核心技术的全面自主化，一步一个坎儿，从群雄混战到巨头崛起，最终完成从 0 起步到“NO. 1”的精彩一跳。

未来，随着全球城市公交电动化推进加快，比亚迪还将有更大作为。最新研究报告显示，预计到 2025 年，全球近一半的城市公交将实现电动化。届时，全球电动公交车的销量将从 2017 年的 38.6 万辆增长到 120 万辆。如果真的如预测的那样，已经站在产业链金字塔塔尖的比亚迪纯电动客车，其未来发展空间不可想象。

B.14

福田欧辉：若有情怀藏于心 撷来芳华成至真

王　旭*

摘　要：　不知道从什么时候开始，“情怀”成为市场营销概念的热词。很多人都会将它和炒作挂钩。有人甚至认为，谈情怀就是不做实业。

殊不知，在客车市场，也有很多企业一直在做有情怀的事业。它们从不曾把“情怀”时刻挂在嘴边，却一直在用实际行动诠释着“中国制造”的情怀和担当。在这些企业中，不乏历史气息浓厚的老牌企业，也有后来崛起的“新生代”力量，福田欧辉就是其中一分子。不过，它走出了一条属于自己风格的路子，将品质与品牌深度结合，坚守着中国客车的品质情怀。

当然，能让中国客车制造崛起的，不能单靠情怀，还要靠专注和匠心。

成立15年，从传统客车到混合动力客车，从纯电动客车再到氢燃料电池客车，福田欧辉始终坚持自主创新，不但守住了做好新能源客车的初心，成功实现了从“新”到“氢”的转型；还将客车品质革命“先锋”的角色演绎出别样精彩，为中国客车行业注入了更多的活力与正能量。

* 王旭，文学学士，方得网编辑。

关键词： 新能源　氢燃料　品质发现之旅

从2009年的“十城千辆工程”开始，新能源客车市场的竞争格局便呈现“江山代有才人出，各领风骚三五年”的特征。有人认为，正是这种“短暂繁华”，为市场的后续发展与调整埋下了伏笔。

当前，一股浓浓的“火药味”正在蔓延，超越与被超越的残酷战争已经打响。一方面，新技术、新理念、新资本接踵而来，跟不上节奏就会被市场湮没；另一方面，新能源汽车财政补贴连续大幅退坡，各家客车企业都希望通过转型找到市场增长的突破口，转型一旦不对路，企业很可能就会走向“死亡”。

福田欧辉身处其中，却显得异常淡定和稳健。有数据显示，从2004年到2017年，福田欧辉的复合增长率达到36.6%，并且，在2017年客车市场遭遇“大转折”时，依旧保持了“黑马”特质，从行业第8名上升到第6名。

行业排名的快速攀升，宣告了福田欧辉布局新能源市场的阶段性成功。这种成功，不仅仅来源于其在新能源客车市场积累的实力和经验，更来源于欧辉为自己谋划了一条“有温度、有态度”的差异化发展道路。

一　珍珠只有被磨砺才能夺目

“如果我们走得太快，停一停，让灵魂跟上来。”这是一句来自印第安的谚语。它表达的是：走得再快，也不要忘记自己最初想要的是什么。

近三年，福田欧辉可以说在新能源客车市场上走得非常快。2015年，福田欧辉凭借超8000辆的销量，跻身行业前十；2016年，福田欧辉创造了近9700辆的销量，进入行业前八；2017年，在整体市场遇冷的情况下，福田欧辉仍旧以9557辆的成绩，跃居行业第六。

销量和市场排名是对企业成长的最好嘉奖和肯定。但是，想要保持活力，唯有不忘初心。尤其是在客车制造这个以产品力打天下的领域，只有不断提升自身实力，才能赢得市场。一直以来，福田欧辉始终秉承“引领中国客车品质革命”的初心，潜心挖掘客车“制造”的真正意义。

2017～2018 年，新能源汽车补贴大退坡，客车市场进入“断奶”模式，转型求发展成为各家企业的终极目标，福田欧辉亦是如此。

（一）三分天注定，七分靠打拼

尽管福田欧辉是客车行业的新势力，但它却是国内最早进行新能源客车研发的企业之一，也是最早实现新能源客车商业运营的企业之一。在后补贴时代，福田欧辉既要面对新老企业抢占市场资源的压力，又要思考如何破局市场，播下自己的“火种”。如何才能从众多强大的对手中脱颖而出，实现逆市突破？

这也许首先要从福田欧辉对资源的整合以及产品的创新能力说起。

福田欧辉客车目前拥有 7 个整车平台和 339 个产品资源，产品覆盖 6～18 米的城市客车、8～12 米的城间客车和新能源客车、清洁能源客车、专用校车以及其他专用车产品。它集安全可靠、经济环保和高端品质于一身，可充分满足客运、旅游、公交、团体等各个细分市场不同层次的需求，成为国内产品线最全的新能源客车品牌。

有人说，这样的成绩是因为福田欧辉运气好，踩对了点，先于国家新能源汽车推广政策布局市场。然而，世上并没有天生的好运，更没有不劳而获的成绩。一次次“运气好”的背后，是福田欧辉快人一步的技术创新胆识以及沉下心来做研究的技术积累。

从 2017 年开始，随着财政补贴的大幅下降，新能源客车行业开始出现“政策市”逐渐退出、市场增长乏力的状况。对于国内新能源客车企业来说，最紧迫的就是找到驱动市场增长的新动力。这就给了氢燃料电池客车发展的机会。由于具备补贴不退坡的优势，再加上国家出台的一系列鼓励政策，氢燃料电池客车大有迅速崛起的态势。

在众强林立的“舞台”上，谁率先布局，谁就有机会问鼎市场。显然，早于2006年开展氢燃料电池客车研发的福田欧辉，已经具备了“人无我有，人有我优”的能力。从进入研发阶段之日起，福田欧辉便与清华大学等高等学府建立了紧密的联系，在技术性能、可靠性、全生命周期以及运营成本等方面展开持续合作，并成功迈过了中国氢能技术自由探索期、产品构型期以及产品初期性能试验提升阶段。2008年，福田欧辉交付北京奥委会第一代氢燃料电池客车，实现了“人无我有”；2014年，福田欧辉生产出第二代12米氢燃料电池客车；2016年，当其他客车企业开始着手筹备研发燃料电池客车之时，福田欧辉第三代8.5米氢燃料电池城间客车便已经问世，并获得全球首个100辆氢燃料电池客车批量订单；2017年1月，“中国电动汽车百人会”首次采用氢燃料汽车服务盛会，福田欧辉4辆第二代氢燃料电池城市客车服务电动汽车百人会。

2018年1月，福田欧辉第三代氢燃料城间客车荣膺2018“中国电动汽车百人会”唯一指定用车，在电动汽车百人会现场，福田欧辉更是推出了第四代10.5米氢燃料电池城市客车，这款产品将为2022年京张冬奥会提供绿色出行解决方案，其整车能量转换率最高可达55%；在零下30摄氏度低温的工况下可实现启动，零下40摄氏度的低温实现存放和停机自动保护；加氢10~15分钟，就可以实现400公里以上的续驶里程；在安全方面，它采用CAE动态模型-氢-电多重耦合技术，利用碰撞、氢、电安全性综合管理和互锁控制技术，为氢燃料电池车辆带来多重安全保障。同时，车上的氢瓶配备氢气泄漏检测传感器，当检测到车辆发生氢泄漏时，会根据泄漏量的大小提醒司机检车或直接自动切断氢气供应，防止发生氢气积聚所带来的危险。

截至目前，福田欧辉氢燃料电池客车产品已经涵盖8.5米、10.5米、12米车型，可用于城市、旅游团体、定制班车等多种类型用途。

（二）你有多努力，就有多幸运

你有多努力，就有多幸运。

在由“新”到“氢”的转型蜕变中，福田欧辉强大的产品底蕴和对品质的严苛追求，将“大国工匠”的精神和情怀展现得淋漓尽致。

根据统计，在2017年新能源汽车推荐目录中，我国燃料电池客车共有10家企业22款车型，其中福田欧辉的车型占比为18.18%，位居行业第一。2018年6月11日，第六批《新能源汽车推广应用推荐车型目录》发布，这是2018年新能源汽车补贴政策正式实施后的第一批目录，福田欧辉的氢燃料电池城市客车毫无悬念地再次进入该批目录。

每一个创新者的成功，都并非信手拈来。福田欧辉在推动氢燃料电池客车发展方面，也经历了一个厚积薄发的过程。这一过程写满了专注、努力，也为未来发展累积了更多的经验。尤其是，从获取用户口碑和信任而言，福田欧辉对氢燃料车型的产品推广工作已经渐入佳境。2017年11月30日，重庆市长寿区经济开发区与福田欧辉举行氢燃料电池客车运营推广战略合作签约，签署了《氢燃料电池客车运营推广战略合作协议》；2018年4月，福田欧辉携BJ6852氢燃料电池城间客车亮相北京国际车展。展会现场，福田欧辉设置了氢燃料电池客车技术展示区，通过多媒体展示及现场互动的形式，向参展观众普及了氢气、氢燃料及氢燃料电池客车知识。

如果说，福田欧辉对氢燃料电池客车的自主推广是代表了“大国工匠”的责任；那么，福田欧辉氢燃料电池客车的示范运营，则彰显出“中国制造”的品质。目前，福田欧辉氢燃料电池客车示范运营车辆不但通过了高海拔、超长连续爬坡以及高寒等各种环境适应性测试，还在联合国开发计划署与科技部共同合作的“中国燃料电池汽车商业化示范项目”中，实现了一年内运行7万多公里的示范运营。

进入2018年，福田欧辉的氢燃料电池客车更是频繁出现在各大重要场合，担当指定摆渡用车重任——从2018电动汽车百人会论坛到2018张家口首届长城国际可再生能源论坛，再到2018氢能产业发展创新论坛、2018联合国开发计划署“培养未来气候行动领袖”夏令营等。福田欧辉目前已实现国内氢燃料电池客车首批长距离实际运营——北京至张家口200多公里，在业内吹起了阵阵“氢风”。

技术强，则产品强；产品强，则市场强；市场强，则产业强。在氢燃料电池客车的商业化运营上，福田欧辉始终走在行业的前列。目前，福田欧辉氢燃料电池客车已经获得了国内首张新能源客车牌照。在2016年获得首张大批量氢燃料电池客车订单之后，福田欧辉又于2018年年初中标张家口市区公交车辆采购项目，一举揽获49辆10.5米氢燃料电池城市客车订单。2018年7月，该批车辆已经正式投入运营。下一步，福田欧辉氢燃料电池客车的技术升级将主要围绕长距离、高速、全天候、经济、智能等方面开展，并针对京津冀、长三角市场展开推广。另外，福田欧辉氢燃料电池客车还将应用驾驶辅助技术。据悉，福田欧辉已经在试验验证装有智能驾驶辅助系统的氢燃料电池客车。

在引领中国新能源客车品牌前行的过程中，福田欧辉从未止步。

二　每个独一无二都是用心的演绎

当新能源汽车补贴退坡，市场上的“眼花缭乱”逐渐褪去的时候，也正是推动行业向上的契机。这恰恰映衬了狄更斯《双城记》里的一句话，“这是一个最好的时代，也是一个最坏的时代”。

如今，中国新能源客车正从“政策时代”走出来。面对行业变革，想要突破市场瓶颈，推动品牌向上，前瞻性的理念、先进的核心技术和差异化的商业布局必不可少。换句话说就是，在推动中国客车品牌向上的道路上，首先要推进“品质革命”。“品质革命”一头连着市场，一头连着生产。推动“品质革命”，不但需要企业家具有工匠精神，还需要有勇于担当的魄力。作为新能源客车品质升级的代表企业，福田欧辉在制造、运营、服务各个阶段都做到了以消费者为核心，推动了新能源客车品质从“有”到“优”的需求升级，进而强力助推客车业的“品质革命”。

（一）有朋自远方来，不亦乐乎

如何评价一家客车生产企业的产品品质？

在后补贴时代，产品质量显然已经不能与产品品质画等号。质量与全生命周期服务的综合体，才能称为“产品品质”。未来，新能源客车市场将会上演“品质争霸赛”，而技术与资源将是企业能否取胜的先决条件。未来的市场一定属于那些具备强大技术能力，能整合资源和服务，还能提供一整套解决方案的企业。

近年来，福田欧辉身上的特质越来越符合这一条件。从无到有，从混合动力到纯电动、氢燃料电池，凭借强大的技术实力，福田欧辉在新能源客车市场可谓底气十足。目前，福田汽车集团已经在新能源汽车核心技术的自主研发上累计投入近 15 亿元，具备 8 大核心研发能力，涉及新能源汽车动力系统集成、电池成组、电机控制、整车控制软件开发等项目。在强大的技术资源支持下，福田汽车已经申请 1000 余项电动汽车相关专利，并且建成了具备核心验证能力的节能减排重点试验室和新能源试验室，搭建了具备纯电动、混合动力等整车项目开发研制能力的新能源汽车技术中心，成立了国内首个新能源产业基地，承担了国家、北京市各类重大项目总计 18 个。

在这样强大的集团背景下，福田欧辉与行业中相关企业形成了协作共赢、资源共享的“朋友圈”，致力于新能源客车产业发展。

细数福田欧辉朋友圈里与之合作过的朋友，最近十分耀眼的当数美国 TDG 公司。2017 年 11 月，在中美双方领导人的见证下，福田汽车与 TDG 公司签署《智慧城市交通解决方案备忘录》，福田汽车成为美国总统访华随行商贸团与中国企业签订合作协议中的唯一一家汽车企业。更值得一提的是，这个与汽车产业相关的合作，其主体竟然是客车。换句话说，与 TDG 公司合作的就是福田汽车集团旗下唯一客车生产企业——福田欧辉。据了解，这次合作涉及全球范围内联合打造智慧城市及其公交体系，预计合作初期的车辆订单超过 470 辆，订单金额超过 14 亿元。其重点是福田与 TDG 公司共同合作研发，未来预计将推出 2 款产品，一款是 12 米纯电动客车，一款是 2 米的共享公交车。在福田汽车的规划中，这两款车最终都会实现无人驾驶，可能会首先应用于景区内或者地铁站到居民楼这种短途接驳线路上。其中，12 米纯电动客车针对的是全球市场，这款车会在新西兰惠灵顿首发上市，之后再推广到其他国家和地区；2 米的共享公交车则是基于未来智慧城市的概念而设计的低地板公交车，它可以单车运行，为乘客解决“最后一公里”的出行问题，也可以根据乘客流量的变化，自动链接组合变成大容量的公交车。

据悉，福田欧辉从2016年开始研发无人驾驶技术，2017年已经完成在高速公路上的测试；目前，其无人驾驶技术已经达到特定条件下的L3级，2019年将推出第二代无人驾驶产品，从而加速完成在实际道路工况下的测试。未来，福田欧辉还计划研发氢燃料电池智能客车。

一家企业的可持续发展之道，离不开前瞻性地布局和不断地创新，同时还要有价值观相同的战略合作伙伴与之携手同行。2018年，福田欧辉正与它的朋友们联手追寻新能源客车行业更美好的未来。

（二）好花年年开，好景一直在

无论什么行业，作为一名“扛旗者”，就要担起一份责任，坚持一份操守。自从2016年把中国品质客车的概念引入行业，开启“品质发现之旅”以来，福田欧辉就一直和它的“最强朋友圈”并肩奋斗在引领中国客车品质革命的“第一线”。福田欧辉联合福田康明斯、普莱德、中航锂电、苏州绿控、精进电动、爱普中国、中信国安盟固利、上海加冷松芝等十余家核心供应商组成的“中国客车绿色发展联盟”，在“品质发现之旅”的推动下，将客车行业的最佳资源与绿色智慧凝聚起来，向道路运输行业呈现最新的绿色科技成果，构建品质合作共赢的新生态圈。

“品质发现之旅”由中国交通报社主办，中国汽车报社、北京新能源汽车产业协会协办，福田汽车集团、福田汽车欧辉客车事业部承办，历经3年耕耘，为行业的转型升级提供了新思路、新理念、新标杆，持续聚焦全行业运输装备提档升级，助力客车行业全产业链升级发展。2018年5月28日，福田欧辉再次启动了以“全天候更美好”为主题的“2018品质发现之旅”，并且在品质三官的基础上增加品质执行官，构建品质四官体系，建成政策源、舆论源、市场源、产品源这一最具匠心的品质升级闭环，有望再次为中国客车注入向上动力，为客车行业“品质革命”树立时代样本。

在“2018 品质发现之旅”的启动仪式上，福田商用汽车集团高级副总裁、欧辉客车事业部党委书记、总裁梁兆文表示，“‘2018 品质发现之旅’以‘全天候更美好’为主题，围绕‘品质监察官、品质体验官、品质信息官、品质执行官’品质四官进行全新升级。第一，品质监察官以行业专家为代表，监督客车企业的产品研发、生产及产品推广；第二，品质体验官以行业用户为代表，为客车行业发展提供方向性建议；第三，品质信息官由有影响力的媒体及行业品牌营销人担任，旨在建立信息沟通平台传递行业发展信息；第四，品质执行官以优秀的供应商为代表，其职责主要是充分展现客车制造精益求精的品质要求，确保新技术的应用与技术升级，确保客车产品的高品质，推动道路运输装备升级，缔造美好生活。”

可以说，在长期的合作协同中，福田欧辉和“好伙伴们”早已心灵相通，大家本着共同的理念和追求，从市场需求出发，从客户价值出发，扛起了中国客车品质革命的大旗。

2018 年，作为零故障表现的“服务老兵”，福田欧辉再一次展现出“全天候”的品牌形象，用行动诠释和丰富了中国新能源客车的品质内涵。在青海湖，福田欧辉的 BJ6129 豪华城间客车战胜了高海拔、崎岖路况、长距离行驶的阻碍，完美护航 2018 环湖电动汽车挑战赛；在张家口，福田欧辉氢燃料电池客车完美护航首届长城国际可再生能源论坛；在海外，具备移动医疗和远程医疗功能的福田欧辉医疗大巴和救护车，正在提供基本诊疗、手术、体检、医疗转运等卫生服务。

“扛旗者”当有扛旗者的品行，福田欧辉的一次次担当已展现得淋漓尽致。

三 好梦总要奋力去追才能实现

从高品质新能源客车、氢燃料电池客车四代产品、智蓝一体化运营解决方案、中国首个品质客车标准、中国首部客车安全须知片，到“品质发现之旅”系列活动、服务重大国际盛会、与美国 TDG 的战略签约，福田欧辉深深认识到，作为传统制造型企业，应当首先为消费者服务。这也是福田欧辉能够胜任领航者角色的重要原因。

目前，新能源技术的创新发展、客车运营的智能化管理、产业链的大数据应用，都在持续影响着中国客车行业。博观而约取，厚积而薄发。虽然背靠福田汽车集团的强大技术资源和领先优势，但福田欧辉依旧能够不忘初心，坚持以品质制胜市场，为用户带来更好的体验和更大的价值。

（一）源于精准，成于信赖

在客车市场，福田欧辉不算是最亮眼的企业，但却是最“忙碌”的企业。无论是服务于城市公共交通，活跃在重大国际场合，还是驰骋在夏季40多摄氏度的新疆地区，或是为海拔四五千米的拉萨人民提供出行服务，福田欧辉均能精准把握不同用户群体的诉求，以全天候的高品质表现，为用户提供最好的护航。

福田欧辉负责客车研发的副总裁秦志东在介绍福田欧辉新能源客车产品及运营模式时曾明确提出，2018年，面对风云变幻的新能源客车市场，福田欧辉仍旧专注实业，回归到研发投入和运营效率的提升上。从运营端的角度而言，新能源客车市场未来需要的不仅仅是一辆车，更是要对用户需求“一击即中”，利用创新技术“粘合”各类资源，提供一体化的产品解决方案。因此，福田欧辉在新能源全天候运营方面做了大量的探索和尝试，建立了模块化的产业链，并实现了产品的正向研发和运营数据管理能力的提升。福田欧辉还建立了完善的新能源档案管理系统，实现了车辆基础数据、生产进度信息、车辆运营数据等信息的电子化管理，让大数据应用介入产品开发的全过程以及后期运营当中，并进行有效的数据分析，使得反馈回来的结果能够达到对市场需求的精准理解和对车辆匹配的最优组合。

事实上，在北京、广州、张家口、拉萨、曲靖、遵义等地，都能找到最好的运营案例印证。在拉萨，福田欧辉针对当地实际工况，早在2014年就安排了2辆试运营车辆。经过一年的磨合，拉萨公交公司罕见地购入首批35辆混合动力公交车。2016年，北京市为拉萨出资购入了35辆福田欧辉的新能源公交车。2018年一开年，拉萨公交公司又购入了128辆福田欧辉新能源公交车，并陆续投入运营。128 辆算是客车市场上的一笔大订单，要花费不小的资金，但是经济条件并不优越的拉萨却做出了这个决定，显然是对福田欧辉客车品质的肯定和信赖。据了解，陆续投入运营的 128 辆新能源公交车，采用气电混合动力技术，百公里平均气耗仅为 $25m^3$ 左右，与普通燃气客车相比，节气率最高可达 41%。

除了经济性能的提升，福田欧辉新能源公交车的高原适应性也优于许多客车企业，这也是拉萨公交公司选择欧辉品牌的重要原因之一。针对拉萨处于高原、高寒地区的情况，福田欧辉在发动机和电池的采用上，有针对性地进行了电池加热技术等品质升级。另外，自进入拉萨市场以来，福田欧辉在当地建立了 3 个服务站和一个配件中心库，有效解决了高原地区配件储备不充足、运输不方便的问题，也给了拉萨公交公司更大的信心和信赖。

在北京密云，2017 年 12 月上线的 196 辆福田欧辉新能源公交车也为当地市民带来了绿色出行的便利。据了解，196 辆公交车分别为 BJ6805 和 BJ6117，其中，BJ6805 是一款适应高寒地区的品质客车创新产品，该车不仅在成熟底盘技术基础上采用了新一代高效驱动技术，而且解决了电池、电机、电控冬怕寒、夏怕热的问题，非常适合当地工况；另一款 BJ6117 纯电动公交车是福田欧辉新能源客车的代表作，它独有的福田“智科”智能车载管理系统，可以帮助车队优化升级运营管理，提升服务价值。这些搭载冷暖空调系统的新能源客车乘坐更舒适，极大改善了市民的乘坐环境。同时，这些低噪声、无污染的新能源客车投入使用后，每年可减少 4510 吨柴油使用和 3630 吨碳排放对空气的污染。

在云南曲靖，为了保护当地的碧水蓝天，福田欧辉根据道路状况、气候特征、市民出行特点，于 2018 年 8 月上线了为该市“量身定制”的 100 辆欧辉新能源公交车，其中包括 21 辆 8. 5 米纯电动公交车、49 辆 10. 5 米插电式气电混动公交车和 30 辆 12 米插电式气电混动公交车。

不仅如此，福田欧辉揽获的全球首批最大氢燃料公交车订单也已实现交付。2018 年 7 月 25 日，福田欧辉交付张家口市的 49 辆氢燃料电池客车正式投入 23 路、33 路公交线路运营。此次投运的氢燃料电池客车采用干膜技术氢燃料电池发动机，续驶里程可达400公里以上，能够充分满足张家口寒冷冬季运行的要求。

（二）坚持，总会被眷顾

机会不仅仅需要把握，更需要自己创造，客车市场亦是如此。

福田欧辉客车在新能源客车市场实现持续“领跑”，离不开其对客车市场的深耕。既没有新生代企业的投资换市场，也没有老牌企业积攒的资源和口碑，福田欧辉在客车市场的全面突围，完全得益于其能够看准每一个机遇，并且坚持做到最好。尤其在海外市场，福田欧辉一直坚持要保持一颗平常心，看好一个市场培育一个市场；不看重大订单，但是不忽略每一个能够获得大订单的机会。福田欧辉客车海外营销公司总经理高毅曾表示，中国的客车在全球市场还有很大的发展空间，尤其是在团体车领域，中国客车在产品和交货周期上的优势都比较明显；新能源车型相较于传统车型，在全生命周期上能够获得更大的认可和青睐。

目前，福田欧辉的海外核心市场集中在沙特、俄罗斯、阿联酋、以色列、泰国、越南、印度和智利等国家和地区。福田欧辉认为，在海外市场，城间客车是锦上添花的“锦”，公交车是锦上添花的“花”，中国客车企业在海外公交车市场做得还不够好，缺少对产品品质和成本的关注。因此，要先做好城间客车，才有机会开拓公交车市场。

率先吃螃蟹的人总有机会先尝到硕果。早在2017年，福田欧辉就取得了出口缅甸市场的1000辆公交车大单，成为当年中国客车出口海外的第一大单。2018年，福田欧辉在海外市场依旧实力不减；尤其值得一提的是，福田欧辉代表中国新能源客车在韩国冬奥会期间完美亮相，为韩国当地居民提供了安全舒适的绿色出行方式。据悉，福田欧辉从2016年就开始为打入韩国市场做准备，当年完成了韩国环境部及国土部对新能源客车实行的全部认证项目。2016年10月至2017年9月，福田欧辉连续在韩国浦项、昌源、釜山、首尔、光州、江原道、京畿道等地开展巡展运营示范，参与了浦项科技大学科技展览会并承担园区接驳车任务，并提前在江陵市对纯电动客车进行各种试运营数据采集。

正是通过这些示范运营数据的采集和对车辆适应性的不间断调试，让韩国用户看到了福田欧辉对客车品质的极致追求。2017 年 9 月，福田欧辉纯电动公交车凭借过硬的产品品质，在与韩国本土品牌的竞争中获胜，一举斩获 2018 韩国冬奥会用车批量订单。2017 年 12 月 15 日，福田欧辉匠心打造的 BJ6105 纯电动公交车批量交付韩国江陵市，于 12 月 29 日正式投入线路运营。2018 年 1 月 25 日，在韩国江陵市政府举办的冬奥会绿色新能源车辆运营发布会上，KBS 和 G1TV 等媒体的记者对福田欧辉纯电动公交车做了详尽报道。韩国是汽车制造大国，对汽车品质的严苛程度也不言而喻。突破韩国市场，不仅是源于福田欧辉专注做品质客车的“初心”，也源于福田欧辉在产品可靠性提高、运营成本降低上坚持下功夫，不断减少韩国用户对客车品质的质疑。从中也可以看出，在越来越多的国家和地区，福田欧辉正成为当地媒体和市民心目中的“网红”代表。

结束语

学问、修养和精神境界，这不仅是一个人气度的反映，也是一个人的生活状态。有时候，改变人生并不需要做多么伟大的事情，气度便会决定成败。

一个客车企业的气度又是什么？从福田欧辉身上，我们可以看到从容、有胆识、心态好、懂坚持，这些因素都是气度的表现。也正因如此，福田欧辉才能够成为中国客车品质的最完美注脚，能够在风云变幻的市场屹立不倒，能够领跑中国客车行业的品质革命。

如今的客车市场，下一个拐点没有人知道在哪里，但福田欧辉从未放弃过寻找。果敢敏锐入局氢燃料客车行业，心态平和培育海外市场，气定神闲亮相重要国际场合，从容自信担起客车品质革命大旗……福田欧辉，更像是一位气度的智者，正在客车市场修行。

B.15
独有“高铁”基因的中车电动未来不可限量

舒慕虞*

摘　要：　对于中国客车行业来说，中车电动是“后来者”，但由于掌握了新能源客车的核心技术，却成为新能源客车市场的领跑者。自2007年组建以来，中车电动掌握了全球领先的电驱动核心技术，保持了年均70%的增长率，向全国累计销售3万余辆新能源城市客车和近10万套核心零部件，其新能源客车整车和电机电控系统的市场占有率稳居全国前列。

作为中国中车的旗下品牌，中车电动的成长颇具天生优势，在11年的发展历程中，中车电动以技术淬炼竞争力的拼搏精神，从精益生产到智能制造的发展理念，从国内突围到全球征战的营销布局，为中国新能源客车行业提供了一个独特而不可复制的成功样本。

关键词：　中车　客车　电驱动　纯电动　IGBT

在近十年的客车行业中，有一家“新秀”企业十分值得关注。

它究竟是谁呢？

---

* 舒慕虞，法学学士，方得网资深编辑，自2012年起供职于商用车行业媒体至今，曾参与编写《中国客车产业发展报告（2013）》和《中国客车产业发展报告（2015～2016）》，早年供职于《中国对外贸易》杂志社和《东方企业文化》杂志社并担任主编。

答案是，中车电动。

这家企业的全称为湖南中车时代电动汽车股份有限公司（以下简称中车电动），自2007年组建以来，中车电动在11年间掌握了全球领先的电驱动核心技术，产值增长50倍，保持年均70%的增长率，其新能源客车整车和电机电控系统的市场占有率稳居全国前列。

究其快速成长的原因，首先是中车电动出身不凡——独有“高铁”基因，技术源于中国高端装备制造业的“金字招牌”——中国中车，这注定了其成长、发展和未来都有别于其他客车企业。

一　独有“高铁”基因

在中车电动的产品广告上，总能见到这样一句话：“源自高铁原创动力。”这到底是什么意思？中车电动与高铁之间有着怎样的关联性？

1. 系出名门

说中车电动“系出名门”，并不为过。

2007年8月，湖南南车时代电动汽车股份有限公司（后更名为中车电动）成立，由中国中车株洲电力机车研究所有限公司（以下简称中车株洲所）控股。

作为中车电动主要发起人之一的中车株洲所，有什么来头？

中车株洲所成立于1959年，是中国中车全资一级子公司，是全球轨道交通电气传动及控制领域的顶尖企业，掌握了世界领先的电气传动及控制技术，在业内独树一帜；从2001年开始，将轨道交通核心技术向电动车领域拓展，通过承担国家863计划专项，进入新能源汽车领域，目前已形成器件、模块、总成、系统、整车的新能源汽车完整产业链。

至于中车株洲所的“娘家”——中国中车，几乎无人不晓，它是中国“先进制造”的核心名片之一，是全球规模最大、品种最全、技术领先的轨道交通装备供应商，在2017年最具创新与潜力的智能制造企业Top 50榜单中排名第一。

相比其他客车企业，中车电动有着不同寻常的出身——流着“高铁”

血液，技术源自大国重器——中国中车。

2. 前世今生

虽说中车电动流着“高铁”血液，但中车株洲所当初为什么要组建这样一家客车公司？其目的是什么？

这要追溯到10多年前。

作为全球领先电气传动及控制技术的掌握者，中车株洲所需要承担起新能源客车研究的重任。2001年，中车株洲所承担了国家863计划节能与新能源汽车重大项目研发课题，成为中国节能与新能源汽车“三纵三横”研发布局中的重要成员。

为此，中车株洲所于2002年组建起由8位专家构成的电动汽车项目组，团队成员可谓“来头不小”，多名成员是中国电动汽车百人会成员，先后主持或参加过国家、部、局重大科技项目的攻关。比如，入选国家重点研发计划“新能源汽车”重点专项专家、中国汽车百人会专家——郭淑英，就是当年团队中的一员，曾获得多项科技成果奖励，获得原铁道部“火车头奖章”、第四届詹天佑人才奖、湖南省劳动模范、全国三八红旗手等荣誉。

虽然团队成员均是“精兵强将”，不过，当时团队同样面临着从最初业内质疑“轨道交通搞汽车能行吗”，到推广过程中客户对“新能源汽车是什么，怎样运营管理”等一系列问题。回忆起当年的往事，郭淑英感慨万千：“如果没有亲身经历过，很难想象当时有多艰辛。”

2002年12月，由中车株洲所研制的首辆电动公交车样车完成下线，实现上路试跑，比预定工期提前了4个月。这无异于怀胎十月的婴儿呱呱坠地，不少向来沉稳的研发团队成员，当时都抑制不住情绪，激动落泪。

为了将科研成果转化为产品，中车株洲所决定组建一个子公司。2007年8月31日，中车电动举行了盛况空前的公司挂牌和产业化基地奠基典礼，国家科技部部长万钢，湖南省省长周强、副省长徐宪平等重要领导出席，国内及境外重要媒体均做了报道。

正因为有着这样的前世因缘，“源自高铁原创动力”不仅仅是中车电动的产品设计理念及广告语，更是其前世的一个解读。

3. 血脉紧相连

这么多年来，中车电动虽然早已独当一面，但与中国中车之间仍然有着割不断的血脉亲缘。

在“南北车”合并后，2015 年 5 月，湖南南车时代电动汽车股份有限公司正式更名为中车电动，其全系列产品全面变更为“中国中车”品牌 LOGO。自此，中车电动更好地融入“中国中车”品牌识别体系中，进一步提升了公司品牌与产品的认知度与美誉度。

作为现代经济的产物，企业 LOGO 是每一家公司的形象标志，更是企业宝贵的无形资产。中车电动正式启用“中国中车”的新商标、新 LOGO 后，让人更容易联想到其与中国中车的关联性，也为其今后的市场拓展带来强有力的推动。

尤其是在海外市场，中车电动有了“中国中车”品牌 LOGO 加持，大大加快了产品在全球的推广。2016 年 9 月，在全球第一大商用车展——德国汉诺威国际商用车展上，打着“中国中车”品牌 LOGO 的中车电动，携最新技术产品首次参展，获得了众多海外客户的关注。

作为中国中车集团在轨道交通外的另一张“名片”，中车电动也是倍感珍惜。在“中国中车”品牌 LOGO 启动仪式上，中车电动董事长兼总经理申宇翔表示：“中国中车是一块‘金字招牌’，未来的中车时代电动将努力把‘中国中车’的内涵体现得更丰富，让新能源汽车为这块金字招牌添光彩。”

在其他方面，中车电动与中车株洲所，也是紧密联系在一起的。在中车电动成立之初，中车株洲所作为母公司，除了为中车电动提供了不少技术人才外，其核心文化也被中车电动所继承。

时至今日，中车电动与中国中车、中车株洲所之间仍血脉相连，持续从中获得源源不断的新能量。

二　技术淬炼竞争力

尽管中车电动是“含着金汤匙长大”，但其要成为中国中车集团除轨道交通外的另一张“金色名片”，不可能光靠出身，更要靠在市场上掌握技术话语权，淬炼出国际一流的竞争力。

新能源客车区别于传统燃油车的关键是电池、电机、电控三大核心零部件，其中主要执行机构是电驱动系统，用于完成踏板监测及响应、车辆速度控制、能量回馈等控制任务。电驱动系统技术性能的优劣直接影响着新能源客车的使用效果。

在 10 多年的发展历程中，中车电动作为国内最早的纯电驱动系统供应商，不断强化电驱动核心技术，形成了从 IGBT 元器件到驱动电机、电池管理等系统关键零部件以及动力系统平台和整车制造的全产业链，在电动客车动力驱动行业配套量排名第一，掌握了技术话语权。

1. 历经5次迭代，华丽转身

成长十余年，中车电动发挥高铁基因的优势，不断推进技术升级与产品更迭，在电驱动系统行业开创出多个“第一”。

中车电动早在 2002 年就开始研发新能源汽车动力系统，涉及电机、电控、动力系统集成、电动整车集成、电动整车试验与运营管理等全纵深技术领域，是国内节能与新能源汽车“三纵三横”研发布局中的重要成员，是公认的主力军。

十余年来，随着经验的不断积累和技术的持续创新，中车电动电驱动系统实现了全面升级和进化。第一代产品批量化生产后，已成功应用于 2008 年北京奥运会专用纯电动大巴，中车电动成为国内最早的交流纯电驱动系统供应商，标志着我国新能源电驱动系统正式迈入规模化生产阶段；从第四代开始，中车电动改变设计语言，控制总成原本的分立式结构被集成后的箱体结构所代替，整体重量减轻 30%，能耗降低 50%；到第五代产品研发出来后，中车电动已具备竞争世界第一梯队的实力。

时至今日，中车电动自主研发的电驱动系统，历经五次迭代华丽转身，美其名曰——“T”动力。

什么是“T”动力？

“T”动力包括控制总成、传动总成、储能总成、车联网平台。“T”动力的最大亮点是其控制总成。它体重不到35公斤，体积是同类控制总成的一半，宽度仅为A2打印纸大小，是一款国内体积最小、集成度最高、最可靠的控制总成。该款控制总成主要由八块功能单元构成，经过深度集成后，体积和重量均较同类产品下降一半，分别为0.05立方米和35千克。“T”动力的控制总成相较于前几代，瞬间功率大、调速范围宽，转矩密度大，可满足新能源客车在不同路况下的瞬间启动和加减速需求，还能帮助车辆爬上40度的陡坡；体积小、质量轻，便于安装拆卸，易于维护保养……特别值得一提的是，这款控制总成能够不受极热、极寒、深水等环境影响，始终保持高水准在线。经实验测试和实践验证，“T”动力可在65℃高温环境下持续运行96h，-40℃低温环境下连续工作48h，温/湿度交替变化下带载运行144h。

截至目前，中车电动已申请专利近500项，主持和参与制定国家及行业标准30项，获国家及省部级科技进步奖7项，在电机驱动系统产品批量应用时间及产业规模方面均居国内前列。

2. “超能心脏”领先行业

中车电动之所以能掌握技术话语权，还在于其拥有一颗“超能心脏”——基于自主IGBT研发的第五代纯电驱动系统平台“T”动力，这奠定了其竞争全球纯电动客车第一梯队的实力基础。

“T”动力之所以这么强大，与其高铁基因有关。“T”动力控制总成装有“高铁芯”——IGBT（Insulated Gate Bipolar Transistor，绝缘栅双极型晶体管芯片）。所谓IGBT，就是能源变换与传输的核心器件，又被称为现代功率变流装置的“心脏”。虽然只是一块小小的芯片，它却对能源效率和产品的性能具有至关重要的影响。在新能源汽车中，IGBT作为电机驱动系统的核心功率器件，能够“神奇”地将电能自由转化，既可使直流逆变为交流驱动电机，又可在制动时将电机交流转化为直流，回收电能，最终使整车运行效率更高，性能更优。

除了影响整车的能源效率外，IGBT还是电机驱动部分最核心的元器件。IGBT约占电机驱动系统成本的一半，而电机驱动系统占整车成本的15%～

20%，也就是说，IGBT 占到了整车成本的 7% ~10%，是除电池之外成本第二高的元器件。

不过，IGBT 作为电动汽车变流核心控制单元元器件，其技术长期被国外巨头所垄断，国内 IGBT 模块产品基本依赖进口，核心技术的缺失导致“中国制造”受制于人。直到 2011 年，中车株洲所建成了国内首条 8 英寸 IGBT 芯片及模块生产线，才从根本上改变了关键器件受制于人的局面。

受益于母公司的技术分享，中车电动以中车株洲所自主化 IGBT 投产为突破口，进一步打通了元器件 IGBT、电机控制器关键部件、系统集成的全产业链，形成了自主研发、生产、检验的完善管理体系，自主化水平具备国际领先水平，实现了由“技术跟随”到“技术引领”的跨越，以技术淬炼出强大的市场竞争力。

3. 未来“心脏”将更强

尽管 IGBT 功能十分强大，但中车电动并未止步于 IGBT，目前正在向更超能的“黑科技”发起挑战。

2018 年，由中车电动牵头承担的国家重点研发计划“新能源汽车”重点专项“宽禁带半导体电机控制器开发和产业化”项目已正式启动。该项目的推进将为新能源汽车带来一场新的革命，促使我国新能源汽车技术水平大大提升，并实现“弯道超车”，赶超国际水平。

这项技术为何具有如此强大功能?

据了解，当前车用电机控制器主要应用的是以传统硅基材料为主的 IGBT，受材料限制，硅基器件特性已接近极限；而宽禁带半导体碳化硅（SiC）功率元器件可以同时实现“高耐压”“低导通电阻”“高频”三个特性，从而使整个系统功率密度、效率再度得到提升，代表了未来的发展方向。

也就是说，基于 SiC 材料的电机控制器就像一个更加“超能”的心脏，在这个“超能心脏”的控制下，车辆的可靠性、动力性以及运行效率等将获得革命性提升。正因为能够达到如此“超能”功效，美国、日本、欧洲国家等发达国家和地区都在积极推进 SiC 器件技术应用等相关研发。

作为未来发展方向，国家重点研发计划“新能源汽车”重点专项“宽禁带半导体电机控制器开发和产业化”的研发是实现新能源汽车“弯道超车”的重要途径。该项目由中车电动牵头，联合清华大学、华中科大、哈工大等 16 家高校院所及上下游企业，形成产学研用团队进行攻关。按照计划，该项目将于 2020 年 12 月实施完成，将开发出 2 种芯片、两种等级的 SiC 功率模块，各项性能指标均将超过世界目前水平的 30%。

随着该项目的推进，中车电动的新能源客车技术水平也将获得突破性提升。在该项目的带动下，未来，以中车电动为代表的新能源客车企业必将在国际舞台上扮演更重要的角色，以更强大的实力和技术水平助力全球新能源客车产业发展。

三　从精益生产到智能制造

中车电动从 2007 年起采用的生产管理流程，就是按照中国中车的精益管理体系建立起来的，也即高铁标准；此后又从精益生产模式过渡到智能制造，再发展到绿色工厂。

1. 以智能制造为目标

2007 年成立之初，中车电动临时用的是中车株洲所老制造中心的厂房，没有高端设备，也没有先进工装，30 多名员工在不到 2000 平方米的厂房内开始了首批整车的生产。2007 年 10 月 20 日，首批四个产品型号客车下线；2008 年 5 月，占地面积 285 亩的新基地一期工程建成投产，中车电动具备了年产 2000 辆新能源客车整车的制造能力。

当产品技术与市场逐步成熟后，中车电动整车销售量开始大幅增长，其产能不足的问题逐渐凸显。从 2008 年起，中车电动全面导入精益生产和大数据生产管理，企业智能制造不断升级。

第一步，先为“智能工厂”打下坚实基础。2009 ~ 2011 年，中车电动独创工位制节拍化流水线生产方式，完成精益流水线的规划。2012 ~ 2013 年，中车电动基于 MES（制造企业生产过程执行管理系统）信息化的成功应用，紧密结合精益管理思想建设数字化精益工厂，面向车间班组和工位，将精益管理思想贯彻到经营的每个角落。同年，其“电动汽车数字化精益制造管理体系构建”项目获得湖南省企业管理现代化创新成果一等奖。

第二步，全面建立“智能工厂”。2014 年，中车电动总投资 3 亿元的二期项目全线投产，以全流程精益建设为主线，围绕效益、效率指标体系，通过持续完善，实现了 QCD 目标的全面达成，成功晋级为原中国南车精益二级车间。当年，整车电泳生产线成功投产，加上二期工程中其他关键工艺能力的提升，使中车电动整车制造工艺水平从客车行业第三梯队进入第一梯队。至此，中车电动具备了年产 10000 辆新能源客车整车和 50000 套动力系统的能力，跻身国内“新能源公交车万台产能俱乐部”，其智能制造工厂雏形初步建立。

中车电动的“智能工厂”，也得到了国家高度认可。2015 年，工信部发布的《关于开展 2015 年智能制造试点示范专项行动实施方案》中，中车电动的“新能源客车智能化工厂”项目成功入选，成为本次入选的 94 家公司（研究机构）近百个项目中唯一的专业研发制造新能源客车的企业。

2. 高智能化生产模式

既然被国家认定为“智能工厂”，在中车电动生产车间，其智能化程度自然高得令人惊叹。在中车电动电泳车间，一辆电动汽车的车身骨架经吊装运往其中，不到半个小时，整车底漆就涂装完毕，全程不需要工作人员手动参与；在总装车间，装配工人在技术操作过程中遇到难题，打开生产线旁边的 MES 管理系统，将问题输入后不到 5 分钟，负责技术的工程师便传来了解决方案；在试验检测中心，可以模拟产品的各种应用环境，电机、整车的各项性能、参数一一“跃然纸上”。

这个“智能工厂”如此智能，离不开中车电动的 MES 精益生产管理系统。其车间的每个工位上都有一台终端设备，这些终端就是被称为智能制造“最后一公里”的 MES 精益生产管理系统。每台设备都与执行系统相连，数据则成为每台设备之间相互联系的纽带。通过终端设备，MES 系统快速达成车间基层的数据收集和公司高层的决策下达，以实时、准确的数据在高层、技术人员与一线员工之间搭起一座动态信息桥梁。

通过MES精益生产管理系统，中车电动建立起工位制节拍化流水线生产方式。在“节拍化”生产流程中，一个很复杂的造车过程被分解成一个个简单的工位任务，让比较复杂的输入（需求）变为比较简单的输出（操作），实现“一个工位一个节拍”的有序生产，并运用智能反馈保证每一道工序的质量。

基于一系列智能化生产设备，中车电动的生产线产值目标达成率为100%，产能提高5倍。如今，中车电动的全生产周期大大缩短，从原来的34天缩短到21天，日均产量也从之前的20辆提升到30余辆，为大批量订单提供了有力支撑。

3. 业内首个“绿色工厂”

对于中车电动而言，仅仅是一座智能工厂还远远不够。作为国内领先的新能源汽车研发和制造企业，中车电动还要践行节能环保的社会责任，本着绿色制造、低碳运营的理念，朝着国家级绿色工厂的目标推进。

2016年10月，中车电动投资500多万元的“能源·环保·安全”实时在线监测系统（简称三位一体系统）正式上线运营，实现了对全公司能源消耗、污染排放、设备运行的全天候、无盲区实时监控，并可自动进行数据采集分析、过程监控预警等。据了解，这种智能化的“能源·环保·安全”监测系统在业内还是首家，是中车电动打造智能化工厂和绿色工厂的重要举措。

在节能方面，该系统可对水、电、燃气的能源购入、使用、设备终端等全过程进行监控和分析，从而为管理人员提升能源管理效率提供数据支持，最终有效提高能源利用率，降低综合能耗。

在环保方面，该系统上线后，对废水、废气排放数据进行在线监测。内置的传感器每隔5～10分钟就会对废水废气取样监测一次，并将分析结果反映到系统上。污染物指标一旦超标，系统便会发出警报，从而有效减少污染物排放，进一步保证排放物的达标。

在安全方面，该系统既可对生产现场的危险状况进行实时监测，又可对管理人员的巡检执行情况进行监督。人员巡检时，必须在巡检场地进行指纹打卡，一旦漏检，系统便会报警。这样一来，既能保证管理人员巡检到位，在其监督下，员工也能进一步规范操作标准。

在中车电动董事长申宇翔看来，“企业作为法人，是社区的一分子，尽社会责任是企业经营的本分。作为新能源汽车制造企业，中车电动更应该做企业公民的典范。”

四　从“国内突围”到“全球征战”

除了不断钻研技术、突破自我外，中车电动在市场拓展方面同样“底气”十足，始终坚守“立足国内，放眼全球”的市场策略，在海内外市场加快布局，做到国内突围和全球征战。

1. 突围国内

作为客车行业后来者，中车电动在十年间异军突起，相比不少老牌客车企业取得了更加亮眼的成绩，也有着更大的销售版图，可谓实力卓然。

2017 年，中车电动系统产销近 30000 套，行业排名第一，新能源客车整车销售近 7000 辆，行业排名第四；全年产值超过 50 亿元，市场版图不仅辐射北上广深、江苏、浙江、福建、山东等地，更挑战了东北、新疆、山东、四川、海南等极端环境，产品销售范围覆盖全国各地。截至 2018 年 1 月，中车电动在国内已累计销售 3 万余辆新能源城市客车和近 10 万套核心零部件。

中车电动产品之所以热销，还在于中车电动不是单纯的产品供应商，而是以完善的产品及服务成为全面运输解决方案的提供商。

十余年间，中车电动以纯电驱动为主线，开发了客车、物流车、专用车等全系列产品，并引入“云智通”互联网管理平台，汽车部件信息也能够通过“云智通”平台进行实时监控，使其在同类别的智能管理平台中脱颖而出，成为公交运营单位的“汽车医生”和“数据管家”。

在售后服务上，中车电动已建立了完善的售后服务体系，由原先“保姆式”管理向“导师式”管理成功转型，2015 年实现了售后服务全过程管理的电子化、流程化、标准化，并实现了故障的物流、信息流、财务结算、制单信息的高度集成与统一。

有优质的产品及服务，必然拥有广阔的市场。在过去的十年间，中车电动的市场版图不断扩大，从湖南本土逐步扩展到全国各地，同时在北京奥运会、上海世博会、广州亚运会、巴西世界杯、男篮亚锦赛等国内外大型赛事及活动中肩负重任。

2. 征战全球

对于中车电动而言，“走出去”是必然选择。

申宇翔认为：“‘走出去’是自由之路，也是必由之路。”所谓自由之路，指的是中车新能源汽车具备“走出去”的条件。中国中车在全球建立的市场网络和服务网络以及高铁技术延伸至电动汽车领域的优势，都为其电动汽车板块在全球探路提供了支撑。

借助中国中车力量，中车电动在海外耀眼登场。2016 年，中车电动纯电动客车在全球第一大商用车展——德国汉诺威国际商用车展上亮相；同年，中车电动联合北美公司推出了全球第一辆燃料电池大型物流车电驱动系统，并创造了中国首次向欧美国家出口燃料电池系统产品的纪录。自此，2016 年成为中车电动海外出口的起步年，此后几年，中车电动海外市场扩张速度加快，整车已服务于新西兰、法国、意大利、马来西亚、白俄罗斯等国家和地区，受到海外客户的高度认可。

作为新西兰首辆新能源客车，中车电动 12 米纯电动客车在交付后进行了严格的示范运行测试。在整个 50 公里测试过程中，测试车辆仅耗电 28kwh，平均每公里耗电 0.56kwh，且路段坡度为 5% ~12%，以实际数据证明车辆既省电又有较强的爬坡能力。

作为法国首辆顶置快充纯电动客车，中车电动的 12 米全低地板纯电动客车进入法国巴黎的一个公用私人机场使用，引起当地官方关注——法国前内政部部长、当地省长以及海关、电力公司等有关部门负责人均前来视察，并进行了试乘体验，最终对产品竖起大拇指。

在德国，中车电动的“T”动力申报项目，凭借新材料、新技术的革新应用，前沿视角的创意，斩获全球注目的“红点”奖和“IF 奖”。这两项国际大奖，都相当于产品设计界的“奥斯卡”，这还是全球新能源汽车行业发展史上前所未有的成绩。

可以说，无论是技术还是产品，中车电动已经从国内走向国际，得到了新西兰、法国、马来西亚、白俄罗斯等国用户的一致好评，成为中国新能源汽车“智造”的品质“代言人”。

五　未来不可限量

在过去的 10 年，中车电动以年均 70% 的增速，从新能源客车的后来者一跃而成中流砥柱。对于未来，中车电动又有着怎样的目标和规划？

1. 未来目标及规划

按照中车电动的战略设定，从 2007 年起步到 2017 年这十年，是中车电动快速成长的十年；2017 年到 2027 年，将是中车电动领航的十年。其披露的“十三五”规划也显示，到 2020 年，形成大中型客车、轻型客车、专用车及关键零部件四大业务板块，整车销售突破 2 万辆，系统外销 10 万套，成为国际知名的新能源汽车全面解决方案服务商。2018 ~ 2019 年，中车电动将打造以商用车为主的整车支柱产业和以“三电”为核心的支撑产业，形成石家庄、无锡、重庆、常德、株洲、广州六大客车及专用车基地，达到 3 万辆客车制造能力和 10 万辆专用车制造能力。

不仅如此，2017 年 7 月，中车电动在成立十周年之际，还发布了面向未来十年的战略：至 2027 年，中车电动将形成新能源客车、新能源专用车、驱动系统和电池 Pack 等五大业务板块，年销售新能源客车 3 万辆、新能源专用车及轻客 30 万辆、外销驱动系统 30 万套、电池系统 20GWh，成为全球绿色交通领导者与先行者。

如果上述系列规划都能如期实现，中车电动未来十年的发展不可限量。

2. 智能驾驶先行者

业内专家普遍认为，智能驾驶汽车代表着未来发展方向，是大势所趋，并将重塑汽车业的未来格局。对于智能驾驶技术，中车电动很早就动手进行技术储备，是智能驾驶客车领域的先行者。

在客车行业，中车电动率先完成了智能驾驶路测。2017 年 7 月，中车电动在湖南株洲发布全球首款 12 米智能驾驶客车，该车在湖南湘江新区智能系统测试区进行路测，依靠人工智能、视觉计算、雷达、监控装置和全球定位系统的协同合作，使车辆在“智能”操作的前提下完成了全程自动行驶。该测试区包含高速道路、城市道路、乡村道路等不同路况，其中，全国首条开放道路自动驾驶公交车示范运营线路，长 7437 米，沿途经过由北往南 7 个公交站台，路况、场景复杂。在整个路测过程中，中车电动智能驾驶客车自动完成启停、转弯、加速、变道、避障等动作，直线行驶速度 40 公里/小时，转弯行驶速度 15 公里/小时，途中有社会车辆行驶，并且不时有摩托车、电动车、行人穿行。

可以预见的是，智能驾驶代表了未来交通体系的重要发展趋势，从应用场景来看，智能驾驶很可能将在公共交通领域首先实现，而公交车市场正是目前客车企业的主战场。作为智能驾驶客车的先行者，中车电动在智能驾驶领域握有更多筹码，在未来竞争中也有了更大胜算。

附　录

Appendix

B.16
中国客车大事记（2017年8月至2018年8月）

舒　曼*

2017年

8月

8月7日　“以色列首条纯电动公交车线路交车仪式”在以色列第三大城市海法举行。这是以色列历史上首批纯电动公交车投入运营，现场，厦门金旅为以色列市场全新打造的8辆纯电动公交车交付以色列最大公交公司Egged。这批纯电动车辆于8月底投放运营，服务海法市中心至旅游胜地海

* 舒曼，文学学士，方得网副主编。

法湾的线路。

8月25日 安凯客车发布公告称，公司与合肥公交集团签署了《工业品买卖合同》，将向合肥公交集团供应安凯牌客车400辆（清洁能源车160辆、纯电动车240辆），合同金额5.3亿元。其中，160辆清洁能源车于2017年9月30日前陆续交车完毕，240辆纯电动车于2017年11月30日前陆续交车完毕。

8月25日 中通客车在俄罗斯哈巴罗夫斯克市召开购销协议签约仪式，公司与当地的“五星”集团达成200辆公交客车的购销协议，总价值逾10亿多卢布。

8月 中通客车一次性从广州德耀校车集团获得200辆校车订单，车辆于新学期到来前全部交付。德耀校车此次采购的校车产品包含了中通5~11米的多种车型，基本涵盖了中通客车的主力畅销车型。

8月 中通客车一次性中标80辆商务部对外援助非洲莫桑比克公交车项目，这也是迄今为止莫桑比克国内最大批量的公交车订单进入。该批车辆为中通12米前置公交车，于9月底交付，用于当地的公交线路及政府班车业务。

9月

9月1日 比亚迪股份有限公司发布关于商用车中标公示的公告。公告显示，控股子公司比亚迪汽车工业有限公司中标深圳市西部公共汽车有限公司的“432辆新能源营运车辆采购”项目并且是唯一中标单位，中标金额合计5.61亿元，不含国家和地方政府补贴。

9月2日 工信部发布新能源汽车推广应用推荐车型目录（2017年第8批），共包括95家企业的273个车型。新能源客车方面，共有53家企业136款车型入选，其中，纯电动客车113款，插电式混合动力客车20款，燃料电池客车3款。截至目前，工信部发布的8批推荐目录中，共计有1526款新能源客车入选。

9月5日 金砖国家领导人第九次会晤在厦门落幕。此次会晤期间投入服务保障的厦门金旅客车共有 5429 辆，含金砖会晤的 201 辆指定用车（其中包含 50 辆会晤核心区用车）、厦门公交 1156 辆在市区运营的公交车和本地及周边的新能源车辆。

9 月 5 日 深圳联合产权交易所公开的招标中标结果显示，比亚迪汽车工业有限公司被确定为深圳市东部公共交通有限公司“2017 年 822 辆纯电动公交客车解决方案采购项目”的中标单位，标的内容为 422 辆 10.005 ~ 10.995 米低地板纯电动公交客车解决方案、300 辆 10.005 ~ 10.995 米高地板纯电动公交客车解决方案及 100 辆 10.005 ~ 10.995 米双层纯电动公交客车解决方案。

9 月 10 日 中国企业联合会、中国企业家协会联合发布“2017 年中国企业 500 强”排行榜，此次入围门槛为 283.11 亿元，较上年提高 39.65 亿元，再创新高。其中，郑州宇通集团有限公司作为榜单中唯一一家以大中型客车制造为主营业务的企业，凭借 3768502 万元营业收入位列第 379 名，这也是宇通集团连续第 15 年入选“中国企业 500 强”榜单。

9 月 18 日 江苏省淮安市城市公共交通有限公司公布 2017 年纯电动公交车采购项目结果。淮安比亚迪实业有限公司为拟定的唯一供应商，采购项目为：10.5 米纯电动公交车 250 辆，8.05 米纯电动公交车 250 辆。

9 月 25 日 上海空港巴士有限公司再次向斯堪尼亚（中国）销售有限公司采购 25 辆斯堪尼亚 · 海格统领（Touring）豪华客车，首批 15 辆正式交付使用，剩余 10 辆于 2018 年初交付。该批车辆将被投入机场四线及五线的运营上。

9 月 29 日 交通运输部公示了《营运客车安全达标车型（第 1 批）》，车型目录中包括宇通客车、中通客车、安凯客车、苏州金龙、厦门金龙、厦门金旅、北方客车、桂林客车等 8 个品牌共 58 款车型。值得一提的是，58 款车型中还包含 5 款纯电动客车车型。

10月

10 月 17 日 百度与厦门金龙客车签署战略合作协议，计划于 2018

年实现商用级无人驾驶微循环车的小规模量产及试运营，此举将国内自动驾驶量产计划提前了两年，在中国客车工业“智造”的进程中迈出里程碑式的新步伐。签约仪式上，百度与金龙客车一起揭晓了金龙客车第二代无人驾驶微循环车的神秘面纱，它将解决公共交通未覆盖的“最后一公里”的出行问题。双方合作研发的这款无人驾驶微循环车可实现特定场景下的完全无人驾驶，并计划在 2018 年 7 月底实现小规模量产及试运营。

10 月 18 ~ 24 日 党的“十九大”在北京人民大会堂召开。大会期间，共有 20 辆宇通 T7、40 辆安凯宝斯通 K7、24 辆金旅客车等品牌车辆为“十九大”参会人员提供交通用车服务。

10 月 20 日 两年一届的世界客车博览会在比利时科特赖克展览中心揭幕。中国客车企业中车电动、厦门金龙、苏州金龙海格、比亚迪、宇通、安凯以及金旅或带来了各自的高端客车，或以高科技互动展示最新技术，向全世界展现了中国客车的全新形象和强劲实力。

10 月 20 日 宇通客车携 9 辆展车亮相比利时世界客车博览会，并荣获由 Bus world 颁布的 Bus world Award 2017（Ecology Label），充分展示了宇通在新能源环保领域的突出成就，展示了中国客车制造企业的实力。

10 月 20 日 中车电动在比利时世界客车博览会现场召开“智能、互联、电动全面解决方案”发布会，向欧洲高端市场推出“智能辅助驾驶”快速城市客车以及核心系统“T”动力等解决方案。

10 月 20 日 作为最早参与比利时世界客车博览会的中国客车企业之一，厦门金龙围绕“环境友好、匠心制造和原创”这一主题，展出了 4 款针对欧洲市场需求研发的全新客车车型。

10 月 20 日 安凯客车自主研发、设计、生产的双层纯电动半敞篷观光巴士亮相比利时世界客车博览会，该车型在展会结束后将交付巴黎客户，并在巴黎的城市观光线路上运营。

10 月 20 日 苏州金龙海格客车携 3 款明星产品首次参展比利时世界客车博览会，包括 E12 超级电容公交车、H9 多用途中巴、H12 大巴。海格客车总经理黄书平还与以色列 Pandan 董事 Eran 现场签订了 100 辆超级电容公交的采购协议。

10 月 20 日 厦门金旅第 3 次亮相比利时世界客车博览会。本次博览会上，金旅展示了 3 款客车，其中 PIVOT 系列纯电动公交和历经三年研发推出的豪华高端公路客车 NAVIGATOR 是首次亮相欧洲市场。

10 月 20 日 比亚迪携其第一辆纯欧洲制造的 12 米纯电动大巴和全球首发的纯电动中巴亮相比利时世界客车博览会，并在现场宣布斩获荷兰最大纯电动中巴订单，数量为 21 辆。比亚迪此次展出的 12 米大巴是其欧洲第一座电动车制造厂——匈牙利工厂生产的首辆纯电动大巴；全球首发的比亚迪纯电动中巴全长 8.75 米，拥有 22 个乘客座位，最大载客量 58 人，充电一次可续驶 200 公里。

10 月 江苏九龙汽车制造有限公司根据《缺陷汽车产品召回管理条例》和《缺陷汽车产品召回管理条例实施办法》的要求，向国家质检总局备案了召回计划，决定自即日起，召回 2015 年 4 月 1 日至 2016 年 10 月 31 日期间生产的部分 2015 款 6 米纯电动客车，共计 51 辆。本次召回范围内车辆部分批次 BMS（电池管理系统）程序误刷成测试版，测试版程序中低温环境下 SOC（电量状态）动态校准功能有瑕疵，造成车辆行驶时可能断电，车辆失去动力，存在安全隐患。江苏九龙汽车制造有限公司将对缺陷车辆的 BMS（电池管理系统）刷新程序，以消除安全隐患。

10 月 中通客车生产的 22 辆中通 18 米 BRT 公交发往墨西哥，将交付至其首都墨西哥城的相关公交公司。这是墨西哥从国外单次进口最大批量的 BRT 公交订单，将承担墨西哥城部分公交线路的运输任务。

11月

11 月 8 日 厦门金旅在厦门老厂区举行 25 周年庆典。在当天的活动上，金旅发布了一款集 25 年造车经验于大成的高端豪华产品——领航者。这款客车是由厦门金旅与英国 DCA 设计公司、德国梅赛德斯奔驰公司共同组建的研发团队倾力打造的精品，是金旅突破设计概念、迈入崭新阶段的旗舰车型。

11 月 8 日　福田汽车集团与美国 TDG 迪捷集团在北京人民大会堂签署《智慧城市交通解决方案备忘录》。签约双方将利用各自核心技术资源共同开发智慧城市及智慧公交系统解决方案，如交叉式公交站及安全方面的解决方案；共同推进新西兰惠灵顿市以及青岛市城阳区新型公交系统建设，以及联合设计开发生产面向未来的 2 米智能电动公交车等。

11 月 28 日　交通运输部公示《营运客车安全达标车型（第 2 批）》，北汽福田（9 款）、长江汽车、苏州金龙、南京金龙（2 款）、厦门金龙（2 款）、上海申龙（3 款）、四川野马（2 款）、舒驰客车、宇通客车（6 款）等 27 款纯电动客车车型在列。

11 月 28 日　天津银隆静海纯电动公交车投入运营启动仪式，在天津市静海区公交站内举行。此次，银隆新能源向天津静海区交付包括仿古铛铛车、公交车及旅游车等在内的 4 款车型共 67 辆纯电动公交车。

11 月 29 日　广州市府常务会议审议并通过《广州市推进公交电动化工作方案》和《关于加快广州市公交充电设施建设的实施方案》，明确了广州市公交电动化工作的有关目标、任务和要求。“工作方案”提出，从 2017 年起，新增及更新的公交车 100% 推广使用纯电动车，力争在 2018 年底前实现公交电动化，并从车辆采购投放、充电桩建设、财政补贴、车辆技术保障等方面提出了相关措施。

11 月 29 日　东旭光电发布公告称，公司下属全资子公司申龙客车近期在北京市场斩获一批 490 辆新能源纯电动客车订单，实现了该市场新能源车订单的首次突破。订单车型为申龙 11 米纯电动团体旅游大巴 SLK6118ALE0BEVS6。

11 月　上汽大通首款纯电动宽体轻客 EV80 通过了英国低排放汽车办公室 OLEV（office for low emission vehicles）的标准审核，获得英国政府新能源汽车补贴：在当地购买纯电动宽体轻客 EV80 的消费者，每辆车可获得 8000 英镑的补贴。

12月

12 月 1 日 日本冲绳县在那霸新港举行了首批 10 辆纯电动大巴交付仪式。此次的主角，是来自中国的比亚迪 K9 纯电动大巴。10 辆比亚迪纯电动大巴的交付，既是冲绳县首次投放新能源客车，也是日本国内迄今为止最大一笔新能源客车采购大单。

12 月 3 ~ 7 日 加拿大总理贾斯廷 · 特鲁多对中国进行了正式访问。12 月 4 日，贾斯廷 · 特鲁多参观了福田欧辉 12 米氢燃料电池客车以及北京亿华通科技股份有限公司研发生产的最新一代氢燃料电池发动机，对中国先进的新能源客车研发技术给予了高度赞扬。

12 月 11 日 “金旅客车—青海旅投集团 31 辆旅游车交接车仪式” 在厦门举行。据厦门金旅青海分公司介绍，金旅客车 2017 年在当地的旅游市场占有率达到 45% 。

12 月 26 日 财政部、税务总局、工信部、科技部联合发布了 “关于免征新能源汽车车辆购置税的公告”。“公告” 明确规定：自 2018 年 1 月 1 日至 2020 年 12 月 31 日，对购置的新能源汽车免征车辆购置税；对免征车辆购置税的新能源汽车，通过发布《免征车辆购置税的新能源汽车车型目录》实施管理；2017 年 12 月 31 日之前已列入《目录》的新能源汽车，对其免征车辆购置税政策继续有效。

12 月 28 日 上海申沃客车在闵行区举行主题为 “携手并肩，共创未来” 的奉浦快线车辆交付仪式，将 35 辆快充式纯电动客车交付给奉贤巴士，这标志着又一项新能源技术——匹配下压式集电弓的快充式纯电动车辆在上海落户。

12 月 29 日 由福建省新能源汽车推广应用和产业发展联席会议主办的 “清新福建、绿色出行” 新能源公交车推广应用集中上牌交车仪式在福州新汽车南站举行。仪式现场，由厦门金龙汽车集团生产的 2017 年最后一批共 500 多辆新能源纯电动公交车正式交付公交企业。截至 2017 年 12 月底，福建全省各地市共投入由厦门金龙汽车集团生产的近 3000 辆纯电动公交车，助力福建绿色交通体系建设。

12 月　受行业对国家新能源汽车补贴政策大幅退坡预期的刺激，客车行业产销两旺的态势再度出现，2017 年 12 月份的新能源客车市场产量创下历史新高，但同时也导致市场提前透支，对 2018 年新能源客车市场带来不利影响。

2017 年　我国客车行业共计销售各类车型 21.13 万辆，同比下降 16%。其中，宇通客车以 67522 辆和 32% 的市场份额稳居行业第一；中通客车以 15943 辆和 7.5% 的份额居第二，比亚迪以 12777 辆和 6% 的份额居行业第三；第四至第六分别是厦门金龙（10837 辆）、厦门金旅（10753 辆）和福田欧辉（9557 辆）。

2018年

1月

1 月 18 日　中国东方航空—宇通客车机场摆渡车批量交车仪式在郑州宇通工业园举行。宇通客车和东方航空相关高层出席了此次交车仪式，19 辆宇通 ZK6140BD 机场摆渡车正式交付东方航空。

1 月 20 ~ 21 日　中国电动汽车百人会论坛在北京钓鱼台国宾馆举行，本次论坛以“把握全球变革趋势，实现高质量发展”为主题，围绕全球新能源汽车的发展机遇与挑战、汽车产业生态重构等问题进行深入探讨和交流。在这次大会期间，福田欧辉氢燃料客车成为大会唯一指定的服务用车，共有 30 辆氢燃料电池客车服务于本次大会，负责工作人员及嘉宾的整个接送任务。此外，各个汽车品牌也纷纷携新产品、新技术亮相，在商用车领域，除了欧辉氢燃料客车以外，室外展区还有宇通氢燃料电池客车、中兴智能客车和东风氢燃料电池物流车。

1 月 24 日　工信部发布关于征求《电动汽车安全要求》、《电动汽车用锂离子动力蓄电池安全要求》、《电动客车安全要求》等 3 项强制性国家标准（征求意见稿）意见的通知。其中,《电动客车安全要求》征求意见稿规定了电动客车的安全要求和试验方法，该标准适用于 M2、M3 类电动客车，包括纯电动客车、混合动力电动客车；但不适用于燃料电池电动客车。

2月

2 月 9 日　韩国平昌冬奥会在江原道平昌开幕，本届冬奥会的口号是“激情同在”（Passion. Connected）。为贴合绿色冬奥运会以及满足赛事交通运营需求，“中国制造”的新能源客车批量投入赛事服务，其中包括海格纯电动客车以及福田欧辉新能源客车。

2 月 10 日　宇通集团在河南省人民会堂召开 2017 年度总结表彰大会，2017 年，宇通集团实现营业额 478.18 亿元，较 2016 年增长 26.12 亿元，增幅达到 5.8%。

2 月 13 日　财政部、科技部、工信部、发改委联合下发“关于调整完善新能源汽车推广应用财政补贴政策的通知”（财建〔2018〕18 号），2018 版新能源汽车补贴政策正式出台。相比 2017 年补贴政策，2018 年补贴政策继续大幅退坡，技术门槛要求进一步提高。与此同时，政策前所未有地给出了过渡期，规定 2018 年 2 月 12 日至 2018 年 6 月 11 日为过渡期。过渡期期间上牌的新能源客车按照 2017 年对应标准的 0.7 倍补贴，燃料电池汽车补贴标准不变。

2 月　安凯客车与沙特最大运输公司哈菲尔运输公司连续签署销售大单，合同价值分别为 3324.8 万美元和 3070.6 万美元，总约合人民币 4.01 亿元。哈菲尔运输公司拥有 11000 辆客车，主要从事于朝觐以及校车的运输工作。

3月

3 月 22 日　工信部装备工业司联合商务部、交通运输部、海关总署、质检总局等部门相关司局在北京组织召开了“节能与新能源商用车积分管理制度研究”课题启动会，会议明确了节能与新能源商用车积分管理制度研究的总体目标、专题内容及工作机制，与会专家就有关重点问题进行了讨论。

3 月 全国“两会”在北京举行。宇通客车、厦门金龙、厦门金旅、苏州金龙海格、安凯客车、金华青年客车、四川现代康恩迪等客车品牌承担了“两会”期间的服务用车工作。

4月

4 月 8 日 以“开放创新的亚洲繁荣发展的世界”为主题的博鳌亚洲论坛 2018 年年会（以下简称 2018 博鳌亚洲论坛）正式开幕。本次论坛期间，16 辆中国品牌高端公商务车——宇通 T7 承担了保障国内外政要出行工作，这也是宇通 T7 连续第三年护航博鳌亚洲论坛年会。

4 月 10 日 20 辆比亚迪 eBus - 7 纯电动巴士在韩国济州岛正式投运，这是济州岛知名景区牛岛的首支纯电动巴士车队，也是韩国规模最大的一支中型电动巴士车队，更是东北亚国家单批最大规模的电动客车交付。这也意味着，世界上最难突破的欧洲、美国、日本、韩国四大发达市场，比亚迪尽揽囊中。

4 月 17 日 厦门金旅第二代无人驾驶客车首次小范围公众露面，此次亮相依然在国家智能网联汽车（上海）试点示范区。这辆取名“星辰”的车型未来有望成为金旅无人驾驶车系子品牌。

4 月 19 日 财政部、工信部、科技部、发改委联合发布《关于开展 2017 年及以前年度新能源汽车推广应用补贴资金清算申报的通知》，要求各级牵头部门提交本地汽车生产企业 2017 年 1 月 1 日至 12 月 31 日中央财政补贴资金清算申请报告；对于 2015 年度、2016 年销售上牌但未获补贴的车辆按照对应年度补贴标准执行；除私人购买新能源乘用车、作业类专用车、党政机关公务车、民航机场场内车辆外，其他类型新能源汽车累计行驶里程达到 2 万公里（截至 2017 年 12 月 31 日）即可申请补贴。

4 月 20 ~ 22 日 CTIB 国际客运交通装备与技术展览会在天津举行，本届展会以“绿色、平安、智慧、节能”为主题，宇通、比亚迪、中通、银隆新能源、厦门金旅、重汽豪沃、申龙、南京依维柯等8家客车企业携27款整车参展。

4月22日 “宇通交通安全教育馆”开馆仪式在郑州市中小学体验式安全教育基地举行。宇通安全教育馆是我国客车行业唯一一家线上、线下相结合的实体安全教育馆，也是郑州市中小学体验式安全教育基地的重要组成部分。该安全教育馆通过互联网声、光、电无线传输，3D建模等科技手段，激发学生的学习兴趣，使学生在体验、实操中建立安全意识，获得安全知识，掌握自护、自救的方法。

4月24日 中机车辆技术服务中心发布“关于确认《新能源汽车推广应用推荐车型目录》车型的通知”。按照相关要求，中机车辆技术服务中心近期开展了新能源推荐目录车型的“老”转“新”审核工作，对2017～2018年发布的1～15批《新能源汽车推广应用推荐车型目录》车型数据进行了核对，将符合《关于调整完善新能源汽车推广应用财政补贴政策的通知》（财建〔2018〕18号文）技术要求的车型名单进行公示。其中，新能源客车共计发布2065个产品，符合的车型1029个，占总量的49.8%；1036个产品面临被剔除，其中公交825个产品，公路211个产品。

4月24日 安凯客车发布“关于收到国家新能源汽车推广补贴的公告”。公告显示，公司于2018年4月23日收到安徽省财政厅《关于下达2016年节能减排补助资金用于新能源汽车推广补助清算资金的通知》（财建〔2018〕364号）的通知，根据该通知，公司收到合肥市财政局转拨支付的公司2016年度新能源汽车推广补贴款84772万元。

5月

5月7日 科技部公示了8个国家重点研发计划重点专项拟立项的2018年度项目公示清单，本次公布的拟立项项目总数共128个，总经费超过31亿元。在“新能源汽车”重点专项中，郑州宇通客车股份有限公司牵头承担的有2项，分别为《燃料电池公交车电—电深度混合动力系统平台》（5282万元）、《高性价比商用车混合动力系统开发与整车集成》（2825万元），总金额达到 8107 万元。

5 月 9 日 上海申龙客车有限公司高端客车交车仪式，在香港科学园内举行。本次交付的申龙 SLK6116HKB 欧六柴油客车共 12 辆，全部采用奔驰底盘。此次交车，意味着申龙客车成功打入香港高端客车市场，也标志着申龙客车向着国际化、高端化的方向又迈出了坚实一步。

5 月 18 日 宇通在上海举办了主题为“智联升级宇见未来”的 2018 年新能源全系产品发布会。宇通新能源新品包括 E6、E8 及 E8 – Plus、E10、E12 等公交产品，以及 8 米、8.2 米、9 米、10.7 米和 11.3 米等客运旅团产品，全面覆盖各大细分领域、不同米数段，充分满足客户的多样化、个性化需求。发布会现场，通过场外连线的方式，宇通还展示了搭载最新技术的纯电动自动驾驶客车的实验运营情况。经过全新升级的宇通自动驾驶纯电动客车，已具备高速结构化道路和面向园区开放通勤道路的 L4 级别自动驾驶能力，实现巡线行驶、路口通行、精确进站、车路协同，自主避障、超车、会车、换道、跟车等功能，再一次在行业树立新的里程碑。

5 月 23 日 东旭光电发布公告称，其全资子公司上海申龙客车有限公司于 2018 年 5 月 21 日收到上海市财政局转支付的 2016 年度新能源汽车推广应用第二批补贴款 24200 万元。上述款项系截至 2017 年 9 月 30 日公司 2016 年所售且累计行驶里程达到 3 万公里的新能源汽车对应的推广补贴。该项补助资金的到账，将改善公司现金流量，对公司经营产生积极影响。

5 月 25 日 工信部公示 2017 年及以前年度新能源汽车推广应用补助资金初步审核情况，包括 2016 年度及 2017 年度新能源汽车推广应用补助资金清算审核情况。根据 2016 年度补贴申请核算结果，企业申报推广数为 51016 辆，申请结算资金约 124.6 亿元，专家核定推广数为 50208 辆，应结算补助资金约 123.3 亿元；根据 2017 年度补贴申请核算结果，企业申报推广数 230616 辆，申请结算资金约 96 亿元，专家核定推广数为 161667 辆，应结算补助资金约 66.4 亿元。

5 月 28 日 以“科技引领，创新驱动，奋力推进交通强国建设”为主题，由交通运输部科学研究院、北京市贸促会、中国公路学会、中国交通报社等共同承办的“第十四届国际交通技术与设备展览会”（简称“2018 北京道路运输展”）在北京新国展开幕，宇通、金龙客车、厦门金旅、苏州金龙海格、中通、比亚迪、福田欧辉、安凯、南京金龙开沃、上海申龙、北方客车、舒驰、一汽丰田、中兴客车等 14 家客车整车企业共计展出 41 款车型。

5 月 28 日　宇通客车携“负排放”氢燃料电池客车 F10、纯电动公交车 E10、E10 团体版、T7、新一代豪华公路客车 ZK6128 五款车型亮相 2018 道路运输展。其“负排放”燃料电池城市客车采用独有的活性再生自动控制物理化学一体化空气过滤技术，可吸收大气中的污染物和 PM2. 5 颗粒物，并排放出纯净的水和清洁空气。每 1 辆燃料电池城市客车运行 1 天可净化 200 名成年人 1 天呼吸的空气。

5 月 28 日　海格客车携全新大数据智慧客车亮相 2018 北京道路运输展。全新发布的海豹 2018 款中型公路客车和罗卡 E10 第五代纯电动城市客车两款精品车型，为正处于转型升级期的客户群体，贡献了海格客车的智慧解决方案。

5 月 28 日　厦门金龙在 2018 北京道路运输展举行了以“未来路，加速度”为主题的三十周年品牌发布会，并重点展示了中国首款商用级无人驾驶巴士“阿波龙”和中国高端客车代表作龙威 II 代 VC 版。

5 月 28 日　福田欧辉“2018 品质发现之旅”在 2018 北京道路运输展上正式启动，同期还举行了“全球首批燃料电池城市客车交车仪式”，福田欧辉向张家口公交公司交付了首批燃料电池客车。2018 年 1 月底，在张家口市区公交车辆采购项目中，福田欧辉斩获 49 辆 10. 5 米氢燃料电池客车订单，成为该项目最大订单企业，这批氢燃料客车将服务于 2022 年（北）京张（家口）冬奥会。

6月

6 月 1 日　海南省转发四部委发布的《关于调整完善新能源汽车推广应用财政补贴政策的通知》，要求 2018 年新能源汽车车辆购置地方财政补贴标准继续按中央财政同期补贴标准的1∶0.5执行，其中，省、市县两级财政各承担50%；各市县要加快推进充电基础设施建设，新能源汽车地方购置补贴资金将根据中央政策要求逐渐转为支持充电基础设施建设和运营、新能源汽车使用和运营等环节。

6月4日 云南省工信委发布《云南省新能源汽车产业发展及推广应用三年行动计划（2018～2020年）》（征求意见稿）。意见稿指出，到2020年，云南省计划形成年产50万辆新能源汽车生产能力，其中乘用车45万辆、商用车5万辆，形成年产动力电池10Gwh的能力，实现年销售收入1000亿元；滇中城市群聚集发展格局基本成型，乘用车、客车、专用车等门类基本齐全，电池、电机、电控等关键配套基本完整，生产、销售、运营、回收体系基本完善；力争3～5年内，全省形成年产100万辆新能源汽车生产能力，实现年销售收入2000亿元，形成完整产业链。

6月5日 河南省财政厅发布“关于公开征求《关于调整河南省新能源汽车推广应用及充电基础设施奖补政策的通知》有关意见的通知”，通知指出，纯电动、插电式混合动力客车按照国家补助标准的一定比例给予推广应用补助，车长超过8米的纯电动、插电式混合动力客车，按照国家补助标准的30%给予推广应用补助，车长低于8米的车辆不再补助。

6月9日 银隆新能源为珠海公交定制的500辆12米仿生海豚造型纯电动公交车全部完成上牌手续，意味着这批海豚公交正式拥有了“珠海户口”，正式运营后将为珠海再添一道亮丽的风景线。

6月9～10日 上海合作组织成员国元首理事会第十八次会议在青岛举行。斯堪尼亚·海格“Touring”（音译为“统领”）豪华客车被青岛国际机场选定为本次峰会接待用车，承担重要来宾从机场到会场的运输服务。

6月11日 江西省新能源汽车推广应用工作协调小组办公室发布《2018年江西省新能源汽车推广应用奖励办法》，对新能源汽车生产企业销售达标奖励标准做了明确规定，其中新能源客车按销售数量进行奖励，最高奖励金额为1500万元。

6月14日 广东省人民政府发布《关于加快新能源汽车产业创新发展

的意见》，意见中提到，要全力推进公交电动化（含氢燃料电池汽车），深圳市2017年已实现公交纯电动化，广州、珠海市2018年底实现公交电动化，珠三角其余各市到2020年前全部实现公交电动化（其中纯电动公交车占比超85%）；粤东西北各市市区到2020年电动公交车占比超80%。

6月15～6月20日 在沃尔沃环球帆船赛停靠瑞典哥德堡期间，沃尔沃集团向特邀嘉宾展示了其首辆全自动驾驶巴士。这一解决方案以沃尔沃客车已经量产的纯电动城市巴士为基础，引入了自动化的操作系统。在帆船赛期间，沃尔沃集团展示了如何通过自动驾驶技术提升巴士的安全性与舒适性，并实现更为高效的站台停落。

6月20日 重庆市财政局发布《重庆市2018年度新能源汽车推广应用财政补贴政策》，新能源客车补贴标准约为同期国家标准的20%；燃料电池汽车补贴标准约为同期国家标准的40%。

6月21日 北京国际新能源汽车展览会在北京农业展览馆开幕。本届展会吸引了比亚迪、上汽大通、福田、南京金龙、申龙、宇通客车、北方客车、东风、北汽常州、舒驰等近30家新能源汽车企业携主力产品参展。

6月27日 比亚迪年产能24GWh的动力电池工厂在青海正式下线。同时，比亚迪宣布2020年动力电池总产能将增至60GWh。这一巨型电池工厂2019年全部投产后，年产能可达24GWh，将成为全球规模最大的动力电池工厂。

6月27～7月1日 2018世界女排联赛总决赛在南京奥体中心拉开序幕。南京金龙开沃汽车的两款车型——开沃NJL6117EV和“公务接待王”开沃纯电动公务车，成为2018世界女排联赛总决赛专用车。

6月30日 四川A股上市公司西部资源公告称，公司拟将其持有的重庆恒通客车有限公司66%股权、重庆恒通电动客车动力系统有限公司（简称恒通电动）66%股权，转让给重庆鑫赢原键机械制造有限公司，根据对上述标的资产预估情况，合计协商作价1.43亿元。本次交易完成后，西部资源将不再持有恒通客车和恒通电动股权，这也意味着西部资源退出新能源汽车领域。

6月 百余辆中通12米世轩高档团体旅游客车驶下生产线，将发往沙特。待该批订单正式交付后，中通客车2018年上半年出口沙特的产品将超过600辆。除了“世轩”旅游客车外，其余的500多辆全部为中通12米“世嘉”高档旅游车型。

6月 厦门金龙汽车集团股份有限公司（简称金龙汽车集团）发布公告，拟增发募资17亿元，其中7.75亿元将用于收购厦门金龙25%的股权，其余资金用于智能网联和新能源汽车项目建设。定增收购金龙联合股权，意味着“三龙”整合迈出实质性一步。本次交易完成后，金龙汽车集团直接持有厦门金龙76%的股权，持股比例提升25个百分点，并通过全资子公司厦门创程环保间接持有厦门金龙24%的股权，厦门金龙成为公司100%控股子公司。同时，由于厦门金龙持有苏州金龙60%的股权，金龙汽车集团将间接持有苏州金龙63.0757%的股权，持股比例提升15.8个百分点，将增强对苏州金龙的控制。

7月

当地时间7月2日 2018世界杯“一带一路”中俄国家品牌合作论坛在莫斯科红场古姆会议中心举行，宇通客车作为中国品牌代表，在论坛上奉献了精彩的“宇通时间”。本届世界杯期间，共有300多辆宇通客车投入到赛事的运营服务中，在服务世界杯的众多客车品牌中，宇通客车数量排名第一。在整个俄罗斯，目前有3233辆宇通客车为城市运输服务，并从单纯的产品出口上升到技术、资本的输出和人才、管理的输出，打造出中俄两国合作双赢的样本。

7月3日 国务院印发《打赢蓝天保卫战三年行动计划》，提出六方面任务措施，并明确量化指标和完成时限。在发展绿色交通体系方面，行动计划提出：推广使用新能源汽车；2020年新能源汽车产销量达到200万辆左右；加快推进城市建成区新增和更新的公交、环卫、邮政、出租、通勤、轻型物流配送车辆使用新能源或清洁能源汽车，重点区域使用比例达到80%；重点区域港口、机场、铁路货场等新增或更换作业车辆主要使用新能源或清洁能源汽车。

7月4日 “Create2018”百度AI开发者大会在国家会议中心开幕，百度董事长李彦宏与金龙客车董事长谢思瑜现场连线，共同见证了第100辆金龙阿波龙的正式下线。这意味着，阿波龙正式实现量产。量产下线的金龙阿波龙在仪式后将发往北京、雄安、平潭、广州、深圳等地封闭园区投入示范运营，并将销往日本，实现我国自动驾驶电动客车的首次“出海”。

当地时间7月10日 比亚迪北美分公司与美国旧金山投资公司Generate Capital共同宣布成立合资公司，推出全美首个纯电动大巴租赁项目。合资公司计划投资2亿美元用于采购比亚迪纯电动大巴，向美国多个城市、大学以及公交公司提供大巴租赁服务。

7月11日 上海市发布的《上海市清洁空气行动计划（2018～2022年)》指出，2018～2020年，新能源汽车（标准车）推广数量分别不低于4.3万辆、5万辆、6万辆；2020年底前，建成区公交车全部更换为新能源汽车；到2022年，公交、出租、环卫、邮政、市内货运等行业新增车辆力争全面实现电动化。

7月17日 中通客车发布公告称，根据工信部2018年5月25日发布的《关于2017年及以前年度新能源汽车推广应用补助资金初步审核情况的公示》，公司应收账款中对应的2016～2017年公司所售且截至2017年12月31日累计行驶里程达到2万公里的新能源汽车推广补贴款为130812万元。7月16日，公司收到聊城市财政局转支付的上述国家新能源汽车推广补贴款第一批清算资金32862万元。

当地时间7月19日 加拿大最大交通运营商多伦多交通委员会向比亚迪采购10辆纯电动大巴，这是该运营商首次采购纯电动大巴，也是其实现2040年全面建成100%零排放车队的重大举措之一。

7月19日 北京市财政局、北京市科委、北京市经信委发布了“关于调整完善北京市新能源汽车推广应用财政补助政策的通知”，具体补贴标准为：对新能源汽车（纯电动汽车、燃料电池汽车）按照中央与地方1∶0.5比例安排市级补助；对私人购买新能源小客车不作运营里程要求，对其他类型新能源汽车，在车辆运营满2万公里后，给予市级补助；新能源环卫车、新能源公交车、行政事业单位使用财政性资金购买的新能源汽车，不享受本市财政补助。补贴政策自2018年1月1日起执行，有效期至2020年12月31日，如中央政策调整，北京市财政补助政策参照中央政策另行制定。

7月19日 由宇通客车举办的中国校车行业高峰论坛在河南郑州召开。本次活动以“宇通相伴安全童行”为主题，主要聚焦校车安全与优秀运营模式分享，同时发布了“安芯”校车智能管理系统3.0版本，宇通神奇校车全国巡演也正式启动。来自校车管理部门、校车运营企业、教育机构、媒体等400多位嘉宾代表参加了本届论坛，从行业视角探讨了当前校车发展的“痛点”与“难点”，为中国校车可持续发展提供了思路与对策。

7月20日 比亚迪股份有限公司发布“关于商用车中标的公告”，公告称：其控股子公司广州市比亚迪汽车销售有限公司参与投标广州市一汽巴士有限公司、广州市第二公共汽车公司、广州市第三公共汽车公司、广州市电车公司、广州马会巴士有限公司的“2018年3138台纯电动客车招标项目”及“2018年1672台纯电动客车招标项目”。近日，广州市比亚迪汽车销售有限公司收到《中标通知书》，确定广州市比亚迪汽车销售有限公司成为上述两个投标项目共计4810辆纯电动客车的中标单位，中标金额合计超过55亿元。

7月21日 “呼和浩特开沃汽车有限公司揭牌仪式暨生产启动会”在内蒙古呼和浩特举行。2018年1月，南京金龙开沃汽车与呼和浩特市人民政府达成战略合作，开沃汽车将在呼和浩特高新技术产业开发区投资建设新能源汽车系列产业项目，规划总投资50亿元，形成年产1万辆大中型电动客车、10万辆电动物流整车及核心零部件的生产规模，努力打造国内一流的新能源汽车及零部件生产基地，建成我国西部地区和“一带一路”高端示范项目。

7月25日 工信部印发的《坚决打好工业和通信业污染防治攻坚战三年行动计划》中提出，2020年新能源汽车产销量达到200万辆左右；联合交通运输等部门，加快推进城市建成区新增和更新的公交、环卫、邮政、出租、通勤、轻型物流配送车辆采用新能源或清洁能源汽车，重点区域达到80%；大力推进新能源汽车动力蓄电池回收利用；2019 年 7 月 1 日起，重点区域、珠三角、成渝地区提前实施机动车国六排放标准；鼓励清洁能源车辆、船舶的推广使用。

7 月 25 日 河南省发改委发布《关于河南德力新能源汽车有限公司年产 2 万辆纯电动商用车项目核准的批复》，同意建设河南德力新能源汽车有限公司年产 2 万辆纯电动商用车项目。项目建成后，将形成纯电动轻型货车15000 辆、纯电动轻型客车 5000 辆生产能力。

7 月 26 日 东湖新能源汽车集团正式启动年产 5000 辆新能源客车项目。东湖新能源汽车集团成立 5 年来，先后收购了山东沂星电动汽车、武汉斯贝卡专用汽车等两个汽车制造基地和一个电动汽车科技研发中心，东湖新能源汽车集团此次启动的沂星年产 5000 辆新能源客车扩能改造项目，主体建设项目为车身、涂装和总装三个生产车间及一个燃料电池生产区，项目选址山东省临沂市高新区，占地 747.82 亩，重点打造其首条氢燃料电池客车生产线，项目建成后，将具备年产 3000 辆纯电动城市客车和 2000 辆氢燃料电池客车，总共年产 5000 辆新能源大巴的生产能力。

7 月 27 日 安凯客车发布公告称，根据《安徽省财政厅关于下达节能减排补助资金用于新能源汽车推广应用补助的通知》（财建〔2018〕748 号），安凯客车于 7 月 27 日收到合肥市财政局转拨支付的国家新能源车推广补贴款第一批清算资金 10732 万元。该项补助资金将直接冲减安凯已销售新能源客车形成的应收款项。

7 月 31 日 财政部网站发布“关于节能新能源车船享受车船税优惠政策的通知”，通知内容包括：对新能源车船，免征车船税。免征车船税的新能源汽车是指纯电动商用车、插电式（含增程式）混合动力汽车、燃料电池商用车。

8月

8 月 2 日 工信部发布了 2018 年第 8 批《新能源汽车推广应用推荐车

型目录》。本批目录共包括46家企业的152款新能源客车，其中纯电动客车128款，插电式混合动力客车9款，燃料电池客车15款。第8批目录发布后，共计有1877款新能源客车产品进入2018年推荐目录，其中纯电动客车1561款，插电式混合动力客车286款，燃料电池客车30款。

8月7日 福田欧辉100辆新能源客车在云南曲靖成功交付，即将投放到曲靖主线路运营，为市民高品质出行再添彩。这次即将投放运营的福田欧辉新能源客车包含21辆8.5米纯电动公交车、49辆10.5米气电混动公交车、30辆12米气电插电式混合动力公交车。

8月14日 中通客车发布公告称，中通客车的实际控制人由山东交通工业集团正式变更为山东重工集团。此举意味着，亚星客车与中通客车将同属一个东家——山东重工集团。

8月22日 安徽合肥市科技局发布《关于进一步做好我市新能源汽车推广应用工作的通知（征求意见稿）》，通知要求全市新增和更新公交车全部应用新能源汽车，鼓励使用年限达到5年及车况较差的常规动力公交车提前更新为新能源汽车；2020年底前，市建成区公交车全部更换为新能源汽车。

8月28日 宇通新一代商旅客车CL6上市发布会在河南郑州举行。这款车定位为10～19座高端轻型客车产品，面准中短途运输市场，售24.98万元起，意在满足道路客运短途化、商务出行高端化以及运输企业加快服务转型升级的需求。CL6的发布，可谓一个新的起点，标志着宇通对一个全新细分市场的开拓。

8月28日 首批南京金龙开沃纯电动公交车投运仪式在陕西西安高新区举行，300辆纯电动客车现场交付使用。首批投放西安的300辆开沃纯电动公交车全部由西安本地生产制造，新车将分配到3家公交公司、6条线路运营。其中，西安公交巴士运营有限公司150辆，分别在253路、251路、604路、高新8号线、107路、202路陆续投运，西安市公共交通总公司公交第五公司100辆，西安市长安公交有限责任公司50辆。

8月 由中通客车牵头申报的国家科技部“十三五”重点研发计划——

新能源汽车专项“高效纯电动客车动力平台及整车集成关键技术”项目，顺利通过科技部第一阶段的评估验收。

8 月 一汽客车（无锡）有限公司（一汽无锡）获得来自湖南中车时代电动汽车股份有限公司的 3.96 亿元的投资，后者持股比例为 57.01%，取代一汽客车有限公司成为一汽无锡控股股东地位，本次投资为湖南中车首次入局主流车企旗下资产。

皮书起源

“皮书”起源于十七、十八世纪的英国，主要指官方或社会组织正式发表的重要文件或报告，多以“白皮书”命名。在中国，“皮书”这一概念被社会广泛接受，并被成功运作、发展成为一种全新的出版形态，则源于中国社会科学院社会科学文献出版社。

皮书定义

皮书是对中国与世界发展状况和热点问题进行年度监测，以专业的角度、专家的视野和实证研究方法，针对某一领域或区域现状与发展态势展开分析和预测，具备原创性、实证性、专业性、连续性、前沿性、时效性等特点的公开出版物，由一系列权威研究报告组成。

皮书作者

皮书系列的作者以中国社会科学院、著名高校、地方社会科学院的研究人员为主，多为国内一流研究机构的权威专家学者，他们的看法和观点代表了学界对中国与世界的现实和未来最高水平的解读与分析。

皮书荣誉

皮书系列已成为社会科学文献出版社的著名图书品牌和中国社会科学院的知名学术品牌。2016 年，皮书系列正式列入“十三五”国家重点出版规划项目；2013~2018 年，重点皮书列入中国社会科学院承担的国家哲学社会科学创新工程项目；2018 年，59 种院外皮书使用“中国社会科学院创新工程学术出版项目”标识。

中国皮书网

（网址：www.pishu.cn）

发布皮书研创资讯，传播皮书精彩内容
引领皮书出版潮流，打造皮书服务平台

栏目设置

关于皮书：何谓皮书、皮书分类、皮书大事记、皮书荣誉、
皮书出版第一人、皮书编辑部

最新资讯：通知公告、新闻动态、媒体聚焦、网站专题、视频直播、下载专区

皮书研创：皮书规范、皮书选题、皮书出版、皮书研究、研创团队

皮书评奖评价：指标体系、皮书评价、皮书评奖

互动专区：皮书说、社科数托邦、皮书微博、留言板

所获荣誉

2008年、2011年，中国皮书网均在全国新闻出版业网站荣誉评选中获得“最具商业价值网站”称号；

2012年，获得“出版业网站百强”称号。

网库合一

2014年，中国皮书网与皮书数据库端口合一，实现资源共享。